A LEI ANTICORRUPÇÃO E O ACORDO DE LENIÊNCIA

UMA ANÁLISE DO REGIME GERAL PARA A CELEBRAÇÃO DESSE INSTRUMENTO

TÂMERA PADOIN MARQUES MARIN

Prefácio
Emerson Garcia

A LEI ANTICORRUPÇÃO E O ACORDO DE LENIÊNCIA

UMA ANÁLISE DO REGIME GERAL PARA A CELEBRAÇÃO DESSE INSTRUMENTO

© 2019 Editora Fórum Ltda.

É proibida a reprodução total ou parcial desta obra, por qualquer meio eletrônico, inclusive por processos xerográficos, sem autorização expressa do Editor.

Conselho Editorial

Adilson Abreu Dallari
Alécia Paolucci Nogueira Bicalho
Alexandre Coutinho Pagliarini
André Ramos Tavares
Carlos Ayres Britto
Carlos Mário da Silva Velloso
Cármen Lúcia Antunes Rocha
Cesar Augusto Guimarães Pereira
Clovis Beznos
Cristiana Fortini
Dinorá Adelaide Musetti Grotti
Diogo de Figueiredo Moreira Neto (in memoriam)
Egon Bockmann Moreira
Emerson Gabardo
Fabrício Motta
Fernando Rossi
Flávio Henrique Unes Pereira

Floriano de Azevedo Marques Neto
Gustavo Justino de Oliveira
Inês Virgínia Prado Soares
Jorge Ulisses Jacoby Fernandes
Juarez Freitas
Luciano Ferraz
Lúcio Delfino
Marcia Carla Pereira Ribeiro
Márcio Cammarosano
Marcos Ehrhardt Jr.
Maria Sylvia Zanella Di Pietro
Ney José de Freitas
Oswaldo Othon de Pontes Saraiva Filho
Paulo Modesto
Romeu Felipe Bacellar Filho
Sérgio Guerra
Walber de Moura Agra

CONHECIMENTO JURÍDICO

Luís Cláudio Rodrigues Ferreira
Presidente e Editor

Coordenação editorial: Leonardo Eustáquio Siqueira Araújo
Aline Sobreira de Oliveira

Av. Afonso Pena, 2770 – 15º andar – Savassi – CEP 30130-012
Belo Horizonte – Minas Gerais – Tel.: (31) 2121.4900 / 2121.4949
www.editoraforum.com.br – editoraforum@editoraforum.com.br

Técnica. Empenho. Zelo. Esses foram alguns dos cuidados aplicados na edição desta obra. No entanto, podem ocorrer erros de impressão, digitação ou mesmo restar alguma dúvida conceitual. Caso se constate algo assim, solicitamos a gentileza de nos comunicar através do *e-mail* editorial@editoraforum.com.br para que possamos esclarecer, no que couber. A sua contribuição é muito importante para mantermos a excelência editorial. A Editora Fórum agradece a sua contribuição.

Dados Internacionais de Catalogação na Publicação (CIP) de acordo com a AACR2

M337l	Marin, Tâmera Padoin Marques A Lei Anticorrupção e o Acordo de Leniência: uma análise do regime geral para a celebração desse instrumento/ Tâmera Padoin Marques Marin.– Belo Horizonte : Fórum, 2019. 201p.; 14,5cm x 21,5cm ISBN: 978-85-450-0687-9 1. Direito Administrativo. 2. Direito Econômico. 3. Direito Empresarial. I. Título. CDD: 341.3 CDU: 342.9

Elaborado por Daniela Lopes Duarte - CRB-6/3500

Informação bibliográfica deste livro, conforme a NBR 6023:2002 da Associação Brasileira de Normas Técnicas (ABNT):

MARIN, Tâmera Padoin Marques. *A Lei Anticorrupção e o Acordo de Leniência*: uma análise do regime geral para a celebração desse instrumento. Belo Horizonte: Fórum, 2019. 201p. ISBN 978-85-450-0687-9.

A todos que diariamente se dedicam para alçarmos um Brasil mais justo, com menos corrupção e mais justiça social.

AGRADECIMENTOS

Agradeço à Divina Providência, que me acompanhou até aqui, e que irá sempre comigo, onde for necessário seguir. Gratidão eterna à memória de meus pais, Alcides e Ivone, pela vida e pelos cuidados que, hoje, me fizeram ser quem eu sou. Vocês estão em cada linha deste trabalho.

Ao meu amor, Airton, não há palavras que expressem o meu reconhecimento ao apoio incondicional em todas as estradas que me disponho a caminhar, mesmo que, com isso, tenha que me acompanhar no trajeto ou mesmo aguardar o meu retorno.

Esta obra é fruto da dissertação de mestrado defendida perante a Pontifícia Universidade Católica do Paraná – PUC/PR, por isso, não posso deixar de externar minha gratidão a todos os professores do Programa do PPGD da PUCPR e, em especial, ao Dr. Luiz Alberto Blanchet, por aceitar me orientar, por ser um exemplo de bom trato e humildade, apesar de toda sua bagagem jurídica e acadêmica.

Ao Ministério Público do Estado de Rondônia, instituição que me orgulho de integrar, sou grata.

SUMÁRIO

PREFÁCIO
Emerson Garcia..13

INTRODUÇÃO 21

CAPÍTULO 1
O CONTROLE DA CORRUPÇÃO PARA A PROTEÇÃO
DE DIREITOS HUMANOS E PARA O ESTÍMULO AO
DESENVOLVIMENTO ECONÔMICO 25

1.1 A importância do controle da corrupção 25
1.2 A corrupção como fator de violação dos direitos humanos 32
1.3 O desenvolvimento e o exercício das capacidades segundo
     Amartya Sen 35
1.4 O exercício das capacidades, alguns indicadores sociais brasileiros
     e alguns números da corrupção no Brasil 40
1.5 A corrupção como óbice ao desenvolvimento econômico 45

CAPÍTULO 2
CONTROLE DA CORRUPÇÃO COMO OBRIGAÇÃO
INTERNACIONAL PARA A PROTEÇÃO DOS DIREITOS
HUMANOS 53

2.1 As convenções internacionais de enfrentamento da corrupção
     aderidas pelo Brasil 56
2.2 Os princípios orientadores sobre empresas e direitos humanos
     (*UN Guiding Principles*) e a interface com a corrupção. A visita
     da comissão ao Brasil 58
2.3 O panorama normativo brasileiro de controle da corrupção.
     Alguns dados do sistema de justiça nessa seara 61

CAPÍTULO 3
OS ANTECEDENTES NORMATIVOS QUE INSPIRARAM A LEI ANTICORRUPÇÃO BRASILEIRA E OS ASPECTOS GERAIS DE RESPONSABILIZAÇÃO NA LAC 65

3.1   O surgimento do *Foreign Corrupt Practice* ACT – FCPA 65
3.2   A Convenção sobre o Combate da Corrupção de Funcionários Públicos Estrangeiros em Transações Comerciais Internacionais da Organização para a Cooperação e o Desenvolvimento Econômico – OCDE 70
3.3   A Lei Anticorrupção Brasileira – LAC 75
3.4   Da reponsabilidade objetiva da pessoa jurídica 86
3.5   Da responsabilidade das pessoas físicas 92
3.6   As penalidades aplicáveis às pessoas jurídicas previstas na Lei nº 12.846/13 93

CAPÍTULO 4
O PROGRAMA DE INTEGRIDADE OU PROGRAMA DE *COMPLIANCE* 99

4.1   Por que é importante o *compliance*? 99
4.2   O programa de *compliance* na LAC 103

CAPÍTULO 5
A CORRUPÇÃO SOB A ÓTICA DA ANÁLISE ECONÔMICA DO DIREITO E O ACORDO DE LENIÊNCIA SOB A PERCPETIVA DO DILEMA DO PRISIONEIRO 109

5.1   A corrupção e a análise econômica do direito 109
5.2   O acordo de leniência sob a perspectiva da teoria do "dilema do prisioneiro" da Teoria dos Jogos 113

CAPÍTULO 6
ASPECTOS GERAIS DO ACORDO DE LENIÊNCIA 119

6.1   A origem do acordo de leniência 119
6.2   O acordo de leniência no Sistema Brasileiro de Defesa da Concorrência – SBDC 123
6.3   O acordo de colaboração premiada – "A leniência penal" 126
6.4   O acordo de leniência firmado pelo Banco Central – BACEN e com a Comissão de Valores Imobiliários – CVM. "A leniência financeira" 128
6.5   A disciplina do acordo de leniência na Lei Anticorrupção – LAC 130
6.6   O acordo de leniência como expressão do direito administrativo consensual 136
6.7   O acordo de leniência como meio para obtenção da prova 142

CAPÍTULO 7
A DISCUSSÃO ACERCA DA LEGITIMIDADE PARA CELEBRAÇÃO DO ACORDO DE LENIÊNCIA 151

7.1 A Medida Provisória nº 703/2015. Projetos de lei em tramitação 154
7.2 A discussão envolvendo a atuação dos Tribunais de Contas – TC nos Acordos de Leniência 160
7.3 Acordos de Leniência firmados pelo Ministério Público Federal e o posicionamento do TCU 160
7.4 A discussão envolvendo a participação do Ministério Público Federal nos Acordos de Leniência e os acordos firmados no caso "lava-jato" 163
7.5 Os acordos firmados pelo Ministério Público no âmbito da Lei de Improbidade Administrativa – LIA e da Lei Anticorrupção – LAC 165
7.6 A realização de acordos de leniência pelo Ministério Público de forma independente e as divergências acerca da legitimidade para atuação isolada dos órgãos e instituições colegitimadas 168
7.7 Os acordos de leniência firmados com o grupo Odebrecht S.A. e o acordo de leniência com a Interpublic 172
7.8 Princípio da segurança jurídica como vetor necessário ao acordo de leniência 176

CONCLUSÃO 181

REFERÊNCIAS 187

PREFÁCIO

Os males causados pela corrupção no ambiente sociopolítico, especialmente nos Estados de modernidade tardia, não precisam ser lembrados ou explicados. Principiam pela deterioração de sua base de valores, passam pela criação de códigos paralelos de conduta e comprometem a gestão da receita pública, sabidamente escassa, tudo em evidente prejuízo da coletividade. As escolhas trágicas mencionadas por Guido Calabresi e Philip Bobbit[1] tornam-se ainda mais trágicas, até que a escassez assuma contornos tão extremos que o colapso operativo torne-se inevitável.

A corrupção, em verdade, tem na satisfação do interesse individual a qualquer custo, a sua perífrase. O indivíduo, inebriado pela vantagem indevida, obtida à custa da inobservância do dever jurídico que estava obrigado a cumprir, simplesmente se desliga, em seu imaginário, do agregado coletivo em que está conceitualmente inserido. O hedonismo prepondera, o comportamento ilícito se normaliza, ao menos para o seu autor, e as intempéries alheias passam a ser vistas como acontecimentos estranhos à sua esfera jurídica.

Em razão da racionalidade que caracteriza o ser humano e da circulação de ideias promovida pela globalização, é natural que povos distintos tenham leis bem semelhantes. Especificamente em relação à corrupção, praticamente todos têm consciência do seu elevado custo social. Mas isso seria suficiente para igualá-los? Infelizmente, não!

Não há povo que escape à ilicitude. Onde houver sociedade e padrões de conduta, haverá infratores, de pequena monta ou não. O que diferencia os povos é a frequência com que essas rupturas ocorrem, a propensão à sua prática e a capacidade de resposta do Estado. E cada um desses fatores é influenciado pela forma como as pessoas compreendem a importância da correção no agir.

---

[1] BOBBIT, Philip; CALABRESI, Guido. *Tragic Choices, the conflicts society confronts in the allocation of tragic scarce resources*. New York: Norton & Company, 1978.

Para conhecermos a base de valores de uma sociedade, devemos transitar do que as *pessoas dizem* para o que as *pessoas fazem*. É relativamente normal, em certos círculos, que o discurso da licitude seja entoado com voz enérgica, mas a ilicitude grite no silêncio do agir diário. Certos comportamentos à margem da lei terminam por ser incorporados à convivência social, de modo que, ao ver dos seus autores, embora formalmente vedados, sequer podem ser vistos como ilícitos; enquanto outros tendem a ser adjetivados a partir de um senso de oportunidade: justificáveis para o seu autor, ilícitos para terceiros.

O êxito no combate à corrupção depende, acima de tudo, de sua repulsa pela sociedade. Entenda-se: reprovando aqueles que a praticaram e, acima de tudo, não a praticando.

Não se ignora, é certo, ser difícil moldar a base de valores de uma sociedade a partir da lei: se esta permanece adstrita ao plano conceitual, em tudo dissociado da realidade fenomênica, a derrogação costumeira ou desuso (*"Phänomen der Derogation durch Gewohnheitsrecht – desuetudo"*) a que se referiu Robert Alexy[2] tende a ocorrer. Dificuldades à parte, é evidente existir uma osmose recíproca entre a ordem de valores subjacente a um sistema jurídico e aquela inerente ao ambiente sociopolítico. Ambas tendem a se influenciar, embora a preeminência seja sempre desta última. Portanto, ainda que a história de uma sociedade caminhe em norte contrário ao padrão de pureza conceitual presente na lei, é possível que, pouco a pouco, o quadro seja alterado. Não só em razão da voluntária adesão aos seus comandos como, principalmente, a partir da atuação dos órgãos de controle.

O direito brasileiro adota o sistema da independência entre as instâncias de responsabilização. Uma única conduta, portanto, pode ser enquadrada em tipologias diversas e dar ensejo à aplicação de sanções distintas. O direito sancionador judicial, vale dizer, aquele aplicado pelo Poder Judiciário, é subdividido em penal e cível, conforme a sanção de prisão seja cominada, ou não.

A Lei nº 8.429/1992, que cominou sanções aos agentes públicos que pratiquem atos de improbidade administrativa e introduziu profundas mudanças no zelo dos gestores com a *res publica*, é a matéria prima do direito sancionador judicial cível. Após quase duas décadas

---

[2] ROBERT, Alexy. *Begriff und Geltung des Rechts*, Freiburg/München: Verlag Karl Alber GmbH, 2002, p. 147.

de vigência, com uma intensa produção doutrinária e jurisprudencial, sobreveio a Lei nº 12.846/2013. Esse diploma normativo dispôs sobre a responsabilidade objetiva das pessoas jurídicas que praticam os denominados *"atos lesivos à Administração Pública"*, especificados em seu art. 5º. Apesar de alcançar uma variedade de ilícitos, recebeu a alcunha de *Lei Anticorrupção*, o que bem demonstra a preocupação com a coibição do mais grave deles.

A partir da referida unidade de tipologia, disciplinou a incidência de duas instâncias de responsabilização: a primeira, a cargo da Administração Pública, com a aplicação do direito administrativo sancionador, daí resultando a possibilidade de serem aplicadas as sanções de multa e de publicação extraordinária da decisão; a segunda, afeta ao Poder Judiciário, em que é prevista a aplicação de sanções mais severas, como a perda de bens, a suspensão ou a interdição parcial de atividades, a dissolução compulsória e a proibição de receber recursos públicos.

Apesar de disciplinar duas instâncias de responsabilização, ambas aplicando a mesma tipologia legal, situação incomum no direito brasileiro, no qual cada instância costuma contar com a sua própria tipologia, a Lei nº 12.846/2013 estabeleceu um diálogo entre ambas. Em primeiro lugar, a omissão da Administração Pública permite que o Poder Judiciário aplique as sanções administrativas nas ações ajuizadas pelo Ministério Público; em segundo lugar, foi expressamente permitido o recurso à consensualidade, com a celebração do *"acordo de leniência"*, possibilidade reconhecida à Administração Pública e que trará reflexos na aplicação das sanções nas instâncias administrativa e judicial. A funcionalidade do acordo é a de aumentar as chances de êxito da investigação, a partir de informações oferecidas pelos próprios envolvidos, técnica que se mostrou muito exitosa, poucos anos depois, com a larga utilização dos acordos de colaboração premiada autorizados pela Lei nº 12.850/2013 (Lei das Organizações Criminosas).

Essas considerações de ordem propedêutica têm o único objetivo de contextualizar a importância da obra que a Promotora de Justiça Tâmera Padoin Marques Marin oferece ao público e que tenho a honra de prefaciar. Apresentada como requisito parcial para a conclusão do mestrado que cursara na Pontifícia Universidade Católica do Paraná, sob orientação do Professor Doutor Luiz Alberto Blanchet, é intitulada *"A Lei Anticorrupção e o Acordo de Leniência. Uma Análise do Regime Geral para a Celebração desse Instrumento"*.

A autora inicia suas reflexões a partir da relação, técnica e faticamente indissociável entre, de um lado, a corrupção, e, do outro, a proteção dos direitos humanos e o desenvolvimento econômico. Ao privilegiar interesses individuais em detrimento do bem estar coletivo, a corrupção solapa esperanças e inviabiliza resultados. Os seus custos sociais são imensos, quer se manifeste no setor público, quer no privado. Compromete a disponibilidade de recursos e a sua forma de distribuição, que está longe de ser equânime, o que, como ressaltado por Amartya Sen, afeta o pleno aflorar das capacidades individuais, a começar pela liberdade. Centrando sua atenção na realidade brasileira, a autora demonstra que nossos baixos indicadores sociais, daí resultando o comprometimento do exercício das capacidades, sofrem influência direta da corrupção. Também não passa despercebido à autora que o próprio combate à corrupção gera custos de variadas ordens, *"que devem ser realizados de forma racional"*, evitando a inocuidade.

Após delinear os efeitos deletérios da corrupção, a autora avança e passa em revista as obrigações internacionais assumidas pelo Estado brasileiro para o seu combate, com realce para os ajustes capitaneados pela Organização das Nações Unidas, pela Organização dos Estados Americanos e pela Organização de Cooperação e Desenvolvimento Econômico. Essas obrigações hão de influir na interpretação e na própria produção dos atos normativos internos. Especificamente em relação ao setor empresarial, discorre sobre os princípios orientadores adotados no âmbito das Nações Unidas (*UN Guiding Principles*), ressaltando os malefícios decorrentes da influência indevida desse setor no processo legislativo e na promoção de políticas públicas, que são moldados para a satisfação dos seus interesses econômicos, não para a melhoria da qualidade de vida do povo brasileiro.

A pluralidade de instrumentos previstos na ordem jurídica brasileira não afasta a conclusão, como ressaltado pela autora, de que *"a corrupção ainda apresenta elevada cifra negra,"* o que realça a importância da pesquisa científica destinada à identificação de suas causas e à ampliação dos níveis de efetividade alcançados pelos órgãos de controle.

A compreensão dos distintos aspectos afetos à Lei nº 12.846/2013 principia pela análise do direito comparado, com destaque para o *Foreing Corrupt Practice Act* norte-americano de 1977, editado com o objetivo de coibir atividades corruptas de empresas americanas no exterior, e o mais recente *UK Bribery Act*, este afeto à Grã-Bretanha. Enquanto naquele ato prevalece a responsabilidade subjetiva, neste prepondera a objetiva. No entanto, a coibição à corrupção transnacional somente foi impulsionada, por influência norte-americana, com a Convenção sobre o Combate à Corrupção de Funcionários Públicos Estrangeiros em Transações Comerciais Internacionais, adotada no âmbito da OCDE em 1988. Afinal, as sociedades empresárias norte-americanas teriam perdido parte de sua competitividade ao não mais se valerem da corrupção, daí o interesse na equalização de procedimentos.

A autora discorre sobre os debates em torno da possibilidade de responsabilização penal das pessoas jurídicas e avança na compreensão das instâncias de responsabilização da Lei nº 12.846/2013, que expressamente encampou uma sistemática extrapenal. Isto, no entanto, não afasta a incidência das garantias do direito penal e do direito processual penal nessa seara, com os temperamentos necessários.

Na medida em que a Lei nº 12.846/2013 contempla a responsabilidade objetiva da pessoa jurídica, são analisados os seus elementos estruturais, incluindo as situações em que é razoável defender a ruptura do nexo de causalidade. Quanto à responsabilidade das pessoas naturais, quando atuem na condição de terceiros, a autora reconheceu a possibilidade de serem responsabilizadas com base em *"outras normas"*, o que denota a adesão ao entendimento de que não estão sujeitas às sanções dos arts. 6º e 19 da Lei nº 12.846/2013, ainda que ajustadas às suas peculiaridades.

O programa de integridade, cuja existência, no âmbito da pessoa jurídica infratora, produz o efeito de minorar as sanções a serem aplicadas, mereceu a necessária atenção, não só em razão de sua importância para as instâncias de responsabilização como em decorrência do papel que desempenha para uma assepsia axiológica do ambiente negocial. Também são objeto de análise o Decreto nº 8.420/2015, que o regulamentou, e figuras afins, como o *whistleblower*, o "delator do bem".

O embasamento teórico do acordo de leniência, um dos principais direcionadores da pesquisa realizada, passa pela análise econômica do direito, em que os estímulos para o cumprimento da lei são individualizados à luz dos benefícios econômicos alcançados. A autora visualiza a corrupção como uma "falha de mercado", insuscetível, portanto, de ser corrigida pela *"mão invisível"* a que se referiu Adam Smith, o que exige a intervenção do Estado. A "teoria dos jogos", que estuda os processos decisórios em conformidade com distintos ângulos de análise dos custos e das consequências, assumindo nítido perfil estratégico, é objeto de reflexões sob o prisma do conhecido "dilema do prisioneiro." Este dilema envolve duas pessoas detidas pela polícia, que somente dispõe de provas para condená-los por um ilícito de menor gravidade. Caso um deles colabore, ficará livre, enquanto o outro será condenado por um ilícito de maior gravidade. O complicador é que nenhum dos dois pode confiar na lealdade do outro. Nesse caso, o que fazer?

Identificada a base teórica, a autora passa à análise da origem do acordo de leniência, situada no direito norte-americano, com o *"Amnesty Program"*, com a funcionalidade de desarticular cartéis que adotam práticas anticoncorrenciais em evidente prejuízo para o mercado. Também foi mencionado o *Individual Leniency Policy*, passível de ser celebrado com funcionários da empresa infratora, ainda que sem a sua adesão. Instrumentos similares no âmbito da União Europeia e da Grã-Bretanha foram igualmente referidos. A exemplo dos paradigmas estrangeiros, o acordo de leniência aportou no direito brasileiro por meio do sistema de defesa da concorrência, o que bem explica a similitude de estrutura e redação entre o instrumento previsto na Lei nº 12.846/2013 e aquele introduzido pela Lei nº 8.884/1994 e suas sucessivas modificações.

A autora também incursiona na "justiça penal premial", que encontrou o seu ápice nos acordos de colaboração premiada da Lei nº 12.850/2013, bem como em outras esferas de responsabilização que adotam ajustes similares, como aqueles que podem ser celebrados pelo Banco Central e pela Comissão de Valores Mobiliários. Por fim, são analisados os requisitos legais do acordo de leniência e as consequências dele decorrentes, com ênfase para a sua utilização como meio para a obtenção da prova.

O último capítulo da obra é dedicado à legitimidade para a celebração do acordo de leniência, que a Lei nº 12.846/2013, em seu art. 16, circunscreve à autoridade máxima de cada órgão ou poder. As discussões estão particularmente centradas no papel a ser desempenhado pelo Ministério Público e pelo Tribunal de Contas, estruturas orgânicas com atribuições constitucionais de controle e às quais o referido diploma normativo não faz menção expressa. As divergências em torno do papel de cada instituição tem gerado uma situação de insegurança jurídica. Não bastasse isto, afloram as discussões em torno da possibilidade de as próprias sanções decorrentes da prática de atos de improbidade administrativa serem pactuadas nesses acordos.

A autora não hesita, por um momento sequer, em apresentar o seu entendimento a respeito das distintas temáticas enfrentadas, todas com indiscutível atualidade e inegável relevância para o direito sancionador brasileiro. São contribuições de grande relevância, considerando o alicerce teórico que as sustenta e a sua higidez argumentativa. Trata-se de obra que merece ser lida e refletida por tantos quantos se dediquem à aplicação da Lei nº 12.846/2013, diploma normativo de indiscutível relevância em nossa atual quadra história e que ainda se encontra no curso do processo formativo de sua identidade.

Boa leitura a todos!

Emerson Garcia
Doutor e Mestre em Ciências Jurídico-Políticas pela Universidade de Lisboa. Especialista em *Education Law and Policy* pela *European Association for Education Law and Policy* (Antuérpia – Bélgica) e em Ciências Políticas e Internacionais pela Universidade de Lisboa. Membro do Ministério Público do Estado do Rio de Janeiro. Consultor Jurídico da Procuradoria-Geral de Justiça e Diretor da Revista de Direito. Consultor Jurídico da Associação Nacional dos Membros do Ministério Público (CONAMP). Integrante da Comissão de Juristas instituída no âmbito da Câmara dos Deputados para elaborar o anteprojeto de alteração da Lei nº 8.429/1992. Membro da *American Society of International Law* e da *International Association of Prosecutors* (Haia – Holanda). Membro Honorário do Instituto dos Advogados Brasileiros (IAB).

INTRODUÇÃO

A corrupção traz sérias consequências para a sociedade quando não controlada e adequadamente penalizada. Pode-se dizer que esse fenômeno causa danos em termos de distribuição equitativa na sociedade, tendo em vista que "a maior parte dos estudos revela que os ricos e privilegiados se beneficiam de esquemas corruptos à custa dos pobres, dos cidadãos rurais e dos desprotegidos".[1]

A corrupção causa sérios danos à econômica dos Estados, não sendo recomendável concebê-la como algo a ser cultivado ou, mesmo, tolerado. "A tolerância à corrupção imobiliza empresas – e países – que não estejam dispostas a participar de subornos e de outras práticas corruptas, ou empresas que não tenham condições de fazê-lo".[2] Isso também se dá em relação às políticas públicas de fomento da economia, impactando diretamente aqueles que estão fora dos esquemas de acesso a recursos de forma privilegiada. Por exemplo, "se subsídios escassos para a agricultura e para as empresas são distribuídos de forma corrupta, os produtores de menos recursos são os mais propensos a sofrer".[3]

A prática da corrupção prejudica o estabelecimento de um nível eficiente de regulação da economia, posto que acaba transferindo ao setor privado questões relevantes à função e ao interesse público. Além disso, a corrupção pode ocasionar danos à livre concorrência e ao mercado, na medida em que "sujeitos econômicos com capacidade para alocar recursos financeiros para a negociação com funcionários públicos terão benefícios em relação a outros sujeitos que não queiram ou não possam oferecer, prometer ou dar vantagens a um funcionário".[4]

É possível dizer que há conexão entre eficácia do governo e controle da corrupção, sendo perceptíveis os danos causados à

---

[1] KLITGAARD, Robert. *A corrupção sob controle*. (Trad. Octavio Alves Velho). Rio de Janeiro: Jorge Zahar, 1994. p. 57.
[2] GLYNN, Patrick; KOBRIN, Stephen J.; NAÍM, Moisés. A globalização da corrupção. *In*: ELIOTT, Kimberly Ann (Coord.). *A corrupção e a economia global*. Brasília: Editora UNB, 2002. p. 36.
[3] ROSE-ACKERMAN, Susan. A economia política da corrupção. *In*: ELIOTT, Kimberly Ann (Coord.). *A corrupção e a economia global*. Brasília: Editora UNB, 2002. p. 78.
[4] LUZ, Ilana Martins. *Compliance & omissão imprópria*. Belo Horizonte: Editora D'Plácido, 2018. p. 91.

política, considerando que "a percepção de que autoridades e políticos são corruptos reduz a legitimidade do governo aos olhos das pessoas comuns e mina o senso de confiança que é crítico para a regularidade das operações do Estado".[5]

Por esses motivos, há que se ter um esforço estatal coordenado no combate e controle desse fenômeno, em especial, nos países em desenvolvimento, considerando que "a corrupção danifica de forma mais acentuada os países mais pobres, impedindo o bem-estar social e, por vezes, afetando a democracia".[6] É imprescindível a existência de políticas de Estado focadas no controle dessa prática, especialmente por meio de um conjunto normativo que possa adequadamente punir e reprimir a reiteração de condutas. Portanto, "as estratégias de combate à corrupção devem procurar melhor a eficiência e a justiça do governo e aumentar a eficiência do setor privado".[7]

A Lei nº 12.846/2013, editada em agosto de 2013, conhecida como Lei Anticorrupção – LAC ou Lei da Empresa Limpa -, veio suprir uma lacuna até então existente no cenário jurídico nacional e cumprir uma obrigação assumida pelo Brasil ao firmar a Convenção da OCDE de 1998 (Convenção sobre o Combate da Corrupção de Funcionários Públicos Estrangeiros em Transações Comerciais Internacionais da Organização para a Cooperação e o Desenvolvimento Econômico), quanto à responsabilização das pessoas jurídicas envolvidas em práticas corruptas ou lesivas à Administração Pública.

Embora inspirada no *Foreign Corrupt Practice Act – FCPA*, editado nos EUA, que foi a primeira lei criada em um país prevendo a punição de pessoas jurídicas envolvidas em práticas corruptas extraterritoriais, a lei brasileira traz diferenças marcantes em relação àquela, posto ter elegido a responsabilidade objetiva, ao contrário da lei norte-americana. Além disso, a LAC restringe sua incidência às pessoas jurídicas, não sendo possível a penalização de pessoa física e, ainda, deixou de contemplar a responsabilidade penal da pessoa jurídica.

Com clara influência do instrumento de mesmo nome disciplinado no Sistema Brasileiro de Defesa da Concorrência – SBDC, a Lei nº 12.846/13 disciplinou o acordo de leniência, que apresenta traços de uma

---

[5] FUKUYAMA, Francis. *Ordem e decadência política*. 1. ed. Rio de Janeiro: Rocco, 2018. p. 87.
[6] FORTINI, Cristiana; MOTTA, Fabrício. Corrupção nas licitações e contratações públicas: sinais de alerta segundo a Transparência Internacional. *In*: *A&C – R. de Dir. Administrativo & Constitucional*. Belo Horizonte, ano 16, n. 64, p. 93-113, abr./jun. 2016. p. 94.
[7] ROSE-ACKERMAN, Susan. A economia política da corrupção. *In*: ELIOTT, Kimberly Ann (Coord.). *A corrupção e a economia global*. Brasília: Editora UNB, 2002. p. 80.

nova fase da Administração Pública, consensual e focada em resultados. Nesse contexto de mudança de paradigma no Direito Administrativo, há questões referentes ao acordo de leniência que demandam reflexões jurídicas que dizem respeito a padrões de juridicidade do instrumento consensual sob o aspecto da incidência dos princípios da eficiência e da segurança jurídica (artigos 37, *caput*, e 5º, XXXVI, CF).

A presente pesquisa visa a traçar o regime geral e a investigar se a formatação legal do acordo de leniência atende o objetivo de elucidar práticas ilícitas e de auxiliar no controle da corrupção, bem como quais são os requisitos para a celebração desse ajuste, quais são os entes públicos legitimados a firmá-lo, e, em especial, se o Ministério Público está autorizado a fazê-lo como ente autônomo. Ao longo do trabalho, foram analisados casos de notoriedade nacional envolvendo a celebração do instituto e quais foram as medidas adotadas pelos órgãos celebrantes do negócio jurídico com as pessoas jurídicas envolvidas.

A pesquisa foi estruturada em sete capítulos, sendo que, no primeiro, foram abordados aspectos ligados à importância do controle da corrupção, visto como um fenômeno que contribui para a violação de direitos humanos e que constitui óbice ao desenvolvimento econômico. Nessa parte, também foi traçado um paralelo entre a corrupção e o desenvolvimento, sob a perspectiva de Amartya Sen e a teoria desse autor acerca das capacidades.

No segundo capítulo, a partir da ideia de que o controle da corrupção trata de uma obrigação internacional, foram expostas as convenções internacionais aderidas pelo Brasil no enfrentamento do tema. Também foram apresentados os princípios orientadores sobre empresas e direitos humanos (*UN Guiding principles*), além de ser abordado o panorama normativo brasileiro de controle da corrupção e alguns dados do sistema de justiça nessa seara.

No terceiro capítulo foi tratado o surgimento da lei americana (FCPA) e da Convenção da OCDE de 1988, que impactaram a formatação da lei brasileira. Nesse capítulo foi traçado um panorama da LAC no sistema jurídico pátrio, além de ter sido discorrido a respeito da responsabilidade objetiva e das sanções previstas.

No quarto capítulo buscou-se discorrer acerca da importância do programa de *compliance* e como está disciplinada essa matéria na LAC.

No quinto capítulo, a corrupção foi abordada sob a ótica da análise econômica do direito e o acordo de leniência sob a perspectiva do dilema do prisioneiro.

No sexto capítulo foi estudada a origem do acordo de leniência, seu conceito e os diplomas legais que preveem resoluções negociadas em outras esferas de responsabilização do Direito pátrio, como, por exemplo, a colaboração premiada do Direito Penal, bem como foi apresentada a disciplina do instrumento na LAC.

Por fim, no capítulo sétimo foram tratados os requisitos legais para a celebração do acordo de leniência e as discussões referentes à legitimidade em relação aos órgãos da Administração Pública. Foram pesquisados casos práticos, notadamente os de repercussão nacional, como o caso Lava-Jato, em que o Ministério Público Federal – MPF entabulou acordos de leniência com pessoas jurídicas investigadas por práticas lesivas.

Para esta pesquisa, adotou-se o método de abordagem dedutivo, que, segundo Eduardo Bittar, "corresponde à extração discursiva do conhecimento a partir de premissas gerais aplicáveis a hipóteses concretas"[8] e tem como característica proceder do geral para o particular. Utilizou-se o método de procedimento monográfico, que "focaliza o estudo em profundidade de um caso considerado representativo de um conjunto de fenômenos",[9] bem como a técnica de pesquisa bibliográfica-exploratória, que possibilita "maior familiaridade com o problema e a construção de hipóteses".[10]

---

[8] BITTAR, Eduardo B. *Metodologia da pesquisa jurídica*: teoria e prática da monografia para concursos de direito. 14. ed. São Paulo: Saraiva, 2015. p. 34.

[9] HENRIQUES, Antônio; MEDEIROS, João Bosco. *Metodologia científica da pesquisa jurídica*. 9. ed. São Paulo: Atlas, 2017. p. 30.

[10] LAKATOS, Eva Maria; MARCONI, Marina Andrade. *Metodologia científica*. 7. ed. São Paulo: Atlas, 2017. p. 297.

CAPÍTULO 1

O CONTROLE DA CORRUPÇÃO PARA A PROTEÇÃO DE DIREITOS HUMANOS E PARA O ESTÍMULO AO DESENVOLVIMENTO ECONÔMICO

1.1 A importância do controle da corrupção

No sentido etimológico, corrupção deriva do termo latino *corruptione*, "cujo significado era de decomposição, putrefação, relativo a materiais orgânicos", surgindo a interpretação figurada em relação às pessoas, "denotando devassidão, perversão e depravação".[11]

A partir da perspectiva clássica, a corrupção supõe um uso desviante de poderes públicos para satisfazer interesses privados, seja do investido nesses poderes e/ou de terceiros com ele relacionados ilicitamente, por subornos ou relações de confiança – relações familiares e de amizade, acordos fiduciários.[12] Segundo a Organização das Nações

---

[11] EFING, Antônio Carlos; EFING, Ana Carla; MISUGI, Guilherme. Corrupção e direito civil: a corrupção como fator impeditivo de desenvolvimento e o papel da sociedade civil. In: LAUFER, Daniel (Coord.). *Corrupção*: uma perspectiva entre as diversas áreas do direito. Curitiba: Editora Juruá, 2013. p. 48.

[12] CASCÓN, Fernando Carbajo. Corrupción en el sector privado (i): la corrupción privada y el derecho privado patrimonial. In: *Corrupción en el sector privado, en el marco del convenio de colaboración, Universidad de Salamanca España - Universidad Santo Tomás Bucaramanga*. Grupo de Investigación Neoconstitucionalismo y Derecho. 2011. p. 283. Disponível em: http://revistas.ustabuca.edu.co/index.php/IUSTITIA/article/view/885. Acesso em: 02 mai. 2018.

Unidas – ONU, a corrupção pode ser definida como "abuso da função pública para ganho pessoal direto ou indireto".[13]

Para a Organização para Cooperação e Desenvolvimento Econômico – OCDE, a corrupção é conceituada como abuso de agentes públicos e privados, para a obtenção de vantagens pessoais, relacionando tal fato não apenas ao recebimento de valores em dinheiro, incluído a prática de nepotismo, fraude e captura estatal.

Para alguns autores, a definição mais aplicada é a que considera como abuso de poder visando ganhos privados, "abrangendo tanto ganhos financeiros como não financeiros recebidos como resultado de atos de corrupção".[14]

Johnston *apud* Brei apresenta três concepções diferentes para o fenômeno corrupção a partir de suas origens: a) as explanações personalísticas, pelas quais a corrupção como "más ações de gente ruim",[15] como advinda do povo, da fragilidade da natureza humana. Seu cerne está na investigação psicológica ou na ambição e racionalização humanas como causas; b) as explanações institucionais, para as quais a corrupção desdobra-se de problemas de administração, que podem ser de, ao menos, dois tipos: o decorrente de estímulo exercido por líderes corruptos, e o advindo dos "gargalos" produzidos por lei e regulamentos que trazem rigidez à burocracia e; c) as explanações sistêmicas, para as quais a corrupção surge da interação do governo com o público, instruindo parte integrante do sistema político, como uma das formas de influência.

Para Petrelluzi e Rizek Júnior, o conceito de corrupção não se atém ao prejuízo do Estado, mas à obtenção de vantagem, sendo "a conduta de pessoa natural ou jurídica, em conexão a qualquer ente público, destinada a obter, para si ou para outrem, vantagem ilícita de qualquer natureza".[16]

A partir desses pontos de vista, percebe-se que o conceito de corrupção atrelado estritamente ao aspecto de vantagem econômica está

---

[13] MARINELA, Fernanda; PAIVA, Fernando; RAMALHO, Tatiana. *Lei anticorrupção*: Lei nº 12.846/13, de 1º de agosto de 2013. São Paulo: Saraiva, 2015. p. 28.
[14] VIEIRA, Gabriela Alves Mendes; VARELLA, Marcelo Dias. A conexão entre os direitos humanos e a corrupção. *Revista de Direito Internacional - UNICEUB*. Brasília. v. 12, n. II, p. 477-494, 2014. p. 479.
[15] BREI, Zani Andrade. *A corrupção*: causas, consequências e soluções para o problema. Rio de Janeiro: Revista de Administração Pública, 1996. p. 104.
[16] PETRELLUZZI, Marco Vinicio; RIZEK JUNIOR, Rubens Naman. *Lei anticorrupção*: origens, comentários e análise da legislação correlata. São Paulo: Saraiva, 2014. p. 21.

superado, já que pode ser caracterizado por mecanismos políticos de exploração de prestígio e por condutas inadequadas com a finalidade de obter vantagem de natureza política.[17]

Para a caracterização da prática corrupta, deve-se ter em mente a desconformidade com a função e com "o correspondente dever posicional à luz do sistema normativo relevante, prática na qual se verifica a utilização da função e do poder que dela deriva em prol de interesses espúrios".[18]

Seguindo essa linha de raciocínio, a corrupção pode ser definida como a "sobreposição de interesses pessoais às necessidades coletivas, resultando em um dano à sociedade, através da utilização indevida dos poderes concedidos ao agente por determinado sistema normativo, ameaçando o desenvolvimento do Estado Democrático de Direito".[19]

Para Robert Klitgaard, a corrupção "pode ocorrer no setor privado ou no setor público – e amiúde ocorre simultaneamente em ambos. Pode ser rara ou disseminada, em alguns países em desenvolvimento, a corrupção tornou-se sistêmica".[20]

Atualmente, pode-se falar que, além da corrupção pública, há a corrupção privada, "concebida como um desvio fraudulento ou abusivo de poderes de controle e decisão na empresa privada que gera conflitos de interesse no setor privado e que, de forma reflexa ou indireta, pode afetar o interesse geral".[21]

Partindo dessa concepção, a Estratégia Nacional de Combate à Corrupção e à Lavagem de Dinheiro – ENCCLA elaborou anteprojeto legislativo prevendo a criminalização do suborno ativo e passivo,

---

[17] PETRELLUZZI, Marco Vinicio; RIZEK JUNIOR, Rubens Naman. *Lei anticorrupção*: origens, comentários e análise da legislação correlata. São Paulo: Saraiva, 2014. p. 21.

[18] BARBOZA, Márcia Noll. *O combate à corrupção no mundo contemporâneo e o papel do Ministério Público no Brasil*. Brasília: Ministério Público Federal, 2006. p. 24. Disponível em: http://www.mpf.mp.br/atuacao-tematica/ccr5/noticias-1/eventos/docs-monografias/monografia_3_lugar.pdf. Acesso em: 27 fev. 2018.

[19] EFING, Antônio Carlos; EFING, Ana Carla; MISUGI, Guilherme. Corrupção e direito civil: a corrupção como fator impeditivo de desenvolvimento e o papel da sociedade civil. *In*: LAUFER, Daniel (Coord.). *Corrupção*: uma perspectiva entre as diversas áreas do direito. Curitiba: Editora Juruá, 2013. p. 50.

[20] KLITGAARD, Robert. *A corrupção sob controle*. (Trad. Octavio Alves Velho). Rio de Janeiro: Jorge Zahar, 1994. p. 11.

[21] CASCÓN, Fernando Carbajo. Corrupción en el sector privado (i): la corrupción privada y el derecho privado patrimonial. *In*: *Corrupción en el sector privado, en el marco del convenio de colaboración, Universidad de Salamanca España - Universidad Santo Tomás Bucaramanga*. Grupo de Investigación Neoconstitucionalismo y Derecho. 2011. p. 287. Disponível em: http://revistas.ustabuca.edu.co/index.php/IUSTITIA/article/view/885. Acesso em: 02 mai. 2018.

praticados em violação de deveres funcionais de numa pessoa jurídica de direito privado, considerando que a prática de corrupção no âmbito privado não é tipificada no Brasil.[22] Essa proposta, caso seja objetivo de deliberação do Congresso Nacional e, se aprovada, contribuirá para o fortalecimento do sistema legal anticorrupção.

No mundo contemporâneo, os desvios éticos e a corrupção são fatores que não podem ser ignorados, até porque trata de um fenômeno milenar. "Parece ser, de fato, que a prática de atos corruptos em torno dos centros de poder é algo recorrente na história, é algo que acompanha o homem em sua trajetória de organização e progresso, sem jamais o deixar, como se de sua sombra se tratasse".[23]

A corrupção é algo retratado na história da humanidade, sendo que o conhecimento do que ocorreu em outros tempos pode ser útil para delinear o caminho no presente e no futuro. Algumas civilizações antigas produziram uma literatura relevante sobre como reduzir a corrupção, notadamente entre altos funcionários do governo, de forma que essa bagagem histórica talvez possa trazer algum *insight* sobre modos de impedir a corrupção atualmente.[24]

Na Antiguidade e até o início da Idade Média, a corrupção era punível, na maioria das vezes, em relação aos magistrados, sendo esses investidos pelo soberano e em nome dele atuavam.[25] De acordo com Noronha *apud* Petrelluzi; Rizek Junior, há um fragmento da Lei das XII Tábuas, da antiga Roma, que previa ao juiz corrompido a pena de morte. Anos mais tarde, a *Lex Julia Repetundarum* abrandou essa punição, impondo multa e pena corporal.

Posteriormente, após o surgimento do Estado Moderno, verificou-se que o Código Napoleônico de 1810 dispôs acerca de punições mais severas para aqueles que, com suas condutas, atingiam os recursos públicos.[26]

---

[22] ARAS, Vladimir. *O futuro crime de suborno*. Disponível em: https://vladimiraras.blog/2018/11/09/o-futuro-crime-de-suborno/. Acesso em: 10 nov. 2018.
[23] BARBOZA, Márcia Noll. *O combate à corrupção no mundo contemporâneo e o papel do Ministério Público no Brasil*. Brasília: Ministério Público Federal, 2006. p. 5. Disponível em: http://www.mpf.mp.br/atuacao-tematica/ccr5/noticias-1/eventos/docs-monografias/monografia_3_lugar.pdf. Acesso em: 27 fev. 2018.
[24] SEN, Amartya. *Desenvolvimento como liberdade*. (Trad. Laura Teixeira Motta). São Paulo: Companhia das Letras, 2000. p. 350.
[25] PETRELLUZZI, Marco Vinicio; RIZEK JUNIOR, Rubens Naman. *Lei anticorrupção*: origens, comentários e análise da legislação correlata. São Paulo: Saraiva, 2014. p. 20.
[26] PETRELLUZZI, Marco Vinicio; RIZEK JUNIOR, Rubens Naman. *Lei anticorrupção*: origens, comentários e análise da legislação correlata. São Paulo: Saraiva, 2014. p. 23.

A noção de república, a partir da perspectiva do Estado Moderno, reclama o combate à corrupção, porque traz consigo a ideia de responsabilidade e de defesa do bem comum:

> Mas, ainda que hoje os textos constitucionais, como regra, não façam menção a obrigações, é possível deduzi-los a partir da multissecular tradição republicana, a exemplo do dever de tolerância, de solidariedade, de respeitar os outros, de superar o egoísmo pessoal, de defender a liberdade, de observar os direitos das pessoas e de servir o bem comum.[27]

É importante, nesse contexto jurídico e social, ter em mente que "republicanismo, tem a ver, portanto, com a impessoalidade, a moralidade, a ausência de patrimonialismo na gestão da coisa pública",[28] exercendo uma força delimitadora na discricionariedade administrativa e impondo que o governante e o administrador público utilizem dos recursos públicos, seja de que natureza forem, em benefício da coletividade, sem benefícios a indivíduos ou grupos específicos.

É notado que a corrupção, quando disseminada em diversos setores, provoca danos sociais e implica em prejuízos ao desenvolvimento do indivíduo e à efetividade de direitos, tais como aqueles classificados como sociais fundamentais na Constituição Federal de 1988 (saúde precária, poucas vagas na educação infantil, estradas não mantidas adequadamente, por exemplo).

O estudo da corrupção não deve ser restrito a determinada localidade ou desarticulado do panorama internacional, tendo em vista que se apresenta como um problema que não se circunscreve aos limites geográficos dos Estados e está relacionado a diversas condições sociais, econômicas, legais e culturais. "Várias sociedades, Estados e sistemas políticos contemporâneos lutam contra problemas como a corrupção, o nepotismo, o fisiologismo, o crime organizado, a lavagem

---

[27] LEWANDOWSKI. Enrique Ricardo. Reflexões em torno do princípio republicano. *Revista da Faculdade de Direito da Universidade de São Paulo*, v. 100, p. 189-200, jan./dez. 2005. p. 195. Disponível em: http://www.egov.ufsc.br/portal/sites/default/files/67670-89099-1-pb.pdf. Acesso em: 27 fev. 2018.

[28] MARRARA, Thiago. A atividade de planejamento na Administração Pública: o papel e o conteúdo das normas previstas no anteprojeto da nova lei de organização administrativa. *Revista Eletrônica de Direito do Estado (REDE)*. Salvador, Instituto Brasileiro de Direito Público, n. 27, p. 12, julho/agosto/setembro 2011. Disponível na Internet: http://www.direitodoestado.com.br/codrevista.asp?cod=525. Acesso em: 02 mai. 2018.

de dinheiro, o enriquecimento ilícito, o suborno, o favorecimento, as 'mordomias', etc.".[29]

É verdade que, em alguns Estados, ela está presente de forma sistêmica e é mais evidente do que em outros, todavia, não se pode afirmar que exista algum ente estatal absolutamente imune a essa prática. A corrupção sistêmica é uma corrupção no "plano estrutural":

> Ao contrário de oportunidades ocasionais, a corrupção sistêmica ocorre quando a corrupção é um aspecto integrado e essencial do sistema econômico, social e político. Não se trata aqui de uma categoria especial da prática da corrupção, mas uma situação em que a maioria das instituições e processos do Estado está rotineiramente dominada e utilizada por indivíduos e/ou grupos, não tendo a sociedade, na maior parte das vezes, alternativa que não seja lidar com a corrupção.[30]

Cabe aos Estados se munirem de aparato apropriado para a detecção e o controle da corrupção, aperfeiçoando os meios existentes quando constatadas as falhas operacionais. Por isso, o desenvolvimento de mecanismos de controle e de fortalecimento institucional, que se agregam às experiências antecessoras, torna-se importante, à medida que as práticas positivas tendem a surtir efeito cumulativo e, assim, tornar o fenômeno controlável.

A corrupção é um problema global, cada vez mais evidente, já que "em uma economia internacional integrada a 'outro local' não existe mais. Os muros que protegem os mercados nacionais estão ruindo; a separação entre economia e política nacionais e externas está desaparecendo com rapidez".[31]

No contexto da globalização e da crescente diminuição de fronteiras, os efeitos deletérios da corrupção são sentidos de forma ampliada, porquanto, embora o mundo globalizado tenha suas vantagens (facilidade de locomoção, comunicação e transferência de recursos), também possui seus malefícios, como a expansão das diversas práticas

---

[29] NASCIMENTO, Melillo Diniz. O controle da corrupção no Brasil e a Lei nº 12.846/2013: a Lei anticorrupção. *In: Lei anticorrupção empresarial*: aspectos críticos às Lei nº 12.846/2013. Belo Horizonte: Fórum, 2014. p. 61.

[30] NASCIMENTO, Melillo Diniz. O controle da corrupção no Brasil e a Lei nº 12.846/2013: a Lei anticorrupção. *In: Lei anticorrupção empresarial*: aspectos críticos às Lei nº 12.846/2013. Belo Horizonte: Fórum, 2014. p. 65.

[31] GLYNN, Patrick; KOBRIN, Stephen J.; NAÍM, Moisés. A globalização da corrupção. *In*: ELIOTT, Kimberly Ann (Coord.). *A corrupção e a economia global*. Brasília: Editora UNB, 2002. p. 36.

do criminalidade organizada, notadamente a incidência dos delitos de lavagem de dinheiro que, na atualidade, possuem escala global.[32] O enfrentamento à corrupção requer métodos e técnicas altamente especializados, adequados ao contexto da *modernidade fluida* e ao *capitalismo leve*, onde, a toda evidência, o privado coloniza o público, posto que, na fluidez da *sociedade líquida*, o trabalho realizado não prende o capital, que pode ser "extraterritorial, volátil e inconstante".[33]

No século XXI, a economia mundial superou os limites espaciais e temporais, de forma que, nos dias presentes, vê-se que se trata de "uma economia cujos componentes centrais têm a capacidade institucional, organizacional e tecnológica de trabalhar em unidade de tempo, real, ou escolhido, em escala planetária".[34]

Os mecanismos que envolvem os maiores montantes, por meio dos quais se realizam os atos corruptivos envolvendo a esfera pública e a esfera privada, não se dão apenas por meio da entrega direta de valores em espécie, como difundido no imaginário popular, tal como a "entrega de maletas" (embora esse método ainda exista).[35] Investigações de grande porte revelaram esquemas envolvendo transferências de capitais, com aprimoradas técnicas de lavagem de dinheiro (*money laundering*), em que, com apenas "um click", milhões são transferidos para uma rede de múltiplos beneficiários, podendo estar estes situados em diversos países e continentes. Cita-se, a título de exemplo, o notório método do "dólar-cabo", em que "um *doleiro* abre conta em uma instituição no exterior, movimentando-a por simples ordens bancárias. Para isso, basta um telefone ou acesso à internet".[36]

Com a finalidade de coibir práticas dessa natureza, destaca-se uma tendência mundial de tipificação penal de condutas, tais como a lavagem de capitais, considerando que "o dinheiro circula pelo planeta à velocidade da luz, literalmente. Tão logo o capital entra no sistema ele pode ser desembolsado em instantes para uma série de localidades

---

[32] LUZ, Ilana Martins. *Compliance & omissão imprópria*. Belo Horizonte: Editora D'Plácido, 2018. p. 92.
[33] BAUMAN, Zigmunt. *Modernida Líquida (Liquid Modernity)*. Buenos Aires: Fondo de Cultura Económica de Argentina S.A., 2000. p. 130.
[34] CASTELLS, Manuel. *A sociedade em rede*. São Paulo: Paz e Terra, 1999. p. 143.
[35] MINISTÉRIO PÚBLICO FEDERAL. *PGR denuncia Michel Temer e Rodrigo Loures por corrupção passiva*. Disponível em: http://www.mpf.mp.br/pgr/noticias-pgr/pgr-denuncia-michel-temer-e-rodrigo-loures-por-corrupcao-passiva-. Acesso em: 26 jan. 2019.
[36] BRASIL. Supremo Tribunal Federal. *Recurso Extraordinário nº 876.692/PR de 22 abr. 2015*. Relatoria Ministra Carmem Lúcia. Disponível em: http://www.stf.jus.br/portal/processo/verProcessoPeca.asp?id=15332813640&tipoApp=.pdf. Acesso em: 18 abr. 2017.

remotas",[37] sendo muito comum o concurso de crimes de corrupção e de lavagem de capitais.

Observa-se, também, uma tendência muito forte de regulamentação de instrumentos civis e administrativos que buscam reparar danos causados ao patrimônio público ou à moralidade administrativa, sejam praticados por pessoas físicas ou jurídicas, posto que as práticas corruptas, além de prejuízos econômicos, violam direitos humanos, na medida em que impedem a racional aplicação de recursos públicos em prol de toda a sociedade.

É fundamental, para conhecê-la e compreender sua dinâmica, a investigação científica e o fortalecimento dos órgãos de controle estatais no intuito de reprimi-la e desestimulá-la, notadamente em razão dos altos custos sociais que causa, já que "a corrupção gera externalidades negativas que cruzam as fronteiras, enfraquecem as normas legais e morais e facilitam outros atos corruptos".[38]

A corrupção leva à violação de obrigações prestacionais dos Estados, porque os impede de agir no sentido de "tomar medidas para o máximo de [seus] recursos disponíveis para alcançar, progressivamente, a plena realização dos direitos econômicos, sociais e culturais"[39] reconhecidos nos pactos internacionais.

1.2 A corrupção como fator de violação dos direitos humanos

A corrupção se apresenta como de alto risco para a segurança humana (*human security*), que, segundo o Programa das Nações Unidas para Desenvolvimento (PNUD), está inserida "nos terrenos da ideia de segurança do emprego, do ingresso, da saúde, do meio ambiente, da segurança relativa aos delitos e da violência comum, restando evidenciado que o cerne da insegurança humana consiste na vulnerabilidade".[40]

---

[37] GLYNN, Patrick; KOBRIN, Stephen J.; NAÍM, Moisés. A globalização da corrupção. *In*: ELIOTT, Kimberly Ann (Coord.). *A corrupção e a economia global*. Brasília: Editora UNB, 2002. p. 37.
[38] HODGSON, Geoffrey; JIANG, Shuxia. La economía de la corrupción e la corrupción de la economía: una perspectiva interinstitucionalista. *Revista de Economia Institucional*, v. 10, n. 18, p. 61, 2008. (tradução livre).
[39] RAMASASTRY, Anita. Is there a right to be free from corruption? *University of California Davis Law Review*, v. 49, n. 2, p. 703-739, 2015. p. 726.
[40] PEREIRA, Flávio Cardoso. *Crime organizado e sua infiltração nas instituições governamentais*. São Paulo: Atlas, 2015. p. 12.

A corrupção traz altos custos para a alocação de recursos públicos em áreas prioritárias à promoção dos direitos humanos, violando os direitos humanos:

> Nos países africanos, a corrupção está diretamente relacionada ao mau desempenho escolar. A população mais pobre depende do sistema de ensino público para educação. Entretanto, o suborno é uma das práticas de corrupção utilizada como uma condição prévia para que alguns estudantes sejam admitidos, prejudicando o sistema de ensino e violando direitos fundamentais como a educação e o direito à igualdade.[41]

Investimentos públicos disponíveis e afinados com as reais necessidades sociais são imprescindíveis para assegurar os mais diversos direitos inalienáveis e irrenunciáveis, já que "estudos mostram que há uma correlação negativa entre corrupção e crescimento, assim como há correlação negativa entre corrupção e a parcela do PIB revertida para investimentos públicos".[42]

Segundo Rogério Gesta Leal e Yuri Schneider, "quando a corrupção se encontra dispersa em todo o corpo político e mesmo tolerada pela comunidade, as pessoas mais necessitadas sofrem de forma mais direta com os efeitos disto".[43] Os citados autores exemplificam os danos causados pela corrupção à saúde pública, à educação pública e aos projetos sociais destinados às famílias em situação de pobreza, prejuízos esses decorrentes de malversação ou desvios de verbas públicas.

Não basta a existência de recursos financeiros disponíveis, é preciso que eles estejam distribuídos de forma equânime na sociedade, garantindo direitos e fomentando o desenvolvimento econômico. Além do que, é importante que esses recursos sejam investidos de forma racional e eficiente, tendo como foco as necessidades humanas e não a apropriação ilícita e ou o desvio de finalidade.

De acordo com o Relatório de Desenvolvimento Humano das Nações Unidas, a pobreza é uma condição humana que se caracteriza

---

[41] VIEIRA, Gabriela Alves Mendes; VARELLA, Marcelo Dias. A conexão entre os direitos humanos e a corrupção. *Revista de Direito Internacional - UNICEUB*. Brasília. v. 12, n. II, p. 477-494, 2014. p. 490.

[42] PRAÇA, Sérgio. Os efeitos econômicos da corrupção. *Biblioteca Digital da FGV*, 2007. p. 1. Disponível em: http://bibliotecadigital.fgv.br/ojs/index.php/getulio/article/viewFile/61213/59426. Acesso em: 18 abr. 2017.

[43] LEAL, Rogério Gesta; SCHNEIDER, Yuri. Os efeitos deletérios da corrupção em face dos direitos humanos e fundamentais. *Revista Ajuris*, v. 41, n. 136, p. 415-435, dez/2014. p. 416.

pela privação contínua e crônica dos recursos, opções e capacidade, bem como o poder para desfrutar de um nível adequado dos direitos civis, culturais, econômicos, políticos e sociais.[44] A partir dessa percepção, o combate e o controle à corrupção tem como motivação o bem-estar de toda a sociedade e a saúde econômica das nações.

Ainda, observa-se a questão relativa à probidade da Administração Pública, sendo que "o fenômeno da corrupção se relaciona diretamente com a eficácia e a credibilidade da gestão pública, atingindo toda a sociedade, seja em menor ou maior escala".[45]

É natural da prática corrupta se produzir uma perda de recursos econômicos e de confiança, o que, direta ou indiretamente, afeta o funcionamento, a eficiência e prejudica a imagem da Administração Pública perante os cidadãos, erodindo a confiança no estado de direito e até mesmo no mesmo sistema político de referência.[46]

Esse fenômeno, além de causar ausência de serviços essenciais, traz danos à sociedade civil, à política e à vida econômica do Estado, por meio da desfuncionalidade da gestão pública. "Em decorrência dessa desfuncionalidade, a gestão pública deixa de construir a cidadania, permitindo que surja em seu lugar uma população propensa à marginalidade, ao descumprimento das leis e ao não reconhecimento ou respeito à autoridade".[47]

No que diz respeito ao Brasil, a corrupção torna distante o cumprimento do objetivo constitucional de construir uma sociedade livre, justa e solidária (artigo 3º da CF), tendo em vista que a concretização dos direitos fundamentais sociais depende não apenas da disponibilidade de recursos públicos, mas do adequado planejamento e da eficiente execução de políticas públicas.

Em relação aos direitos fundamentais sociais, previstos na Constituição Federal, considerados a partir da *dogmática constitucional emancipatória*, que tem como foco não o Estado, mas o bem-estar físico e

---

[44] GUILHERME, Ricardo. *A influência da corrupção no (sub)desenvolvimento*. Escola Superior de Direito Público. p. 1. Disponível em: http://esdp.net.br/a-influencia-da-corrupcao-no-subdesenvolvimento/. Acesso em: 12 jul. 2017.

[45] MARINELA, Fernanda; PAIVA, Fernando; RAMALHO, Tatiana. *Lei anticorrupção*: Lei nº 12.846/13, de 1º de agosto de 2013. São Paulo: Saraiva, 2015. p. 29.

[46] CASCÓN, Fernando Carbajo. Corrupción en el sector privado (i): la corrupción privada y el derecho privado patrimonial. *In: Corrupción en el sector privado, en el marco del convenio de colaboración, Universidad de Salamanca España - Universidad Santo Tomás Bucaramanga*. Grupo de Investigación Neoconstitucionalismo y Derecho. 2011. p. 285. Disponível em: http://revistas.ustabuca.edu.co/index.php/IUSTITIA/article/view/885. Acesso em: 02 mai. 2018.

[47] CARVALHOSA, Modesto. *Considerações sobre a lei anticorrupção das pessoas jurídicas*. São Paulo: Revista dos Tribunais, 2015. p. 291.

psíquico da pessoa humana, não se encaixam na classificação de meras normas-programa, sendo diretamente dependentes de uma atuação positiva do poder público por serem direitos prestacionais.[48]

Por isso, relevante se mostra a estruturação dos órgãos de controle estatais e o aperfeiçoamento do ordenamento jurídico, que deve contar, para a elucidação e a repreensão das condutas ilícitas, com instrumentos legais céleres e pautados nas premissas do estado democrático de direito.

Essa postura de controle da corrupção, a ser adotada pelos Estados signatários da Convenção da OCDE e de outros documentos internacionais, não trata de mera liberalidade, ou de um desejo particular de determinados governantes, mas é uma obrigação assumida perante a comunidade internacional. Assim, cada ente signatário desses tratados deve adequar o ordenamento jurídico interno às prescrições gerais no tocante ao controle e à penalização de práticas corruptas, dentro de uma perspectiva de efetiva aplicação dos comandos normativos.

1.3 O desenvolvimento e o exercício das capacidades segundo Amartya Sen

Para melhor compreender o fenômeno da corrupção e sua relação com o desenvolvimento, é pertinente o estudo de Amartya Sen acerca do exercício das capacidades, especialmente a partir da leitura do livro *Desenvolvimento como Liberdade*. As capacidades, conforme conceito cunhado na referida obra, podem ser entendidas como a possibilidade de escolher uma vida que se tem razão para valorizar. O professor de Harvard e ganhador do prêmio Nobel em Economia de 1998, sustenta que o "desenvolvimento tem que estar relacionado, sobretudo, com a melhora da vida que levamos e das liberdades que desfrutamos".[49]

Para ele, a ideia de desenvolvimento não está restrita ao fator renda, de forma que não se pressupõe a existência dele unicamente pelo excesso de recursos financeiros. Isso não quer dizer que a renda não seja relevante e que os recursos financeiros não constituam alavancas para

---

[48] CLÈVE, Clèmerson Merlin. *Degravação de conferências proferidas, em agosto de 2002, no III Simpósio de Direito Constitucional e Infraconstitucional promovido pela Procuradoria-Geral da República, em Brasília, e no Fórum Social Mundial, em 2003, em Porto Alegre*. p. 1. Disponível em: http://www.clemersoncleve.adv.br/wp-content/uploads/2016/06/A-efic%C3%A1cia-dos-direitos-fundamentais-sociais.pdf. Acesso em: 20 fev. 2018.

[49] SEN, Amartya. *Desenvolvimento como liberdade*. (Trad. Laura Teixeira Motta). São Paulo: Companhia das Letras, 2000. p. 28.

o desenvolvimento, mas que, além da disponibilidade de acesso a bens materiais, as pessoas devem possuir condições de desenvolverem suas capacidades. Esse raciocínio leva à constatação de que a opulência, no sentido de renda "elevada" é guia limitado para aferir o bem-estar e a qualidade de vida. O bem-estar e a qualidade de vida, por suas vezes, guardam relação direta com a implementação dos direitos humanos, sejam no aspecto individual ou social.

Conforme apontado por Sen, o desenvolvimento não é algo que se possa medir tão somente a partir do Produto Interno Bruto – PIB, posto que, além dos recursos disponíveis, é preciso que eles sejam investidos de forma a promover a expansão das capacidades das pessoas.

Também sustenta que, para aferir o nível das capacidades e, por sua vez, das liberdades, é preciso ter em conta uma abordagem alternativa. O autor se contrapõe à análise utilitarista (utilidade, como prazer, felicidade, satisfação), cunhada por Jeremy Benthan, à distributivista, com enfoque nos bens primários, de Jonh Rawls, e à visão do libertarianismo de Robert Nozick. Ele aponta que, muito embora haja muito a aprender com essas importantes abordagens da filosofia política, propõe uma base informacional diversa para o aferimento das liberdades. Essa abordagem alternativa enfoca diretamente a liberdade, "vista como a forma de capacidades individuais para fazer coisas que uma pessoa com razão valoriza".[50] Deve-se aferir as características específicas que transformam os bens ou os recursos disponíveis em capacidade para promover objetivos.

Juntamente à ideia de capacidade, está inserta a concepção de funcionamentos, que refletem várias atitudes ou posses que uma pessoa pode considerar valioso fazer ou ter. Ou seja, a capacidade ampliada está diretamente ligada às combinações de funcionamentos factíveis a uma pessoa.

A título de exemplo, pode-se dizer que, num programa de distribuição de habitação para pessoas de baixa renda, a abordagem relevante não se prende ao imóvel em si, mas o que ele oportuniza (socialização, constituição de redes de auxílio mútuo ou acesso a meios de transporte mais próximos). Utilizando outro exemplo mais simplista: não adianta ser possuidor de uma bicicleta, se não se sabe pedalar ou se lhe falta uma das pernas por conta de deficiência física. Ou seja, a funcionalidade do

---

[50] SEN, Amartya. *Desenvolvimento como liberdade*. (Trad. Laura Teixeira Motta). São Paulo: Companhia das Letras, 2000. p. 80.

bem é promover a locomoção, mas ele não atingirá seu fim último se o indivíduo não tiver condições pessoais de utilizá-lo. Não é a bicicleta em si, mas a capacidade de locomoção que ela traz.

A fim de propor uma abordagem alternativa para Justiça, Sen discorre sobre a questão das heterogeneidades. Para ele, as comparações de utilidade são gravíssimas, pois, depende de estados mentais e de circunstâncias individuais. Isto é, um mesmo "pacote de mercadorias" pode ter um nível de utilidade diverso para pessoas diferentes. Portanto, o desenvolvimento das capacidades não é algo *standard*, mas está pautado nas peculiaridades dos indivíduos.

O referido autor apresenta duas visões sobre o desenvolvimento, visto como um processo de expansão das liberdades que as pessoas desfrutam. A primeira aborda o desenvolvimento como um fim primordial, isto é, como um papel constitutivo da liberdade. A segunda apresenta o desenvolvimento como sendo um instrumento, o principal meio para atingir as liberdades. Essas duas visões são complementares, de forma que uma não exclui a outra.

Acerca da temática, Amartya Sen, ao tratar do tema na obra *Desenvolvimento como Liberdade*, elenca as inter-relações entre as liberdades, sendo elas: 1) As liberdades políticas e civis; 2) As facilidades econômicas; 3) As oportunidades sociais; 4) As garantias de transparência e 5) A segurança protetora – papel instrumental (meio para o desenvolvimento).

Quanto às liberdades políticas, concebidas pelo autor de forma ampla, onde estão insertos os direitos civis, tratam das oportunidades que as pessoas têm para determinar quem irá ocupar os cargos eletivos e fazê-lo com base em princípios que adiram. Nesse rol, o autor também acrescenta a possibilidade de fiscalização e crítica das autoridades, a liberdade de expressão política, a existência de uma imprensa sem censura, bem como a liberdade partidária.[51]

Acerca das facilidades econômicas, Sen aponta que "à medida que o processo de desenvolvimento econômico aumenta a renda e a riqueza de um país, estas se refletem no correspondente aumento de intitulamento econômico da população",[52] que possuirá maior liberdade e opções do que e como consumir.

---

[51] SEN, Amartya. *Desenvolvimento como liberdade*. (Trad. Laura Teixeira Motta). São Paulo: Companhia das Letras, 2000. p. 55.
[52] SEN, Amartya. *Desenvolvimento como liberdade*. (Trad. Laura Teixeira Motta). São Paulo: Companhia das Letras, 2000. p. 55.

As oportunidades sociais correspondem às disposições que a sociedade estabelece em diversas áreas, tais como educação e saúde, o que irá influenciar na liberdade substantiva de o indivíduo viver melhor.

Por exemplo, o analfabetismo pode ser uma barreira formidável à participação em atividades econômicas que requeiram produção segundo especificações ou que exijam rigoroso controle de qualidade (uma exigência sempre crescente no mundo globalizado).[53]

As garantias de transparência estão relacionadas a uma necessidade de sinceridade que a vida social pressupõe, para o autor seria "a liberdade de lidar uns com os outros sob garantias de dessegredo e clareza",[54] posto que a violação da confiança abala não apenas o envolvido diretamente, mas a vida social como um todo. "Essas garantias têm um claro papel instrumental como inibidores da corrupção, da irresponsabilidade financeira e de transações ilícitas".[55]

A segurança protetora funciona como uma "rede de segurança social", salvaguardando que pessoas em situação de vulnerabilidade sejam reduzidas à miséria, preservando suas vidas da fome e da morte. "A esfera da segurança protetora inclui disposições institucionais fixas, como benefícios aos desempregados e suplementos de renda regulamentares para os indigentes".[56]

Para que as capacidades sejam realmente ampliadas, revelando funcionamentos factíveis, imprescindível que o conjunto das liberdades inter-relacionadas estejam disponíveis ao cidadão, posto que, se alguma delas não funcionar adequadamente, haverá prejuízo para o desenvolvimento, seja como fim ou instrumento das liberdades. Sen afirma que:

> Deve ter ficado claro, com a discussão precedente, que a visão da liberdade aqui adotada envolve tanto os processos que permitem a liberdade de ações e decisões como as oportunidades reais que as pessoas têm, dadas as suas circunstâncias pessoais e sociais.[57]

---

[53] SEN, Amartya. *Desenvolvimento como liberdade*. (Trad. Laura Teixeira Motta). São Paulo: Companhia das Letras, 2000. p. 56.
[54] SEN, Amartya. *Desenvolvimento como liberdade*. (Trad. Laura Teixeira Motta). São Paulo: Companhia das Letras, 2000. p. 56.
[55] SEN, Amartya. *Desenvolvimento como liberdade*. (Trad. Laura Teixeira Motta). São Paulo: Companhia das Letras, 2000. p. 56.
[56] SEN, Amartya. *Desenvolvimento como liberdade*. (Trad. Laura Teixeira Motta). São Paulo: Companhia das Letras, 2000. p. 57.
[57] SEN, Amartya. *Desenvolvimento como liberdade*. (Trad. Laura Teixeira Motta). São Paulo: Companhia das Letras, 2000. p. 32.

Além dos processos que permitem ações e decisões baseadas nas condições reais das pessoas, vê-se que, quanto ao tema corrupção e exercício das capacidades, é crucial que as garantias de transparência sejam fortalecidas e sedimentadas na sociedade, sendo elas:

> As garantias de transparência referem-se às necessidades de sinceridade que as pessoas podem esperar: a liberdade de lidar com os outros sob as garantias de dessegredo e clareza [...]. Essas garantias têm um claro papel instrumental como inibidores da corrupção, da irresponsabilidade financeira e de transações ilícitas.[58]

Isso funciona como uma retroalimentação, a partir do momento em que as pessoas participam da vida pública, elas têm a cidadania fortalecida e, consequentemente, podem influenciar diretamente nas políticas públicas que atendam interesses específicos:

> Assim, atenta-se particularmente para a expansão das "capacidades" [capabilities] das pessoas de levar o tipo de vida que elas valorizam – e com razão. Essas capacidades podem ser aumentadas pela política pública, mas também, por outro lado, a direção da política pública pode ser influenciada pelo uso efetivo das capacidades participativas do povo.[59]

Essas capacidades participativas do povo, conforme se depreende do raciocínio do autor, somente poderão ser expandidas em um ambiente de democracia consolidada, em que haja práticas transparentes com possibilidade de ajustes a partir da opinião dos destinatários das políticas públicas. E nessa cadeia repetitiva, em que prepondera a corrupção, as capacidades tendem a ser limitadas e, consequentemente, as liberdades dos cidadãos.

Num ambiente social de democracia consolidada e de fomento de práticas transparentes, é recomendável o aperfeiçoamento do sistema de controle da corrupção, seja por meio da legislação ou mesmo pela correta estruturação dos órgãos estatais correspondentes.

---

[58] SEN, Amartya. *Desenvolvimento como liberdade*. (Trad. Laura Teixeira Motta). São Paulo: Companhia das Letras, 2000. p. 60.

[59] SEN, Amartya. *Desenvolvimento como liberdade*. (Trad. Laura Teixeira Motta). São Paulo: Companhia das Letras, 2000. p. 33.

1.4 O exercício das capacidades, alguns indicadores sociais brasileiros e alguns números da corrupção no Brasil

O fenômeno corrupção não é identificado unicamente no Brasil, sendo recorrente em outras partes do globo terrestre. Entretanto, levantamentos específicos revelam que o país apresenta dados contundentes no tocante às práticas corruptas, destacando-se em *rankings* mundiais em que se compara a presença de condutas dessa natureza.

Os historiadores apontam que, já nas bases da formação do Estado Brasileiro, com origens ainda na época colonial, preponderavam os simples vínculos de pessoa a pessoa, independentes e até exclusivos de qualquer tendência de cooperação autêntica entre indivíduos. Antônio Cândido, ao redigir o prefácio da obra Raízes do Brasil, assim ponderou:

> O peculiar da vida brasileira parece ter sido, por essa época, uma acentuação singularmente enérgica do afetivo, do irracional, do passional, e uma estagnação, ou antes, uma atrofia correspondente das qualidades ordenadoras, disciplinadoras, racionalizadoras.[60]

Sérgio Buarque de Holanda enfatiza que, no período colonial, o quadro familiar se apresentava tão poderoso que as "preferências fundadas nos laços afetivos, não podia deixar de marcar nossa sociedade, nossa vida pública, todas as nossas atividades",[61] ocorrendo posteriormente verdadeira invasão do Estado pela família, do público pelo privado.

Aponta que essas marcas não ficaram restritas à política e ao governo, mas causaram consequências que se espraiaram para outras áreas, como a economia, no que toca especialmente ao modelo de agricultura tradicional brasileiro.

Holanda enfatiza que a ordem administrativa do país, mesmo no período republicano, continuou a comportar elementos vinculados ao velho sistema senhorial, com o constante predomínio das vontades particulares. Até a década de 30, o autor conclui que o país, apenas excepcionalmente, teve um sistema administrativo e um corpo de

---

[60] HOLANDA, Sérgio Buarque. *Raízes do Brasil*. 26. ed. São Paulo: Companhia das Letras, 1982. p. 17.
[61] HOLANDA, Sérgio Buarque. *Raízes do Brasil*. 26. ed. São Paulo: Companhia das Letras, 1982. p. 82.

funcionários dedicados puramente aos interesses da Administração, destacando o caráter patrimonialista da gestão pública nessa época:

> Para o funcionário "patrimonial", a própria gestão política apresenta-se como assunto de interesse particular; as funções, os empregos e os benefícios que deles aufere relacionam-se a direitos pessoais do funcionário e não a interesses objetivos, como sucede no verdadeiro Estado Burocrático, em que prevalecem a especialização das funções e o esforço para se assegurarem garantias jurídicas aos cidadãos.[62]

Modesto comenta que trata de uma descrição típica ideal, conformando um conceito operacional e crítico do patrimonialismo no exercício do poder político-administrativo:

> No patrimonialismo, o governante organiza o poder político como uma espécie de poder doméstico, segundo vínculos de solidariedade e fidelidade típicos dos membros de uma família. Não há impessoalidade (exercício do poder 'sine ira et studio', sem ódio e paixão, elementos essenciais para o conceito objetivo de dever impessoal). O poder é exercido como propriedade pessoal do governante, extensão do seu domínio privado, sem realizar-se a distinção entre a esfera pública e a esfera privada. Os cargos são vendidos ou concedidos como prebendas ou sinecuras, sendo utilizados para cooptação e favorecimento. O poder é concebido como um bem privado e apropriado por seus exercentes, sempre atentos à proteção de seus dependentes ou afilhados. O governante é o pater famílias supremo.[63]

Esse modelo patrimonial forneceu, nas décadas seguintes, a toda evidência, os moldes para o desenvolvimento da vida política, das relações entre governantes e governados, e, em especial, proporcionou práticas corruptas que surtem efeitos em várias áreas.

Embora o Brasil, segundo dados do FMI de 2016, tenha retornado ao posto de 8ª maior economia do mundo, em termos de indicadores sociais,[64] observa-se que não ocupa a mesma colocação. Segundo o Ín-

---

[62] HOLANDA, Sérgio Buarque. *Raízes do Brasil*. 26. ed. São Paulo: Companhia das Letras, 1982. p. 82.
[63] MODESTO, Paulo. Nepotismo em cargos político-administrativos. *Revista Eletrônica de Direito do Estado (REDE)*, Salvador, Instituto Brasileiro de Direito Público, n. 32, outubro/novembro/dezembro 2012. Disponível em: http://www.direitodoestado.com/revista/REDE-32-DEZEMBRO-2012-PAULO-MODESTO.pdf. Acesso em: 04 jul. 2017.
[64] PORTAL BRASIL. *FMI*: Brasil volta ao posto de 8ª maior economia. Disponível em: http://www.brasil.gov.br/economia-e-emprego/2016/10/fmi-brasil-volta-ao-posto-de-8-maior-economia. Acesso em: 12 jul. 2017.

dice de Desenvolvimento Humano-IDH, o país, em 2017, se manteve na 79ª posição mundial.[65] O Relatório das Nações Unidas,[66] divulgado naquele ano e que tratou de 188 nações e territórios, revelou a permanência do índice 0,754, o mesmo obtido no ano anterior, tendo apresentado empate com a Ilha de Granada.

A análise do IDH é interessante porque, para sua elaboração, leva em conta três fatores básicos do desenvolvimento humano: renda, educação e saúde. Esse índice é uma medida resumida do progresso a longo prazo e foi desenvolvido a partir de estudos do economista paquistanês Mahbub ul Haq, que contou com a colaboração de Amartya Sen, por meio do trabalho acerca das capacidades e funcionamentos.

O Relatório do Desenvolvimento Humano é reconhecido pelas Nações Unidas como um exercício intelectual independente e possui como ponto de destaque mudar o foco da análise da economia dos países, antes restrita ao Produto Interno Bruto – PIB.

Os resultados dessa forma de medição de indicadores econômicos, conjugados com indicadores sociais, busca confirmar que nem sempre grande volume de recursos é sinal de desenvolvimento, e revela que, no Brasil, as riquezas não são revertidas para a ampliação das capacidades na mesma proporção do resultado obtido quanto ao crescimento econômico.

De acordo com o nº da Transparência Internacional publicado no ano de 2015,[67] o Brasil ocupava a 76ª posição em termos de percepção da corrupção, apresentando-se alto em relação a outros países com economias de porte semelhante. Nos últimos anos, a percepção da corrupção se mostrou ainda mais acentuada, posto que no nº divulgado em 2018,[68] o país subiu vinte casas e passou a ocupar a 96ª colocação. Nesse caso, subir não significa algo positivo, mas o aumento da percepção da corrupção. Com base na análise dessa entidade, o índice brasileiro obteve queda de três pontos, de 40 para 37, numa escala que vai de 0 a 100,

---

[65] JORNAL O ESTADÃO. *Brasil se mantém na 79ª posição em ranking de IDH*. Disponível em: http://brasil.estadao.com.br/noticias/geral,brasil-se-mantem-na-79-posicao-em-ranking-de-idh,70001707897. Acesso em: 12 jul. 2017.

[66] PNUD. *Desenvolvimento humano e IDH*. Disponível em: http://www.br.undp.org/content/brazil/pt/home/idh0.html. Acesso em: 12 jul. 2017.

[67] TRANSPARENCY INTERNATIONAL. *Índice de percepção da corrupção*. 2015. Disponível em: http://www.transparency.org/cpi2015. Acesso em: 21 jul. 2016.

[68] EBC. AGÊNCIA BRASIL. *Índice de percepção da corrupção no Brasil tem queda e país fica pior no ranking*. Disponível em: http://agenciabrasil.ebc.com.br/geral/noticia/2018-02/indice-de-percepcao-da-corrupcao-no-brasil-tem-queda-e-pais-fica-pior-no. Acesso em: 27 fev. 2018.

em que zero significa alta percepção de corrupção e 100, elevada percepção de integridade.

Em relação ao nº disponibilizado em 2019, o Brasil apresentou resultado que sugere que a corrupção está mais perceptível, tendo em vista que desceu de 37 pontos para 35 pontos, obtendo seu pior nº nos últimos sete anos, segundo a Transparência Internacional.[69]

Conforme dados divulgados na imprensa, houve declínio do Brasil em relação à posição que ocupava face a outras nações em desenvolvimento, como, por exemplo, o grupo BRIC (Brasil, Rússia, Índia e China), entre os quais figura agora à frente apenas da Rússia, que alcançou 29 pontos.[70]

No relatório produzido pelo Fórum Econômico Mundial, intitulado "The Global Competitiveness Report - 2016",[71] onde se avaliaram tópicos como ética e corrupção, o Brasil obteve pontuação número 4, numa escala que vai de 1 a 7, sendo 7 o nível ideal (*best score*), em uma lista contendo 138 países. A pesquisa foi elaborada por meio de coleta de opinião, junto a executivos que responderam às seguintes perguntas: "O quanto é comum o desvio de fundos públicos para empresas ou grupos?"; "Como qualifica a ética dos políticos?"; e "O quanto é comum o suborno por parte das empresas?".

O mesmo relatório elaborado em relação ao período de 2017-2018,[72] em uma lista contendo 137 países, o Brasil foi classificado com a pontuação 2,1, o que revela uma piora na percepção da corrupção por parte dos executivos entrevistados. Por outro lado, em relação à competitividade, o mesmo relatório apontou que o Brasil obteve uma melhora, tendo sido classificado na 80ª posição, se estabilizando após vários anos de queda no ranking. Segundo registrado no documento, após diversos escândalos de corrupção e instabilidade política, a avaliação do pilar das instituições recuperou 11 posições, mostrando os efeitos das investigações, levando a uma maior transparência e a uma

---

[69] TRANSPARENCY INTERNACIONAL. *How corruptions weakens democracy*. Disponível em: https://www.transparency.org/news/feature/cpi_2018_global_analysis. Acesso em: 31 jan. 2019.

[70] EBC. AGÊNCIA BRASIL. *Índice de percepção da corrupção no Brasil tem queda e país fica pior no ranking*. Disponível em: http://agenciabrasil.ebc.com.br/geral/noticia/2018-02/indice-de-percepcao-da-corrupcao-no-brasil-tem-queda-e-pais-fica-pior-no. Acesso em: 27 fev. 2018.

[71] WORD ECONIMIC FÓRUM. *The global competitiveness report 2015–2016*. Disponível em: http://www3.weFórum.org/docs/gcr/2015-2016/Global_Competitiveness_Report_2015-2016.pdf. Acesso em: 02 jul. 2018.

[72] WORD ECONIMIC FÓRUM. *Global competitive index 2017-2018*. Disponível em: http://reports.weFórum.org/global-competitiveness-index-2017-2018/competitiveness-rankings/#series=GCI.A.01.01.02. Acesso em: 02 jul. 2018.

percepção de processos bem sucedidos para reduzir a corrupção dentro dos limites institucionais do país.

Segundo dados colhidos pela Federação das Indústrias do Estado de São Paulo,[73] no país, o custo da corrupção, entendido como o que deixa de ser aplicado em diversas áreas, tais como saúde, educação, tecnologia, dentre outras, aplicado indevidamente no pagamento da corrupção, equivale anualmente a R$41,5 bilhões, correspondendo a 1,38% do Produto Interno Bruto – PIB (ano base 2008).

Quanto maior a omissão no controle da corrupção, maior é a quantidade de recursos desviados das atividades produtivas e, portanto, maior é o custo da corrupção, conforme informações divulgadas no citado relatório. O estudo realizado apontou dados quanto às perdas dos cofres públicos causados pela corrupção no Brasil e, consequentemente, dos direitos humanos:

> Tem-se que 27% do valor que o setor público gasta com educação representa o montante total que se perde com a corrupção no Brasil. O custo da corrupção constitui uma parcela ainda maior do orçamento público da saúde: cerca de 40%. Em relação à segurança pública (primeiro item de preocupação dos brasileiros, segundo pesquisa do IBOPE em 2007), o custo médio anual da corrupção de R$41,5 bilhões ultrapassa o gasto de R$39,52 bilhões dos estados e União em segurança pública em 2008. É possível afirmar ainda que o custo médio da corrupção representa 2,3% do consumo das famílias.[74]

Verifica-se que a corrupção deixa marcas evidentes à expansão das capacidades humanas, segundo terminologia de Sen, que refere ao exercício dos mais variados direitos individuais e sociais. A perda de recursos destinados a áreas essenciais, tais como educação e saúde pública, impactam diretamente no resultado do IDH e geram consequências severas às liberdades substantivas, sejam elas políticas e civis, facilidades econômicas ou oportunidades sociais.

Não é em vão que Sen, ao tratar da negativa de liberdades elementares no mundo atual, relaciona esse fato à pobreza econômica, à carência de serviços públicos e assistência social. Isso sem falar

---

[73] FEDERAÇÃO DAS INDÚSTRIAS DO ESTADO DE SÃO PAULO. *Relatório corrupção*: custos econômicos e propostas de combate. São Paulo: Departamento de Competitividade e Tecnologia, 2010. p. 4.

[74] FEDERAÇÃO DAS INDÚSTRIAS DO ESTADO DE SÃO PAULO. *Relatório corrupção*: custos econômicos e propostas de combate. São Paulo: Departamento de Competitividade e Tecnologia, 2010. p. 4.

das restrições à participação da vida política, econômica e social da comunidade.[75]

As reformas institucionais, amparadas em mudanças comportamentais sociais, são meios indeclináveis para impulsionar a melhoria da qualidade de vida e frear as práticas corruptas.

1.5 A corrupção como óbice ao desenvolvimento econômico

Longe de constituir um estímulo ao desenvolvimento econômico, a corrupção se apresenta como um fator impeditivo, tendo em vista que aumenta os custos estatais e causa distorções no planejamento e aplicação de recursos financeiros destinados a políticas públicas prioritárias. "A corrupção tem custos de eficiência em função do desperdício e da má distribuição que em geral a acompanham".[76]

A tolerância para a corrupção disseminada não é "receita para crescimento", já que aumenta as "rendas improdutivas disponíveis para a distribuição" e gera desmotivação para o espírito empreendedor produtivo.[77] Constata-se ser imprescindível que se busque contê-la de forma prioritária, tendo em vista o óbice que, em diversos aspectos, causa ao desenvolvimento econômico dos países, seja ela realizada na esfera nacional ou internacional. É irrefutável que, de vários modos abala o sistema econômico, seja reduzindo os ingressos impositivos do Estado, seja incrementando o valor dos produtos ou, ainda, colocando o agente corruptor em posição de vantagem no mercado, em distorção à livre concorrência.[78]

A Cleangovbiz Organization, organização internacional ligada à Organização para a Cooperação do Desenvolvimento Econômico (OECD), assevera que os custos da corrupção, em termos mundiais, giram em torno de 2,6 (dois vírgula seis) trilhões de dólares, alcançando 5% (cinco por cento) do produto bruto mundial.[79]

---

[75] SEN, Amartya. *Desenvolvimento como liberdade*. (Trad. Laura Teixeira Motta). São Paulo: Companhia das Letras, 2000. p. 17.
[76] KLITGAARD, Robert. *A corrupção sob controle*. (Trad. Octavio Alves Velho). Rio de Janeiro: Jorge Zahar, 1994. p. 56.
[77] ROSE-ACKERMAN, Susan. A economia política da corrupção. In: ELIOTT, Kimberly Ann (Coord.). *A corrupção e a economia global*. Brasília: Editora UNB, 2002. p. 80.
[78] PEREIRA, Flávio Cardoso. *Crime organizado e sua infiltração nas instituições governamentais*. São Paulo: Atlas, 2015. p. 45.
[79] ORGANISATION FOR ECONOMIC CO-OPERATION AND DEVELOPMENT-OECD. *CleanGovBiz Initiative. Integrity in practice*. Disponível em: https://www.oecd.org/cleangovbiz/49693613.pdf. Acesso em: 22 mar. 2018.

Apesar disso, há quem entenda que os resultados dessa prática não são sempre ruins e importantes, sendo vista como um subproduto da modernização, e, até, como estímulo ao processo de desenvolvimento.[80] Segundo os adeptos da visão funcionalista da corrupção, essa teria um caráter instrumental benéfico para o desenvolvimento das nações:

> A corrupção é, pois, vista como uma disfunção funcional, muitas vezes tônica, não tóxica, para o desenvolvimento político e o crescimento econômico. É inseparável do processo de modernização, que lhe cria oportunidades por introduzir novos valores, aumentar a movimentação de recursos no mercado e criar novos centros de poder, incentivos e oportunidades. Sob esse prisma. Desenvolvimento político e corrupção se articulam num equilíbrio móvel, reduzindo-se a corrupção no declínio do intenso processo de transição acarretado pelo processo modernizador: avançando a democracia, o problema se torna relativamente raro, não exigindo soluções específicas.[81]

Além da questão relativa ao aumento dos custos, nota-se que a corrupção "afasta ainda futuros investidores, empreendedores e trabalhadores", tornando o país pouco atrativo para investimentos.[82] Os estudos contemporâneos têm refutado a ideia de que a corrupção funcionaria como um acelerador do desenvolvimento, pelo contrário:

> Segundo Rose-Ackerman, a corrupção prejudicaria os investimentos e obstaria o desenvolvimento econômico ao criar sistema de cobrança de propinas dentro dos órgãos burocráticos, aumentando os custos pagos pelos cidadãos. Ela ocorreria na interface entre o setor público e o privado, mediante comportamentos rent-seeking de agentes públicos que buscam maximizar sua renda privada em detrimento de recursos públicos, burlando as regras institucionais do sistema político.[83]

---

[80] BREI, Zani Andrade. *A corrupção*: causas, consequências e soluções para o problema. Rio de Janeiro: Revista de Administração Pública, 1996. p. 105.

[81] BREI, Zani Andrade. *A corrupção*: causas, consequências e soluções para o problema. Rio de Janeiro: Revista de Administração Pública, 1996. p. 105.

[82] EFING, Antônio Carlos; EFING, Ana Carla; MISUGI, Guilherme. Corrupção e direito civil: a corrupção como fator impeditivo de desenvolvimento e o papel da sociedade civil. *In*: LAUFER, Daniel (Coord.). *Corrupção*: uma perspectiva entre as diversas áreas do direito. Curitiba: Editora Juruá, 2013. p. 53.

[83] HAYASHI, Felipe Eduardo Hideo. *Corrupção*: combate transnacional, *compliance* e investigação criminal. Rio de Janeiro: Lúmen Juris, 2015. p. 42.

Contudo, há vários motivos que revelam que a corrupção é lesiva ao desenvolvimento econômico, dentre eles, pode-se dizer que ela distorce incentivos econômicos, direcionando recursos não para usos produtivos, mas para benefício de pessoas que detenham poderes políticos. Ainda, a corrupção se apresenta como um nº, na medida em que os valores relevantes produto da corrupção são destinados a elites que utilizam suas posições para extrair riquezas da população.

Pode-se dizer que a corrupção funciona muito mais como "areia" do que como "graxa" nas "engrenagens" da economia: "Diversos estudos mostram que há uma correlação negativa entre corrupção e crescimento, assim como há correlação negativa entre corrupção e a parcela do PIB revertida para investimentos públicos".[84]

Especialmente porque políticas "que restringem oportunidades de mercado podem ter o efeito de restringir a expansão de liberdades substantivas que teriam sido geradas pelo sistema de mercado, principalmente por meio da prosperidade econômica geral".[85]

O controle da corrupção é benéfico para o livre mercado e para a livre concorrência, tendo em vista que "tende a reduzir custos de transação e melhorar, assim, a concorrência entre os agentes econômicos, pois evita a tomada de decisões baseada em assimetrias informacionais derivadas de um ato ilícito".[86]

Para que as instituições públicas cumpram seus papéis no controle da corrupção, é preciso monitoramento e punição. As instituições são criadas para reduzir incertezas, para trazer estabilidade. Importante dizer que, no tocante à barganha, tal é substituída pelas previsões normativas.[87]

As previsões normativas, acompanhadas de um sistema de controle eficiente, ocasiona a adoção de medidas dirigidas ao interesse público, sem ter foco específico nos ganhos meramente privados. O contrário redunda na reinvenção do patrimonialismo, que em muitos lugares desenvolveu-se no que se chama de nº, "em que líderes políticos

---

[84] PRAÇA, Sérgio. Os efeitos econômicos da corrupção. *Biblioteca Digital da FGV*, 2007. p. 1. Disponível em: http://bibliotecadigital.fgv.br/ojs/index.php/getulio/article/viewFile/61213/59426. Acesso em: 18 abr. 2017.

[85] SEN, Amartya. *Desenvolvimento como liberdade*. (Trad. Laura Teixeira Motta). São Paulo: Companhia das Letras, 2000. p. 43.

[86] GONÇALVES, Oksandro. Corrupção e direito comercial: a corrupção sob a perspectiva da análise econômica do Direito. In: LAUFER, Daniel (Coord.). *Corrupção: uma perspectiva entre as diversas áreas do direito*. Curitiba: Editora Juruá, 2013. p. 91.

[87] NORTH, Douglas. *Institutions, institutional change and economic performance*. New York: Cambridge, 1990.

adotam as formas externas de Estados modernos – com burocracias, sistemas judiciais, eleições e semelhantes – e na realidade governam para ganhos privados".[88]

Para Sen, a corrupção é "justificadamente uma das maiores barreiras do progresso econômico bem-sucedido", sendo impossível erradicá-la induzindo as pessoas a serem mais autointeressadas ou, ainda, não se pode erradicá-la pedindo para que sejam menos autointeressadas em geral.[89] Ele também aponta como uma das medidas imprescindíveis para o controle da corrupção, a elaboração de uma forte reforma institucional:

> Em certa medida, é possível alterar o equilíbrio de ganhos e perdas oriundos do comportamento corrupto por meio da reforma organizacional. Primeiro, ao longo dos séculos, sistemas de inspeção e punição têm figurado com destaque nas regras propostas para prevenir a corrupção. [...] Sistemas claros de regras e punições, junto com uma imposição rigorosa, podem fazer diferença para os padrões de comportamento.[90]

Essas mudanças se apresentam relevantes, segundo o autor, especialmente porque, de acordo com alguns modelos de Administração Pública, notadamente naqueles de economia supercontrolada ("governo da licença" – Índia), a concessão de poderes discricionários a altos funcionários pode render-lhes muito dinheiro em razão de vínculos formados com a inciativa privada para a concessão de favores (Exemplo: pagamento de propina para a expedição de alvarás, licenças de funcionamento, etc.).

Por outro lado, o pagamento de baixos salários também não se apresenta como a solução adequada para o problema, porquanto aumenta a tentação do recebimento da vantagem indevida. Essa situação é tão evidente que, na China, chegou-se a pagar uma "bonificação anticorrupção" para incentivar servidores públicos a não se corromperem, conforme aponta Sen.

Sistemas claros e mudanças organizacionais constituem ferramentas eficazes para o controle da corrupção, todavia, não são os únicos meios, sendo necessário ir além, dirigindo especial atenção para

---

[88] FUKUYAMA, Francis. *Ordem e decadência política*. 1. ed. Rio de Janeiro: Rocco, 2018. p. 32.
[89] SEN, Amartya. *Desenvolvimento como liberdade*. (Trad. Laura Teixeira Motta). São Paulo: Companhia das Letras, 2000. p. 349.
[90] SEN, Amartya. *Desenvolvimento como liberdade*. (Trad. Laura Teixeira Motta). São Paulo: Companhia das Letras, 2000. p. 351.

os modos de comportamento que compõem diferentes sociedades. Assim, além de modificar as instituições jurídicas, torna-se relevante uma consciência coletiva de que a corrupção é algo maléfico e gera altos custos sociais, de forma que não seja estimulada a repetição da prática. Quando se pretende alterar a dinâmica de condutas, "é alentador ter em mente que cada círculo vicioso acarreta um círculo virtuoso se a direção for invertida",[91] de forma que as mudanças organizacionais auxiliam na diminuição da corrupção e, com isso, a ideia de que a prática disseminada ficará impune acaba sendo abalada. Ou seja, o mau exemplo punido acaba gerando um efeito diferente do estímulo à repetição que a impunidade causa.

Estudos demonstram que um sistema anticorrupção mais efetivo é provavelmente aquele em que as medidas são amplas e sustentadas, ou seja, aquelas que atingem o maior grau de consistência ao longo do tempo e entre alvos, conforme aponta Matthew Stephenson. O mesmo autor acentua que quando as ações corruptas são punidas somente raramente, mesmo que com certa severidade, os efeitos são menos eficazes, sob a perspectiva do desestímulo, do que quando o risco de ser penalizado é alto, ainda que com penas menos ásperas.[92]

Vê-se que a implantação de prioridades em políticas públicas surge de valores e afirmações sociais, sendo que, em uma sociedade com procedimentos transparentes e com discussão pública completa e comprometida, elas tendem a alcançar os fins almejados em termos de interesses da coletividade, revelando a ligação entre controle da corrupção e ampliação das capacidades:

> O alcance e a qualidade das discussões abertas podem ser melhorados por várias políticas públicas, como liberdade de imprensa e independência dos meios de comunicação (incluindo ausência de censura), expansão da educação básica e escolaridade (incluindo educação das mulheres), aumento da independência econômica (especialmente por meio do emprego, incluindo o emprego feminino) e outras mudanças sociais e econômicas que ajudam os indivíduos a serem cidadãos participantes.[93]

---

[91] SEN, Amartya. *Desenvolvimento como liberdade.* (Trad. Laura Teixeira Motta). São Paulo: Companhia das Letras, 2000. p. 355.

[92] STEPHENSON, Matthew. *Conference on Evidence-Based Anti-Corruption Policies.* Jointly Sponsored by the World Bank and the Thailand National Anti-Corruption Commission. Bangkok, Thailand. January, 2012. Disponível em: http://siteresources.worldbank.org/PUBLICSECTORANDGOVERNANCE/Resources/285741-1233946247437/Enforcement.pdf. Acesso em: 26 jan. 2019.

[93] SEN, Amartya. *Desenvolvimento como liberdade.* (Trad. Laura Teixeira Motta). São Paulo: Companhia das Letras, 2000. p. 358.

Não se cultiva nessa pesquisa a utopia de exterminar a corrupção do planeta, já que "em muitas condições realistas, simplesmente será muito oneroso reduzir a corrupção a zero".[94] Embora a corrupção seja algo inaceitável, as medidas anticorrupção consomem recursos escassos, que podem ser aplicados em diversos fins, de forma que se deve refletir a respeito de como serão realizados, conforme ressalta Matthew Stephenson. Ao comentar a respeito de corrupção em programas humanitários, esse autor sustenta que, em algumas situações, a única maneira de reduzir o nível de corrupção a zero, seria eliminando os próprios programas, o que, obviamente, não se deseja. Arremata que a ideia de "tolerância zero" à corrupção significa, não literalmente, tolerância zero, mas sim, fazer da anticorrupção uma alta prioridade.[95]

Portanto, não se pode desprezar que esse esforço em controlar a corrupção gera custos estatais, que devem ser realizados de forma racional, evitando-se procedimentos inócuos, já que esses custos "podem ser tanto diretos (em termos de gastos e equipe) quanto indiretos (em termos de dificultar os outros objetivos da organização)", conforme aponta Klitgaard.[96]

É preciso que se faça um balanço envolvendo os custos e os benefícios estatais a serem atingidos com as medidas anticorrupção, analisando-se tanto aspectos econômicos, quanto estruturais e jurídicos, segundo aponta Rose-Ackerman, pois "as reformas devem considerar os custos marginais, mas também os benefícios marginais das estratégias anticorrupção".[97]

Os meios eficazes de apuração exigidos do Estado impõem custos de ordens variadas, sendo necessário buscar reformas realistas, porquanto não se pode ignorar que "como todas as práticas ilegais, o nível de eficiência do suborno não é zero".[98] Além disso, quando se busca tais modificações, a preocupação não se limita à prática do ato de corrupção em si, mas o seu efeito deletério para o desenvolvimento

---

[94] ROSE-ACKERMAN, Susan. A economia política da corrupção. *In*: ELIOTT, Kimberly Ann (Coord.). *A corrupção e a economia global*. Brasília: Editora UNB, 2002. p. 96.
[95] STEPHENSON, Matthew. *What Does "Zero Tolerance" of Corruption Mean? A Comment on Labelle*. Disponível em: https://globalanticorruptionblog.com/2014/02/20/what-does-zero-tolerance-of-corruption-mean-a-comment-on-labelle/. Acesso em: 26 jan. 2019.
[96] KLITGAARD, Robert. *A corrupção sob controle*. (Trad. Octavio Alves Velho). Rio de Janeiro: Jorge Zahar, 1994. p. 43.
[97] ROSE-ACKERMAN, Susan. A economia política da corrupção. *In*: ELIOTT, Kimberly Ann (Coord.). *A corrupção e a economia global*. Brasília: Editora UNB, 2002. p. 63.
[98] ROSE-ACKERMAN, Susan. A economia política da corrupção. *In*: ELIOTT, Kimberly Ann (Coord.). *A corrupção e a economia global*. Brasília: Editora UNB, 2002. p. 62.

e para a sociedade. "A corrupção generalizada é sinal de que algo saiu errado na relação entre Estado e sociedade".[99]

Também, esse fenômeno guarda vinculação ao aspecto comportamental das sociedades, bem como depende de aspectos normativos de cada Estado, sendo muito mais relevante buscar controla-la, por ser uma tarefa muito mais factível, do que visar reduzi-la a nível zero, "pelo que ferramentas que permitam a detecção dos atos ilícitos e medidas repressivas, voltadas à punição de pessoas físicas e jurídicas, também compõem o artefato com o qual se poderá frear a corrupção".[100] Por esses motivos, não há soluções mágicas, imediatas ou midiáticas para o problema corrupção, conforme discorrem Rogério Gesta Leal e Yuri Schneider, ao estudarem os efeitos deletérios da corrupção.[101]

Atualmente, no Brasil, muito se tem especulado acerca do assunto, conforme se depreende da mera leitura de jornais ou revistas, todavia, o fenômeno corrupção comporta análise científica, o que deve ser feito de forma destituída de posicionamentos partidários/ideológicos. A importância em penalizar os atos de corrupção advém de seu caráter lesivo aos direitos humanos, especialmente aos de cunho social, sendo que a permissividade estatal diante de sua existência descontrolada igualmente acarreta danos à higidez da economia. Contudo, é preciso ter em mente que "o combate à corrupção não é uma finalidade em si. A luta contra a malversação de verbas públicas é parte da meta mais ampla de se criar um governo mais eficiente".[102]

No próximo capítulo serão abordadas as convenções internacionais aderidas pelo Brasil na temática do enfrentamento da corrupção, destacando-se como uma obrigação internacional inarredável, porquanto o tema não se circunscreve aos limites territoriais pátrios, sendo um problema de ordem global.

---

[99] ROSE-ACKERMAN, Susan. A economia política da corrupção. In: ELIOTT, Kimberly Ann (Coord.). A corrupção e a economia global. Brasília: Editora UNB, 2002. p. 63.
[100] FORTINI, Cristiana; MOTTA, Fabrício, Corrupção nas licitações e contratações públicas: sinais de alerta segundo a Transparência Internacional. In: A&C – R. de Dir. Administrativo & Constitucional. Belo Horizonte, ano 16, n. 64, p. 93-113, abr./jun. 2016. p. 111.
[101] LEAL, Rogério Gesta; SCHNEIDER, Yuri. Os efeitos deletérios da corrupção em face dos direitos humanos e fundamentais. Revista Ajuris, v. 41, n. 136, p. 415-435, dez/2014. p. 417.
[102] ROSE-ACKERMAN, Susan. A economia política da corrupção. In: ELIOTT, Kimberly Ann (Coord.). A corrupção e a economia global. Brasília: Editora UNB, 2002. p. 63.

CAPÍTULO 2

CONTROLE DA CORRUPÇÃO COMO OBRIGAÇÃO INTERNACIONAL PARA A PROTEÇÃO DOS DIREITOS HUMANOS

No plano internacional, existem diversos documentos internacionais visando compelir os Estados a reprimirem e a controlarem a corrupção, tal como as Convenções de Mérida e de Palermo, da Organização das Nações Unidas – ONU. O Pacto Global da ONU, igualmente, traz a mensagem implícita de que a corrupção viola direitos humanos.[103] Soa como consenso que a corrupção sistêmica pode causar danos a implementações dos direitos humanos.

A Convenção das Nações Unidas contra a corrupção considera a corrupção uma ameaça para "a estabilidade e a segurança das sociedades, ao enfraquecer as instituições e os valores da democracia, da ética e da justiça e ao comprometer o desenvolvimento sustentável e o Estado de Direito".

Além dos tratados prevendo os deveres dos estados de adotarem medidas contra a corrupção nos ambientes nacionais, destaca-se a iniciativa inovadora, que ainda motiva muitos debates acerca da efetividade, que foi a elaboração dos Princípios Orientadores sobre Empresas e Direitos Humanos (Nº), considerados *soft law*, aprovados

---

[103] VIEIRA, Gabriela Alves Mendes; VARELLA, Marcelo Dias. A conexão entre os direitos humanos e a corrupção. *Revista de Direito Internacional - UNICEUB*. Brasília. v. 12, n. II, p. 477-494, 2014. p. 488.

pelo Conselho de Direitos Humanos das Nações Unidas, que tem como base os parâmetros de "proteger, respeitar e reparar".

Normas internacionais *soft law*, na doutrina internacionalista, como o próprio nome sugere (direito plástico ou direito flexível), podem ser compreendidas como regras menos constringentes que as normas jurídicas internacionais tradicionais, como os tratados firmados entre Estados. Os instrumentos que as abrigam não criam obrigações de direito positivo aos Estados, diante disso, o maior desafio é garantir o *enforcement*. Contudo, visam a nortear os comportamentos futuros dos Estados e as condutas de seus agentes.[104]

A partir da leitura do *UN Guiding Principles* é possível extrair a imbricada relação entre violação de direitos humanos e corrupção, bem como o dever dos Estados de estarem atentos a esse fenômeno, estruturando seus ordenamentos jurídicos para o adequado controle da corrupção no que diz respeito à atuação de multinacionais em seus territórios.

Os Estados, além de protegerem e respeitarem os direitos humanos, devem promover meios para a reparação dos danos causados diretamente (por agentes estatais) ou indiretamente (em decorrência da omissão ao dever de fiscalização ou repreensão de condutas). Os Estados passam a ter, além do dever de se abster de violar, o de punir os violadores, tais como as pessoas jurídicas instaladas em seus territórios, mesmo que sejam de origem estrangeira. Os Estados, portanto, devem contar com um sistema jurídico apto e eficaz para a reparação das lesões aos direitos humanos, causadas pelas pessoas jurídicas em decorrência do exercício de suas atividades.

Não raro, as empresas, para se instalarem ou mesmo para manterem suas operações, se valem de redes de corrupção, tais como liberações de licenças de forma fraudulenta, omissões dolosas de agentes públicos na fiscalização de normas ambientais ou mesmo se utilizam do pagamento de propinas para a obtenção de contratos públicos. Condutas dessa natureza devem ser objeto de disciplina e punição por parte dos Estados, porque trazem consequências para a economia dos países e para a implementação dos direitos humanos.

Além da corrupção praticada por corporações locais, há a corrupção internacional, que é levada a efeito por multinacionais, que corrompem autoridades e servidores públicos de países estrangeiros

---

[104] MAZZUOLI, Valerio de Oliveira. *Curso de Direito Internacional Público*. São Paulo: Editora Revista dos Tribunais, 2009. p. 140-141.

onde pretendem operar. Há casos de empresas que se conduzem dentre regras éticas em seus países de origem, todavia, em outras territorialidades, acabam fraudando licitações, cartelizando-se e integrando redes de corrupção.

Tais organizações operam licitamente, por exemplo, na União Europeia ou na Europa Ocidental, lugares que ostentam os menores índices de corrupção no Mundo (23%), enquanto aderem a ilicitudes em contratações públicas em países com maiores índices de incidência dessas práticas corruptas, tais como na América Latina (66%), Ásia (64%), Ásia Central (95%), Norte da África (84%) e África Subsaariana (90%).[105]

Nesse cenário em que se constata a corrupção transnacional, ante as distorções de condutas também existentes no mundo corporativo, é importante que, além da estrutura das agências de controle da corrupção dentro do território nacional, os Estados estejam aptos a agirem de forma integrada por meio da cooperação jurídica internacional. Uma ferramenta importante para a descoberta de ilícitos dessa natureza é o compartilhamento de provas entre Estados, tal qual ocorreu no Caso Lava-Jato, em que houve compromisso para envio de informação com diversos países, tais como Suíça, Noruega, Holanda e Argentina.[106] A Cooperação internacional se apresenta como um importante instrumento para a elucidação dos casos de suborno de alta complexidade, pois possibilita aos países onde a corrupção de fato ocorreu, dar seguimento às medidas de punição e reparação proporcionais aos danos que lhe foi causado.[107]

Nesse contexto, que impõe os deveres no âmbito internacional e nacional, está inserido o surgimento da Lei Anticorrupção Brasileira (Lei nº 12.846/13), que prevê a punição, civil e administrativa, das pessoas jurídicas envolvidas em práticas lesivas à Administração Pública, seja no ambiente territorial interno ou externo.

---

[105] CARVALHOSA, Modesto. *Considerações sobre a lei anticorrupção das pessoas jurídicas*. São Paulo: Revista dos Tribunais, 2015. p. 100.
[106] MINISTÉRIO PÚBLICO FEDERAL. Informe semanal. *Cooperação Internacional do MPF*. Edição 14/2018. Disponível em: http://www.mpf.mp.br/atuacao-tematica/sci/noticias/informe-cooperacao-internacional-do-mpf/edicao-14-9-a-16-julho-2018. Acesso em: 21 jan. 2019.
[107] CAPANEMA, Renato. O impacto dos Acordos de Leniências nos incentivos para a cooperação internacional. O uso da teoria dos jogos para a tomada de decisões em casos de suborno envolvendo múltiplas jurisdições. *Boletim Cooperação em Pauta*. Informações sobre Cooperação Jurídica Internacional em Matéria Civil e Penal. Departamento de Recuperação de Ativos e Cooperação Jurídica Internacional. Ministério da Justiça, n. 45, nov/2018.

Cont udo, antes discorrer a respeito dos instrumentos jurídicos previstos nessa norma, que são ferramentas relevantes para a elucidação de certas condutas complexas praticadas por particulares e servidores públicos, é válido analisar o fenômeno corrupção. É preciso demonstrar que a ocorrência da corrupção, de forma permanente e impune, gera consequências para a efetivação dos direitos humanos, especialmente os que dependem da implementação de políticas públicas estatais e, ainda, especificar em que aspectos a prática causa danos à economia dos Estados.

2.1 As convenções internacionais de enfrentamento da corrupção aderidas pelo Brasil

No plano internacional, destacam-se diversos tratados, que são revestidos de densidade normativa (*hard law*), e, ainda, observam-se normas que são conceituadas como declarações de intenções, sem poder coercitivo (*soft law*), mas de forte conteúdo moral. Todavia, mesmo que estas últimas não possuam força coercitiva, ambas visam à edição de legislações domésticas para a punição de práticas corruptivas.

O Brasil se tornou signatário de diversos tratados internacionais que preveem o combate à corrupção, bem como tem manifestado alinhamento com os ideais de responsabilização e controle de atos corporativos, demonstrando uma tendência de adequação a tais ideias, quanto a controle e sancionamento.

A Convenção da OCDE de 1998 (Convenção sobre o Combate da Corrupção de Funcionários Públicos Estrangeiros em Transações Comerciais Internacionais da Organização para a Cooperação e Desenvolvimento Econômico) teve como assunto inicialmente discutido o suborno a funcionários estrangeiros e determinou que os Estados signatários criminalizassem tais condutas nas transações de negócios internacionais, bem como os tipificassem como antecedentes da lavagem de capitais (para os países que adotassem tal rol). Também determinou a vedação do caixa 2 e a responsabilização das pessoas jurídicas. No Brasil, a Convenção foi ratificada em 15 de junho de 2000 e promulgada pelo Decreto nº 3.678, de 30 de novembro de 2000.[108]

---

[108] BRASIL. Decreto nº 3.678, de 30 de novembro de 2000. Promulga a Convenção sobre o combate da corrupção de Funcionários Públicos Estrangeiros em transações comerciais internacionais, concluída em Paris, em 17 de dezembro de 1997. *Diário Oficial [da República Federativa do Brasil]*, Brasília, DF, 01 dez. 2000. Disponível em: http://www.planalto.gov.br/ccivil_03/decreto/D3678.htm. Acesso em: 02 mai. 2018.

No bloco regional, a Convenção da Organização dos Estados Americanos (OEA) visou promover o fortalecimento dos mecanismos necessários para prevenir, detectar, punir e erradicar a corrupção, sendo que, em nosso país, a Convenção foi aprovada pelo Decreto Legislativo nº 152, de 25 de junho de 2002, e promulgada pelo Decreto Presidencial nº 4.410, de 7 de outubro de 2002. Segundo informações disponíveis no sítio eletrônico da Controladoria-Geral da União, a "Convenção foi o primeiro instrumento internacional de combate à corrupção que tratou tanto de medidas preventivas como punitivas em relação aos atos corruptos".[109]

No plano da ONU, a Convenção de Mérida de 2003 (Convenção da ONU contra a Corrupção), composta por 71 artigos, foi um marco jurídico no combate à corrupção, que abrangeu prevenção, criminalização, cooperação internacional e recuperação de ativos, sendo vinculativa para os Estados acordantes no tocante à edição de legislações específicas. No Brasil, a Convenção das Nações Unidas contra a Corrupção foi aprovada pelo Congresso Nacional por meio do Decreto Legislativo nº 348, de 18 de maio de 2005, e promulgada pelo Decreto Presidencial nº 5.687, de 31 de janeiro de 2006.[110]

Não se pode deixar de mencionar também, no âmbito da ONU, a Convenção de Palermo (Convenção das Nações Unidas contra o Crime Organizado Transnacional) de 2000, que ingressou no ordenamento jurídico pátrio por meio do Decreto nº 5.015/2004.[111] A referida Convenção, considerando a imbrincada relação entre corrupção e crime organizado, dispôs que os Estados partes adotassem medidas legislativas e outras necessárias para criminalizar a corrupção, além de medidas administrativas tendentes a promover a integridade, a prevenir, a detectar e a punir a corrupção dos agentes públicos.

A aderência a vários dos tratados internacionais que versam sobre o combate à corrupção demonstra uma postura do Estado brasileiro que dá lastro jurídico para a formulação e a implementação de legislação

---

[109] BRASIL. Controladoria Geral da União. *Convenção da Organização dos Estados Americanos (OEA) promove o fortalecimento dos mecanismos necessários para prevenir, detectar, punir e erradicar a corrupção.* Disponível em: http://www.cgu.gov.br/sobre/perguntas-frequentes/articulacao-internacional/convencao-da-oea#aprovacao. Acesso em: 03 mar. 2017.

[110] BRASIL. Controladoria Geral da União. *Convenção das Nações Unidas Contra a Corrupção.* Disponível em: http://www.cgu.gov.br/AreaPrevencaoCorrupcao/Convencoes Internacionais/ConvecaoONU.asp. Acesso em: 11 set. 2017.

[111] BRASIL. Decreto Lei nº 5.015, de 12 de março de 2004. Promulga a Convenção das Nações Unidas contra o crime organizado transnacional. *Diário Oficial [da República Federativa do Brasil]*, Brasília, DF, 15 mar. 2004. Disponível em: http://www.planalto.gov.br/ccivil_03/_ato2004-2006/2004/decreto/d5015.htm. Acesso em: 11 dez. 2018.

pátria especializada no assunto e permite concluir que há um movimento do país no sentido de adotar práticas transparentes e eficientes.

2.2 Os princípios orientadores sobre empresas e direitos humanos (*UN Guiding Principles*) e a interface com a corrupção. A visita da comissão ao Brasil

Acerca da interface entre atos corporativos e a violação de direitos humanos, os debates mais recentes, na Organização das Nações Unidas, têm seguido uma linha de destacar a responsabilidade das multinacionais, sendo que, dentro desse espectro, está inserida a responsabilidade decorrente dos atos de corrupção e os consequentes danos.

Atinente ao tema, importante ressaltar o conteúdo dos Princípios Orientadores sobre Empresas e Direitos Humanos (*UN Guiding Principles*), elaborados pelo Professor John Ruggie, Representante Especial do Secretário-Geral das Nações Unidas:

> Os princípios, elaborados a partir de normas de direitos humanos preexistentes, representam um momento histórico na consolidação de parâmetros normativos aplicáveis à conduta das empresas em relação aos direitos humanos. Os Princípios, que geraram intensos debates e críticas, são só o 'fim do início', como apontou o próprio Ruggie. É necessário agora que as empresas e os Estados realmente se comprometam na sua implementação e aprofundem o debate sobre as obrigações das empresas nesta matéria, com a participação de organização de direitos humanos que atuam nesta seara e das vítimas das violações envolvendo as empresas.[112]

Em 2011, esses princípios foram aprovados pelo Conselho de Direitos Humanos das Nações Unidas, sendo fruto de um trabalho de seis anos e que tem como base no tripé "proteger, respeitar e reparar". Trata-se de norma de *soft law,* que embora não tenha forma vinculativa, serve como guia para a atuação corporativa e dos Estados.

A elaboração do trabalho, que culminou com a formulação dos princípios baseados nos parâmetros anteriormente citados, decorreu de estudos que duraram seis anos, desenvolvidos pelo Professor John

---

[112] CONECTAS. Empresas e direitos humanos. *Parâmetros para proteger, respeitar e reparar.* Relatório Final de John Ruggie – Representante Especial do Secretário-Geral. Disponível em: http://www.conectas.org/arquivos-site/Conectas_PrincípiosOrientadoresRuggie_mar2012(1).pdf. Acesso em: 19 abr. 2017.

Ruggie, nomeado Representante Especial do Secretário-Geral da ONU para empresas e direitos humanos. Os princípios Ruggie assentam-se no dever dos Estados de promover a regulação e a promoção dos direitos humanos, bem como no dever das empresas de respeitar tais direitos no exercício de suas atividades e de reparar os danos eventualmente causados:

> [...] a redação dos trinta e um princípios está dividida em três pilares. Eles estão fundamentados no reconhecimento de que os Estados assumiram obrigações de respeitar, proteger e implementar os direitos humanos e liberdades fundamentais; de que as empresas têm um papel a desempenhar como órgãos especializados da sociedade que desempenham funções especializadas e que devem cumprir todas as leis aplicáveis e respeitar os direitos humanos; e de que há necessidade de que os direitos e obrigações sejam providos de recursos adequados e eficazes, em caso de descumprimento.[113]

No ano de 2015, o Brasil recebeu a visita dos membros do Grupo de Trabalho sobre Empresas e Direitos Humanos da ONU, que atua monitorando a implementação dos 31 princípios nos países integrantes da organização, tendo sido elaborada a Declaração ao Final da Visita ao Brasil, em que ficou registrado o contexto social e histórico vivido pelo país na oportunidade:

> A visita do Grupo de Trabalho ocorreu durante um período de turbulências políticas e econômicas causadas por vários fatores, tais como recessão econômica, um processo de impeachment contra a Presidente da República, escândalos de corrupção envolvendo algumas das maiores empresas brasileiras e membros do *establishment* político do país, e o que tem se considerado o pior desastre ambiental da história do Brasil, resultante do rompimento de uma barragem de rejeitos de mineração que afetou o Estado de Minas Gerais e Espírito Santo.[114]

A visita teve duração de dez dias e, durante os trabalhos, foram colhidos depoimentos de comunidades que sofreram danos em decor-

---

[113] PAMPLONA, Danielle Anne; SILVA, Ana Rachel Freitas da Silva. Os princípios orientadores das Nações Unidas sobre empresas e direitos humanos: houve avanços? In: BENACCHIO, Marcelo (Coord.). *A sustentabilidade da relação entre empresas transnacionais e Direitos Humanos*. Curitiba: Editora CRV, 2016. p. 155.

[114] ORGANIZAÇÃO DAS NAÇÕES UNIDAS – ONU. *Declaração ao final da visita ao Brasil do Grupo de Trabalho das Nações Unidas sobre Empresas e Direitos Humanos*. Brasília, 16 de dezembro de 2015. Disponível em: http://www.ohchr.org/Documents/Issues/Business/WG_Visits/20151215_EOM_statement_Brazil_portuguese.pdf. Acesso em: 19 abr. 2017.

rência da instalação de empreendimentos e de grandes eventos que o país já havia recebido (Copa do Mundo) ou se preparava para receber (Jogos Olímpicos). Os afetados pelo desastre de Mariana, no estado de Minas Gerais, igualmente foram ouvidos, ficando evidenciada a importância de se evitar retrocessos e de se fortalecer os mecanismos estatais de controle, posto terem sido veiculadas informações no sentido de que a catástrofe ocorrera porque não houve a efetiva fiscalização e a emissão de licenças de forma irregular.

A esse respeito, o Grupo se manifestou quanto aos malefícios causados pela influência indevida de empresas nos processos legislativos e na promoção de políticas públicas, incluindo a questão referente ao financiamento de campanhas políticas e de funcionamento de partidos. Um dos peritos do Grupo, Dante Pesce, assim se pronunciou:

> Isso merece uma atenção cuidadosa não somente pelo problema da corrupção, mas porque essa influência indevida pode facilmente minar a proteção aos direitos humanos, por exemplo, por meio do enfraquecimento das leis e políticas públicas ou limitando a responsabilização nos casos de abusos cometidos por empresas.[115]

A Declaração Final da Visita, em suas conclusões, foi bastante incisiva quanto aos problemas causados pela corrupção no país:

> [...] O Grupo de trabalho destaca como preocupação a percepção de que há uma captura corporativa dos processos regulatórios e de elaboração de políticas, o que leva à suspeição de que as empresas sejam responsáveis por todos os aspectos de seus projetos de desenvolvimento sem uma supervisão adequada por parte do Estado. Tal percepção advém, em parte, do fato que as empresas contribuem para as campanhas políticas, o que leva alguns cidadãos a crer que todo o processo político e regulatório esteja sendo 'comprado'. Isso leva à preocupação de que a capacidade do Governo de supervisionar operações empresariais possa ser cooptada por processos de financiamento político e ações extensas de lobby corporativo.[116]

---

[115] ORGANIZAÇÃO DAS NAÇÕES UNIDAS – ONU. *Declaração ao final da visita ao Brasil do Grupo de Trabalho das Nações Unidas sobre Empresas e Direitos Humanos.* Brasília, 16 de dezembro de 2015. Disponível em: http://www.ohchr.org/Documents/Issues/Business/WG_Visits/20151215_EOM_statement_Brazil_portuguese.pdf. Acesso em: 19 abr. 2017.

[116] ORGANIZAÇÃO DAS NAÇÕES UNIDAS – ONU. *Declaração ao final da visita ao Brasil do Grupo de Trabalho das Nações Unidas sobre Empresas e Direitos Humanos.* Brasília, 16 de dezembro de 2015. Disponível em: http://www.ohchr.org/Documents/Issues/Business/WG_Visits/20151215_EOM_statement_Brazil_portuguese.pdf. Acesso em: 19 abr. 2017.

É possível extrair que o controle da corrupção e o fortalecimento de mecanismos de combate a ela não se limita às Convenções Internacionais ou mesmo às normas penais estatais, de imputação às pessoas físicas. Essencial, portanto, a determinação de responsabilidades das pessoas jurídicas, notadamente das grandes corporações, que exercem peculiar e relevante papel nessa dinâmica, posto serem elas as detentoras do capital econômico e que contratam com a Administração Pública.

2.3 O panorama normativo brasileiro de controle da corrupção. Alguns dados do sistema de justiça nessa seara

O controle da corrupção no mundo globalizado requer instrumentos legais compatíveis com a velocidade da vida digital e com o volume de informações disponíveis. Somente com atualização legislativa adequada e reformas institucionais comprometidas, é possível prevenir e, se necessário, punir, de forma ágil e eficiente, os fatos detectados.

Haverá mudanças comportamentais, na medida em que a ideia da impunidade for superada e que os investimentos públicos passem a ter destinação à melhoria das condições de vida das pessoas. Isso porque a mudança institucional molda a forma como as sociedades evoluem no tempo e, portanto, é a chave para a compreensão da mudança histórica.[117]

O Brasil traz em sua história marcas evidentes do patrimonialismo e do clientelismo, sendo que, no período colonial, o quadro familiar se apresentava tão poderoso que "as preferências fundadas nos laços afetivos, não podia deixar de marcar nossa sociedade, nossa vida pública, todas as nossas atividades", conforme enfatiza Sérgio Buarque de Holanda.[118]

De fato, desde o descobrimento, é possível extrair elementos indicativos da existência de práticas corruptas, como, por exemplo, a conhecida carta de Pero Vaz de Caminha, redigida em 1500, em que relata acerca das características da terra e dos nativos brasileiros ao Rei de Portugal e solicita um favor a benefício de seu genro, evidenciado uma

---

[117] NORTH, Douglas. *Institutions, institutional change and economic performance*. New York: Cambridge, 1990.
[118] HOLANDA, Sérgio Buarque. *Raízes do Brasil*. 26. ed. São Paulo: Companhia das Letras, 1982. p. 82.

prática que nos dias de hoje poderia ser relacionada ao nepotismo.[119] Todavia, apesar dessas raízes históricas, observa-se que, nas últimas décadas, o país tem apresentado modificações no espaço legislativo e institucional.

No plano internacional, houve a aderência às principais Convenções que definem condutas puníveis e que impõe o dever de atuação específica quanto às práticas ilícitas. Dentre elas, a Convenção Interamericana Contra a Corrupção (OEA) de 1996; a Convenção sobre o Combate da Corrupção de Funcionários Públicos Estrangeiros em Transações Comerciais Internacionais da Organização para a Cooperação e Desenvolvimento Econômico (OCDE) de 1998; a Convenção de Palermo (2000) e; a Convenção de Mérida de 2003 (Convenção da ONU contra a Corrupção), destacadas anteriormente.

No ordenamento jurídico interno, nas últimas três décadas, foram editadas normas relevantes para o combate às práticas corruptas. Cita-se, a título exemplificativo, a Lei nº 8.429/92 (que prevê as condutas caracterizadoras de improbidade administrativa); a Lei nº 8.666/93 (que disciplina as licitações públicas e dispõe acerca de sanções administrativas e penais correlatas); a Lei nº 12.529/2011 (que dispõe acerca da Defesa da Concorrência); e a Lei Complementar nº 135/2010 (popularmente conhecida como "Lei da Ficha Limpa"). Isso sem falar de normas penais inovadoras, que possibilitaram investigações significativas quanto a desvios vultuosos de recursos públicos, tal como a Lei nº 9.613/98 (Lei de Lavagem de Dinheiro) e a Lei nº 12.850/13 (define as Organizações Criminosas, os meios de obtenção de prova e procedimento criminal).

As normas de Direito Penal, tipificando as condutas que lesam os bens jurídicos relevantes da Administração Pública, juntamente às normas de responsabilização administrativa e civil dos atos de corrupção, são ferramentas necessárias à resposta estatal.

Na seara da responsabilização administrativa e civil, ressalte-se a Lei nº 12.843/16, que veio suprir uma lacuna até então existente no cenário jurídico nacional e compor o "sistema legal de defesa da moralidade".[120]

A edição dessa norma foi importante porque o ordenamento jurídico local não dispunha de lei que disciplinasse a responsabilização

---

[119] LUZ, Ilana Martins. *Compliance & omissão imprópria*. Belo Horizonte: Editora D'Plácido, 2018. p. 89.

[120] MOREIRA, Diogo; FREITAS, Rafael. *A juridicidade da Lei anticorrupção – reflexões e interpretações prospectivas*. Belo Horizonte: Fórum Administrativo, n. 156, v. 14, 2014. p. 3. Disponível em: http://bdjur.stj.jus.br/dspace/handle/2011/72681. Acesso em: 19 jan. 2016.

objetiva às pessoas jurídicas, sendo que a discussão sempre estava circundada pela ideia de demonstração da culpa. A promulgação desse ato legislativo atendeu compromissos assumidos nos tratados internacionais anteriormente referidos, se integrando ao sistema global de enfrentamento do problema.

Além disso, a edição dessa lei, também conhecida como Lei Anticorrupção, inseriu no sistema brasileiro a ideia de "autorregulação regulada", que

> recomenda que as organizações empresariais devem se organizar internamente para manter os vínculos com o setor público, o que se dá por meio de instituição de deveres de colaboração da empresa perante o Estado e pela atribuição de responsabilidade empresarial.[121]

A Lei Anticorrupção, e sua regulamentação, não trata apenas do aspecto punitivo, mas da necessidade de se estabelecer uma normatividade em parceria, do público com o privado, e, via de consequência, criar um ambiente social favorável às práticas éticas e em conformidade com o ordenamento jurídico.

Em que pesem todas essas medidas implementadas e que devem ser reconhecidas, a corrupção ainda apresenta elevada cifra negra, tendo em vista que a grande parte dos casos não são levados ao conhecimento das autoridades competentes e, quando o são, não ocorre apuração e atribuição de responsabilidade em tempo hábil.

No estudo "A investigação e a persecução penal da corrupção e dos delitos econômicos: uma pesquisa empírica no sistema de Justiça Federal",[122] que utilizou a base de dados do Sistema Único do Ministério Público Federal – MPF de 2012 e realizou os cruzamentos estatísticos, pode-se constatar que, em sua maioria, as notícias de crime de colarinho branco não levam à instauração de ações judicias.

Segundo estudo financiado pela Escola Superior do Ministério Público da União (ESMPU) e sob a coordenação do Fórum Brasileiro de Segurança Pública, apenas 27,7% dos inquéritos policiais concluídos em todos os estados do país e no Distrito Federal resultaram em

---

[121] SILVEIRA, Renato; SAAD-DINIZ, Eduardo. *Compliance, Direito Penal e Lei Anticorrupção.* São Paulo: Saraiva, 2015. p. 317.
[122] BRASIL. Escola Superior do Ministério Público da União. *A investigação e a persecução penal da corrupção e dos delitos econômicos*: uma pesquisa empírica no sistema de Justiça Federal. Disponível em: http://escola.mpu.mp.br/publicacoes/series/serie-pesquisas/a-investigacao-e-a-persecucao-penal-da-corrupcao-e-dos-delitos-economicos-uma-pesquisa-empirica-no-sistema-de-justica-federal-tomo-1. Acesso em: 13 jul. 2017.

denúncias à Justiça Federal. A grande maioria dos procedimentos acaba arquivada, alinhando-se à tendência identificada em inquéritos que investigam outras espécies de crimes.

Embora a pesquisa mencionada seja restrita à persecução penal, não abordando eventuais investigações ou processos pela prática de atos de improbidade administrativa ou infrações funcionais puníveis administrativamente, é possível, a partir dela, verificar deficiência na apuração e punição de condutas lesivas ao erário ou à moralidade administrativa.

Em uma pesquisa mais ampla, realizada pela Fundação Getúlio Vargas – FGV/RIO,[123] quando da elaboração do Diagnóstico Institucional: Primeiros Passos para um Plano Nacional Anticorrupção, após analisar dados do ano de 2014, divulgados pelo Ministério da Justiça, apontou que o número de condenados por corrupção no Brasil subiu de 668 pessoas, em dezembro de 2010, para 1.443 presos, no final de 2014, totalizando um aumento de 116%.

Embora o diagnóstico referido aponte que o número é pouco expressivo em comparação ao universo total de condenações no Brasil, ele constata que existem fatores que vêm ampliando o *enforcement* no combate à corrupção, destacando a atuação da Controladoria-Geral da União e das forças-tarefas, que evidenciam o aumento do número de agentes públicos envolvidos no combate à corrupção.

Nesse contexto, se insere a Lei nº 12.846/13, que dispõe acerca da responsabilização administrativa e civil de pessoas jurídicas pela prática de atos contra a administração pública, nacional ou estrangeira, e que prevê a possibilidade da celebração do acordo de leniência, instrumento para a elucidação de práticas corruptas e que pode contribuir para o abrandamento dessa cifra negra; é o que será relatado no capítulo seguinte.

No próximo capítulo, será discorrido a respeito do surgimento da lei norte-americana, o *Foreign Corrupt Practice Act – FCPA*, e, em que medida há pontos de convergências e divergências com a Lei Anticorrupção Brasileira, bem como será abordado o sistema de penalização das pessoas jurídicas previsto na norma objeto de estudo.

---

[123] MOHALLEN, Michael Freitas; RAGAZZO, Carlos Emmanuel Joppert (Coord). *Diagnóstico institucional*: primeiros passos para um plano nacional anticorrupção. Rio de Janeiro: Escola de Direito do Rio de Janeiro da Fundação Getulio Vargas, 2017. Disponível em: http://ibdee.org.br/wp-content/uploads/2017/07/Diagno%CC%81stico-institucional-primeiros-passos-para-um-plano-nacional-anticorrupc%CC%A7a%CC%83o.pdf. Acesso em: 22 mar. 2018.

CAPÍTULO 3

OS ANTECEDENTES NORMATIVOS QUE INSPIRARAM A LEI ANTICORRUPÇÃO BRASILEIRA E OS ASPECTOS GERAIS DE RESPONSABILIZAÇÃO NA LAC

3.1 O surgimento do *Foreign Corrupt Practice* ACT – FCPA

Os EUA guardam protagonismo mundial nesse sentido, sendo o primeiro país a aprovar uma lei proibindo a prática do suborno de funcionários públicos em outros países, tendo editado o *Foreign Corrupt Practice Act* – FCPA. O FCPA foi aprovado com o objetivo controlar a prática da corrupção extraterritorial, após ter sido detectado, na década de 1970, atividades corruptas de multinacionais americanas no exterior.[124]

Foram instauradas investigações naquele país e executado um programa de *disclousure*, onde se ofereceu anistia às empresas que confessassem ter realizado pagamento de subornos a funcionários públicos estrangeiros e que se comprometessem a operacionalizar, a partir de então, mecanismos de *compliance*, ocasião em que foram descobertas mais de 400 empresas, dentre elas as 100 maiores do mundo, que fizeram pagamentos desse tipo.[125]

---

[124] CARVALHOSA, Modesto. *Considerações sobre a lei anticorrupção das pessoas jurídicas*. São Paulo: Revista dos Tribunais, 2015. p. 105.
[125] VERÍSSIMO, Carla. *Compliance*: incentivo à adoção de medidas anticorrupção. São Paulo: Editora Saraiva, 2017. p. 150.

O maior caso investigado, à época, foi o que envolveu a empresa *Lockheed Aircraft Corporation*, fabricante de aviões civis e militares, que distribuiu propina a agentes públicos da Holanda, Itália, Japão e Arábia Saudita, em valores que, hoje atualizados, chegariam a bilhões de dólares.[126]

Especificamente envolvendo o Japão, a pessoa jurídica *Lockheed Corporation*, empresa norte-americana, pagou US$25 milhões a autoridades japonesas, no início da década de 1970, com o intuito de assegurar a venda do avião modelo Tristar L-101. Esse fato, posteriormente, ensejou a renúncia e a condenação criminal do Primeiro Ministro Japonês Kakuei Tanaka. Nessa mesma época, veio à tona o escândalo de Watergate, quando se descobriu a prática de atos de corrupção por empresas americanas no intuito de repassar contribuições ilegais à campanha do então Presidente Richard Nixon.[127]

Conforme Hayashi, "o caso da companhia *Lockheed Aircraft Corporation* foi um dos mais notórios a expor mundialmente a corrupção como um problema transnacional e relativizar a teoria de que a mesma seria um traço específico de países subdesenvolvidos".[128]

O relatório apresentado ao Congresso americano, elaborado pela subcomissão do senador Frank Church, sobre Corporações multinacionais, citou diversas outras empresas envolvidas no pagamento de propina internacional, deixando muito claro que a corrupção corporativa internacional não era algo isolado à *Lockheed Aircraft Corporation*. Segundo o relatório mencionado, a *Gulf Oil* se envolveu no pagamento de contribuições para a campanha política do Presidente da República da Coréia; a *Northrop* pagou suborno a general da Arábia Saudita; a *Exxon* e a *Mobil Oil* pagaram valores a partidos políticos italianos; a *United Brands* repassou valores a Oswaldo Lopez Arellano, o Presidente de Honduras, e; *Ashland Oil* a Albert Bernard Bongo, o presidente do Gabão.[129]

Os diversos casos envolvendo corrupção de empresas no território estrangeiro gerou grande abalo na sociedade americana, notadamente pelo envolvimento de políticos eminentes e pelo alto

---

[126] HAYASHI, Felipe Eduardo Hideo. *Corrupção*: combate transnacional, *compliance* e investigação criminal. Rio de Janeiro: Lúmen Juris, 2015. p. 30.

[127] MACHADO, Pedro Antônio de Oliveira. *Acordo de Leniência & a Lei de Improbidade Administrativa*. Curitiba: Juruá, 2017.

[128] HAYASHI, Felipe Eduardo Hideo. *Corrupção*: combate transnacional, *compliance* e investigação criminal. Rio de Janeiro: Lúmen Juris, 2015. p. 30.

[129] KOEHLER, Mike. *The foreign corrupt practices act in a new era*. Cheltenham: Edward Elgar, 2014. p. 4. Disponível em: https://www.elgaronline.com/view/9781781954409.xml. Acesso em: 06 mai. 2018.

número de empresas disseminando a prática da corrupção em outros países. "O FCPA foi instituído nos Estados Unidos no fim da década de 1970, com fins de aplacar a opinião pública norte-americana, após sucessivos casos de escândalos corporativos e de propinas envolvendo inúmeras organizações e corporações".[130]

Essas investigações geraram incômodo à sociedade norte-americana, porque foi revelado que os contribuintes estavam arcando com prejuízos sofridos por sociedades empresárias que haviam oferecido ou entregue vantagem indevida a funcionários públicos estrangeiros.[131]

Foi nesse contexto histórico e político que surgiu o *Us Forreign Corrupt Practices Act* – FCPA, em 1977, tratando-se da primeira lei no mundo a prever a punição de pessoas jurídicas envolvidas em práticas corruptas extraterritoriais, cuja origem foram escândalos de pagamento de propina por empresas norte-americanas a servidores públicos de outros países.

O FCPA consistiu num estatuto pioneiro, posto que foi a primeira lei que disciplinou a conduta de empresas domésticas em suas interações com funcionários de governo estrangeiro em mercados estrangeiros,[132] no nítido objetivo de buscar modificar uma cultura empresarial baseada no pagamento de suborno em troca de contratos e facilidades políticas.

Ainda, há o ponto da geopolítica mundial, posto que, nessa época, existia a tensão na política internacional ocasionada pela Guerra Fria, sendo que o temor da expansão do bloco comunista também chegou a ser discutido, quando dos debates da aprovação do FCPA, porquanto foi aventado, dentre outras situações, que os pagamentos feitos pela *Lockheed* na Itália poderiam alavancar políticos do partido comunista, conforme afirmou o senador Church ao Congresso Americano. Segundo o senador, diante dos escândalos de corrupção internacional por parte de empresas, o bloco comunista dava "risada com a visão do capitalismo corrupto".[133] Obviamente, preocupações quanto aos efeitos, na política

---

[130] GANDARA, Leonardo André. A influência estrangeira no direito brasileiro: caso da Lei Anticorrupção. *Revista de Direito Público da Economia – RDPE*. Belo Horizonte, ano 13, n. 52, p. 183-211, out./dez. 2015. p. 192.

[131] LUZ, Ilana Martins. *Compliance & omissão imprópria*. Belo Horizonte: Editora D'Plácido, 2018. p. 95.

[132] KOEHLER, Mike. *The foreign corrupt practices act in a new era*. Cheltenham: Edward Elgar, 2014. p. 10. Disponível em: https://www.elgaronline.com/view/9781781954409.xml. Acesso em: 06 mai. 2018.

[133] KOEHLER, Mike. *The foreign corrupt practices act in a new era*. Cheltenham: Edward Elgar, 2014. p. 7. Disponível em: https://www.elgaronline.com/view/9781781954409.xml. Acesso em: 06 mai. 2018.

externa, dos escândalos envolvendo as multinacionais constituíram um impulso forte para a aprovação da norma.

No que tange à economia interna, a lei norte-americana também foi uma resposta às investigações realizadas pela *Security Exchange Comission* – SEC, equivalente à Comissão de Valores Mobiliários – CVM no Brasil, tendo em vista que a SEC havia apurado uma série de pagamentos ilegais, o que contrariava interesses de investidores, já que os mecanismos utilizados por meio de uma praxe de pagamentos de propina no exterior não havia sido reportado aos investidores.

A edição da FCPA demonstrou a coerência do sistema jurídico americano e, ainda, a existência de um arranjo institucional forte que permitiu que a norma não funcionasse de forma isolada, mas "em conjunto com o papel institucional da SEC e do *Department of Justice* – DOJ, ou seja, instituições que mobilizam a engrenagem do *enforcement* no ambiente jurídico norte-americano".[134]

A SEC possui jurisdição cível e administrativa em relação às pessoas físicas e jurídicas envolvendo as relações negociais com títulos mobiliários. A atuação do DOJ é cível e penal e envolve todas as pessoas que estejam sob a incidência da lei anticorrupção norte-americana.

A dinâmica de fiscalização do FCPA baseia-se na teoria da agência, destinada a atingir empresas que fazem negócios com empresas que emitam títulos nos EUA e, na teoria do *correspondent account*, que engloba as empresas que empreendem transações entre contas não americanas, mas que utilizem dólares americanos.[135]

Em 1988, o FCPA passou por emendas a fim de inserir duas possibilidades de defesa para as empresas envolvidas com corrupção internacional, sendo elas a *affirmative defenses*, que trata do pagamento com base na legislação local (defesa da lei local), e a *the reasonable and bona fide promotional expense defense*, que se refere aos pagamentos realizados de boa-fé.[136]

---

[134] GANDARA, Leonardo André. A influência estrangeira no direito brasileiro: caso da Lei Anticorrupção. *Revista de Direito Público da Economia* – RDPE. Belo Horizonte, ano 13, n. 52, p. 183-211, out./dez. 2015. p. 193.

[135] GANDARA, Leonardo André. A influência estrangeira no direito brasileiro: caso da Lei Anticorrupção. *Revista de Direito Público da Economia* – RDPE. Belo Horizonte, ano 13, n. 52, p. 183-211, out./dez. 2015. p. 193.

[136] VERÍSSIMO, Carla. *Compliance*: incentivo à adoção de medidas anticorrupção. São Paulo: Editora Saraiva, 2017. p. 151.

Na defesa da lei local, "não se condena o pagamento de dinheiro ou equivalente quando ajustado expressamente à legislação do país estrangeiro", todavia, há mitigações nessa interpretação. Segundo Robert Tarun *apud* Fortini, ainda que o pagamento em questão seja tolerado pela legislação estrangeira, se estiver presente o intento de corromper, será possível a incidência do FCPA. "Para o autor, a transparência do pagamento é um dos fatores que o DOJ e a SEC irão considerar para decidirem as ações a serem adotadas em casos assim".[137]

No que diz respeito à *the reasonable and bona fide promotional expense defense*, se constatado que a pessoa jurídica realizou pagamentos de despesas "razoáveis e imbuída de boa fé", como viagens ao "foreign official", com o fim de promover, demonstrar ou explicar os produtos e serviços, excluem-se as penalidades. Contudo, é preciso que haja o entendimento, segundo o caso concreto, que as despesas foram razoáveis. Em razão da inexistência desse elemento, em 1999, o DOJ não aceitou essa defesa utilizada pela empresa americana *Metcalf & Eddy Inc.*, que custeou viagens de primeira classe a agentes egípcios que foram aos Estados Unidos, e ainda obtiveram benefícios com o pagamento de todas as despesas de viagem, acrescidos de pagamentos em dinheiro.[138]

A Lei norte-americana, *US Foreign Corrupt Practices Act*, juntamente com a norma britânica, *UK Bribery Act*, é muito citada como marco legal a respeito do combate ao suborno internacional. Contudo, é preciso que se diga que o *UK Bribery Act* foi aprovado muito depois do FCPA, posto que entrou em vigor apenas em 1º de julho de 2011. Até muito recentemente, o esforço normativo internacional anticorrupção era amplamente dominado pelo FCPA, de 1977.[139]

Embora ambas as leis sejam referências internacionais na temática, existem algumas diferenças marcantes entre elas, transparecendo que o *UK Bribery Act* seja mais rigoroso que o FCPA no tratamento da

---

[137] FORTINI, Cristiana. Uma rápida comparação entre a Lei nº 12.846/13 e o norte-americano foreign corrupt practices act (FCPA). *Revista Eletrônica de Direito do Estado*, ano 15, n. 22, 2015. Disponível em: http://www.direitodoestado.com.br/colunistas/cristiana-fortini/uma-rapida-comparacao-entre-a-lei-1284613-e-norte-americano-foreign-corrupt-practices-act-fcpa. Acesso em: 21 jul. 2016.

[138] FORTINI, Cristiana. Uma rápida comparação entre a Lei nº 12.846/13 e o norte-americano foreign corrupt practices act (FCPA). *Revista Eletrônica de Direito do Estado*, ano 15, n. 22, 2015. Disponível em: http://www.direitodoestado.com.br/colunistas/cristiana-fortini/uma-rapida-comparacao-entre-a-lei-1284613-e-norte-americano-foreign-corrupt-practices-act-fcpa. Acesso em: 21 jul. 2016.

[139] FULBRIGHT, Norton Rose. *Differences between the UK Bribery Act and the US Foreign Corrupt Practices Act*. Publication june, 2011. Disponível em: http://www.nortonrosefulbright.com/about-us/diversity-and-inclusion/. Acesso em: 06 mai. 2018.

temática, tendo em vista que o primeiro prevê possibilidade de penas pecuniárias ilimitadas, tanto para pessoas físicas quanto para pessoas jurídicas.

O *UK Bribery Act* passou a criminalizar a inobservância do dever de cuidado, que deve ser inerente às organizações de natureza empresarial,[140] de forma que a simples falha do sistema de *compliance* da pessoa jurídica poderá ser ensejador à instauração de processo penal.

Ademais, a norma inglesa prevê responsabilidade objetiva para penalização da pessoa jurídica, o que não ocorre com a norte-americana, em que a responsabilidade é subjetiva. Ainda nela, há a penalização da corrupção ativa e passiva, sendo que o FCPA dispõe apenas sobre a corrupção na forma ativa. Outro ponto interessante é que o FCPA não cobre o suborno em nível privado (*private-to-private bribery*), ao contrário do *UK Bribery Act*, embora tal conduta possa ser penalizada sob outra legislação dos EUA.[141]

No *UK Bribery Act* "existe a punição à corrupção no setor privado, bem como a punição pela omissão em prevenir atos de corrupção, esta última para a pessoa jurídica",[142] mostrando-se como um diploma normativo com punições mais severas.

A Lei norte-americana, embora guarde protagonismo em relação ao assunto anticorrupção extraterritorial empresarial, na época de sua edição, não logrou êxito imediato quanto ao impulsionamento de outros países, posto que, mesmo após décadas, a maioria dos países não havia adotado postura semelhante quanto à disciplina interna das práticas citadas.

3.2 A Convenção sobre o Combate da Corrupção de Funcionários Públicos Estrangeiros em Transações Comerciais Internacionais da Organização para a Cooperação e o Desenvolvimento Econômico – OCDE

A atuação de empresas multinacionais a nível mundial, seja do ponto de vista operacional ou jurídico, é passível de gerar danos

---

[140] MARINELA, Fernanda; PAIVA, Fernando; RAMALHO, Tatiana. *Lei anticorrupção*: Lei nº 12.846/13, de 1º de agosto de 2013. São Paulo: Saraiva, 2015. p. 25.
[141] FULBRIGHT, Norton Rose. *Differences between the UK Bribery Act and the US Foreign Corrupt Practices Act*. Publication june, 2011. Disponível em: http://www.nortonrosefulbright.com/about-us/diversity-and-inclusion/. Acesso em: 06 mai. 2018.
[142] LUZ, Ilana Martins. *Compliance & omissão imprópria*. Belo Horizonte: Editora D'Plácido, 2018. p. 101.

concorrenciais, sendo que, após alguns casos de repercussão no plano internacional, surgiu a tendência de se obrigar diversos países a punirem essas práticas consumadas em seus territórios, conforme determina a Convenção da OCDE de 1998 (Convenção sobre o Combate da Corrupção de Funcionários Públicos Estrangeiros em Transações Comerciais Internacionais da Organização para a Cooperação e Desenvolvimento Econômico).[143]

O caminho até a aprovação da Convenção da OCDE não foi trilhado ao mesmo tempo pelos países signatários, posto que os Estados não tinham como prioridade a aprovação de normas domésticas disciplinando a corrupção internacional. Ainda na década de 1990, muitos países permitiam o abatimento fiscal de valores pagos a título de suborno, o que evidenciava uma postura complacente em relação à prática da corrupção no ambiente internacional.

Dessa situação é possível perceber políticas governamentais, por parte dos países concorrentes, mais pautada nos ganhos financeiros, do que nas bases de um desenvolvimento econômico ético e socialmente sustentável, valores que estão assentados nas convenções internacionais.

As empresas multinacionais que se mantinham atuantes na prática de pagamento de propinas asseguravam seus contratos, em detrimento do óbice legislativo enfrentado pelas empresas americanas, encontravam impedimento da prática no FCPA. Mesmo que não necessariamente baseado por motivos éticos, mas por um imperativo de competitividade das empresas norte-americanas, o governo dos EUA, assemelhado a um *escoteiro solitário*, capitaneou o movimento de aprovação de uma convenção internacional a respeito do tema.[144]

Essa desvantagem competitiva levou a diplomacia americana a envidar esforços para conseguir a criminalização global da corrupção de funcionários públicos estrangeiros,[145] já que, após a aprovação do FCPA, foram observados prejuízos às empresas norte-americanas no mercado internacional. O FCPA, embora tenha sido um diploma que

---

[143] BRASIL. Decreto nº 3.678, de 30 de novembro de 2000. Promulga a Convenção sobre o combate da corrupção de Funcionários Públicos Estrangeiros em transações comerciais internacionais, concluída em Paris, em 17 de dezembro de 1997. *Diário Oficial [da República Federativa do Brasil]*, Brasília, DF, 01 dez. 2000. Disponível em: http://www.planalto.gov.br/ccivil_03/decreto/D3678.htm. Acesso em: 02 mai. 2018.

[144] GLYNN, Patrick; KOBRIN, Stephen J.; NAÍM, Moisés. A globalização da corrupção. In: ELIOTT, Kimberly Ann (Coord.). *A corrupção e a economia global*. Brasília: Editora UNB, 2002. p. 42-43.

[145] LUZ, Ilana Martins. *Compliance & omissão imprópria*. Belo Horizonte: Editora D'Plácido, 2018. p. 95-96.

trouxe inovações relevantes para o combate à corrupção de funcionários públicos estrangeiros, acarretou um ônus às empresas americanas, considerando que a proibição do pagamento de propina não estava prevista em nenhuma outra parte do mundo, indo de encontro às políticas adotadas por outros países, como, por exemplo, a de abatimento fiscal, utilizadas por França e Inglaterra.[146]

Esse movimento iniciado pelos EUA visava à criação de um documento internacional disciplinando regras uniformes de combate à corrupção internacional, tendo em vista as limitações concorrenciais estabelecidas pelo *Foreign Corrupt Practice Act* – FCPA, norma daquele país editada para coibir condutas corruptas transnacionais, sendo medida imprescindível para a sobrevivência das empresas norte-americanas, a criação de tratado internacional sobre a matéria.

Em termos de competitividade, sabe-se que o pagamento de propina não aloca os recursos de forma eficiente, mas os direciona para onde a corrupção abre espaço, impedindo a eficiência econômica, com graves prejuízos à igualdade de condições no mercado e à livre concorrência. Trata-se de uma afronta à essência do capitalismo, pois o pagamento de propinas mascara um sistema econômico ineficiente e insustentável.[147]

E isso ficou nítido em relação às empresas norte-americanas e às demais concorrentes de outras nacionalidades. "No final das contas, as evidências sugerem que as empresas americanas pagaram um preço pela virtude impingida por força de lei, muito embora o alcance dos prejuízos seja ainda incerto".[148]

Por isso, e diante de um cenário de desvantagem competitiva em relação a multinacionais estrangeiras, o governo dos EUA realizou uma emenda legislativa ao FCPA no sentido de determinar que o governo promovesse gestões para celebrar um acordo internacional no combate à corrupção empresarial.[149]

---

[146] LUZ, Ilana Martins. *Compliance & omissão imprópria*. Belo Horizonte: Editora D'Plácido, 2018. p. 95.
[147] GANDARA, Leonardo André. A influência estrangeira no direito brasileiro: caso da Lei Anticorrupção. *Revista de Direito Público da Economia – RDPE*. Belo Horizonte, ano 13, n. 52, p. 183-211, out./dez. 2015. p. 191.
[148] GLYNN, Patrick; KOBRIN, Stephen J.; NAÍM, Moisés. A globalização da corrupção. *In*: ELIOTT, Kimberly Ann (Coord.). *A corrupção e a economia global*. Brasília: Editora UNB, 2002. p. 43.
[149] CARVALHOSA, Modesto. *Considerações sobre a lei anticorrupção das pessoas jurídicas*. São Paulo: Revista dos Tribunais, 2015. p. 109.

Independentemente dos reais motivos que levaram o governo americano a adotar a iniciativa de encabeçar o movimento de aprovação do tratado internacional, não se pode deixar de considerar os ganhos em termos de parâmetros de competitividade e de acesso a mercados que essa medida visou implementar. A opção adotada pelo governo americano foi a de lançar mãos das vias diplomáticas em campanha junto à OCDE para que os demais membros firmassem e assinassem um acordo de anticorrupção internacional, o que gerou a Convenção contra o Suborno Transnacional.[150]

Essa iniciativa americana produziu resultados normativos no plano internacional, sendo que, a partir dela, foi concebida a Convenção da OCDE de 1998 (Convenção sobre o Combate da Corrupção de Funcionários Públicos Estrangeiros em Transações Comerciais Internacionais da Organização para a Cooperação e Desenvolvimento Econômico), editada em 1998, que previu uma série de obrigações aos signatários, dentre elas, em termos de adequação dos ordenamentos jurídicos internos às suas disposições.

A Convenção da OCDE de 1998 (Convenção sobre o Combate da Corrupção de Funcionários Públicos Estrangeiros em Transações Comerciais Internacionais da Organização para a Cooperação e Desenvolvimento Econômico) foi o primeiro Tratado Internacional Anticorrupção firmado por todos os membros da organização internacional e, ainda, que permitia a adesão de não membros, como é o caso do Brasil, que a ele aderiu por meio do Decreto nº 3.678/2000.[151]

A Organização para Cooperação e Desenvolvimento Econômico – OCDE trata-se de uma organização internacional, composta por 34 membros, fundada em 1961, com sede em Paris, atuando no cenário internacional e intergovernamental, reunindo os países mais industrializados do mundo e os países emergentes, tendo por objetivo "melhorar o bem-estar econômico e social das pessoas em todo o mundo".[152] O Brasil, embora não seja membro da OCDE, participa do organismo como parceiro-chave (*key partner*), integrando comitês e áreas de trabalho.[153]

---

[150] DEMATTÉ, Flávio Rezende. *Responsabilização das pessoas jurídicas por corrupção*: a Lei nº 12.846/2013 segundo o Direito da Intervenção. Belo Horizonte: Editora Fórum, 2015. p. 110.

[151] CARVALHOSA, Modesto. *Considerações sobre a lei anticorrupção das pessoas jurídicas*. São Paulo: Revista dos Tribunais, 2015. p. 1110.

[152] ORGANISATION FOR ECONOMIC CO-OPERATION AND DEVELOPMENT-OECD. *The organisation for economic co-operation and development (OECD)*. Disponível em: http://www.oecd.org/about/. Acesso em: 02 mai. 2018.

[153] MACHADO, Pedro Antônio de Oliveira. *Acordo de Leniência & a Lei de Improbidade Administrativa*. Curitiba: Juruá, 2017. p. 85.

Esse tratado internacional fixou obrigação para que os países signatários editassem legislações para punir atos de corrupção, prevendo que cada Parte dispusesse que:

[...] é delito criminal qualquer pessoa intencionalmente oferecer, prometer ou dar qualquer vantagem pecuniária indevida ou de outra natureza, seja diretamente ou por intermediários, a um funcionário público estrangeiro, para esse funcionário ou para terceiros, causando a ação ou a omissão do funcionário no desempenho de suas funções oficiais, com a finalidade de realizar ou dificultar transações ou obter outra vantagem ilícita na condução de negócios internacionais. (Convenção OCDE, art. 1º).

Foi previsto que os Estados-Partes dispusessem, segundo as leis locais, de penas criminais (efetivas, proporcionais e dissuasivas) em relação ao crime de corrupção de funcionário público estrangeiro, no intuito de evitar impunidade. De forma geral, a Convenção da OCDE dispôs que a corrupção praticada por corporações estrangeiras nos territórios dos Estados-Partes deveria ser objeto de responsabilização, seja em relação às pessoas físicas, seja em relação às pessoas jurídicas.

Todavia, no que diz respeito à responsabilidade penal da pessoa jurídica, esse tratado internacional deixou ressalvado que, se o sistema do país signatário não permitisse, este deveria assegurar que as pessoas jurídicas estivessem sujeitas a sanções não criminais efetivas, inclusive de cunho financeiro. Destaque-se que utilizou a previsão de penas "efetivas, proporcionais e dissuasivas", conforme conteúdo do artigo 3º dessa norma internacional.

Em termos de jurisdição, ficou definido que, além da punição dos atos ocorridos no território pátrio, os Estados que tiverem previsão no ordenamento jurídico de penalização de nacionais por delitos praticados no exterior, deveriam penalizar as condutas praticadas por corporações nacionais em território estrangeiro, conforme dicção do artigo 4º da Convenção.

A Convenção da OCDE também prevê a recuperação de ativos, "isso demonstra a possibilidade de interligação entre instrumentos normativos de caráter internacional e transnacional, objetivando um fim mais amplo",[154] o que estimula a atuação conjunta entre vários países,

---

[154] GANDARA, Leonardo André. A influência estrangeira no direito brasileiro: caso da Lei Anticorrupção. *Revista de Direito Público da Economia – RDPE*. Belo Horizonte, ano 13, n. 52, p. 183-211, out./dez. 2015. p. 198.

aplicando-se, conjuntamente, legislações antilavagem, com o fim de recompor os danos causados pela prática da corrupção.

3.3 A Lei Anticorrupção Brasileira – LAC

Como tendências e *standards* da comunidade internacional, especialmente dispostos na Convenção da OCDE de 1998, além das convenções internacionais referidas no primeiro capítulo deste trabalho, é notada a forte influência, no processo de elaboração da Lei nº 12.846/13, do conteúdo da lei norte-americana de prevenção da corrupção do estrangeiro, conhecida como FCPA – *Foreign Corrupt Practices Act* (1977).

Contudo, é preciso que fiquem assentadas as diferenças em termos de abrangência e responsabilização. Conforme já citado, o FCPA prevê a responsabilidade penal da pessoa jurídica, a LAC não. A lei norte-americana exige a comprovação de que havia o elemento subjetivo quanto à intenção de corromper por parte da pessoa jurídica, todavia, a lei brasileira, ao consagrar a responsabilidade objetiva da pessoa jurídica, exclui a demonstração de dolo ou culpa.[155] Os americanos "consideram um excesso a responsabilização de uma empresa sem que se investigue em que medida ela estava efetivamente ciente do *wrongdoing*", contudo, conforme comenta Fortini, "soa inocente conceber que as práticas reiteradas de corrupção são realizadas sem o conhecimento da pessoa jurídica".[156]

Quanto aos agentes destinatários das sanções previstas no FCPA, observa-se que a lei americana trata do "foreign official", contudo, numa acepção maior que a literalidade sugere. "Está a se incluir não apenas o que no Brasil chamaríamos de agentes públicos, mas qualquer pessoa que possa estar a atuar em benefício de órgãos públicos ou organismos internacionais", estando inseridos agentes a serviço do Banco Mundial ou da Organização dos Estados Americanos, por exemplo. Ainda, estão inclusos empregados de organizações do terceiro setor e de empresas estatais.[157]

---

[155] LUZ, Ilana Martins. *Compliance & omissão imprópria*. Belo Horizonte: Editora D'Plácido, 2018. p. 99.
[156] FORTINI, Cristiana. Uma rápida comparação entre a Lei nº 12.846/13 e o norte-americano foreign corrupt practices act (FCPA). *Revista Eletrônica de Direito do Estado*, ano 15, n. 22, 2015. Disponível em: http://www.direitodoestado.com.br/colunistas/cristiana-fortini/uma-rapida-comparacao-entre-a-lei-1284613-e-norte-americano-foreign-corrupt-practices-act-fcpa. Acesso em: 21 jul. 2016.
[157] FORTINI, Cristiana. Uma rápida comparação entre a Lei nº 12.846/13 e o norte-americano foreign corrupt practices act (FCPA). *Revista Eletrônica de Direito do Estado*, ano 15, n. 22,

Outro ponto importante é que a LAC não distingue agentes estrangeiros e brasileiros como destinatários da propina, havendo incidência da lei em ambas as situações. Já, "nos Estados Unidos, trata-se de forma apartada, mediante outras regras, a corrupção interna, a atingir os agentes norte-americanos".[158]

Até a edição da Lei nº 12.846/13, apesar de o ordenamento jurídico brasileiro contar com um conjunto normativo que previa a responsabilidade por atos de corrupção, é fato que tais delitos praticados por pessoas jurídicas envolvendo entes públicos não atendia, totalmente, os compromissos internacionais assumidos pelo país.

O primeiro ponto que estava omisso no arcabouço legislativo brasileiro era a responsabilização administrativa e civil das pessoas jurídicas pela prática de atos de corrupção transnacional. Inexistia legislação específica punindo essa prática extraterritorial por empresas multinacionais, embora estivessem penalmente tipificados, desde 2002, os crimes praticados por particular contra a Administração Pública Estrangeira, por meio da inserção dos artigos 337-B, 337-C e 337-D no Código Penal Brasileiro.

Apesar de a Lei nº 12.846/2013 ter sido aprovada logo após diversas manifestações populares ocorridas no Brasil, não se pode dizer que a edição dela decorreu desse movimento popular, tendo em conta que o projeto que lhe deu origem (Projeto de Lei nº 6.826), tramitava no Congresso Nacional desde 2010.[159] A lei teve por objetivo preencher uma lacuna histórica do nosso marco jurídico, sendo que as "manifestações, ao que parece, aceleraram o processo que, por várias razões, era inevitável".[160]

A ausência de uma lei nacional que punisse as pessoas jurídicas pela prática de corrupção extraterritorial colocava o país em desvantagem

---

2015. Disponível em: http://www.direitodoestado.com.br/colunistas/cristiana-fortini/uma-rapida-comparacao-entre-a-lei-1284613-e-norte-americano-foreign-corrupt-practices-act-fcpa. Acesso em: 21 jul. 2016.

[158] FORTINI, Cristiana. Uma rápida comparação entre a Lei nº 12.846/13 e o norte-americano foreign corrupt practices act (FCPA). *Revista Eletrônica de Direito do Estado*, ano 15, n. 22, 2015. Disponível em: http://www.direitodoestado.com.br/colunistas/cristiana-fortini/uma-rapida-comparacao-entre-a-lei-1284613-e-norte-americano-foreign-corrupt-practices-act-fcpa. Acesso em: 21 jul. 2016.

[159] MARINELA, Fernanda; PAIVA, Fernando; RAMALHO, Tatiana. *Lei anticorrupção*: Lei nº 12.846/13, de 1º de agosto de 2013. São Paulo: Saraiva, 2015. p. 18.

[160] CAPANEMA, Renato de Oliveira. Inovações da Lei nº 12.846/2013. In: NASCIMENTO, Melillo Diniz (Org). O controle da corrupção no Brasil e a Lei nº 12.846/2013 – A Lei Anticorrupção. In: *Lei Anticorrupção Empresarial. Aspectos críticos às Lei nº 12.846/2013*. Belo Horizonte: Fórum, 2014. p. 13.

no mercado internacional. "A necessidade de internacionalização de várias empresas brasileiras levou a processos de amadurecimento corporativo e à preocupação com a reputação e a influência dessas questões no valor das empresas e sua capacidade de fazer negócios".[161]

Desse contexto fático e jurídico surgiu a Lei nº 12.846/13, que além de Lei Anticorrupção, também ficou conhecida como Lei de Integridade da Pessoa Jurídica ou Lei da Empresa Limpa. O aspecto interessante é que "na nossa ordem jurídica ainda não tínhamos uma disciplina que estruturasse uma única tipologia com dois sistemas de responsabilização na mesma lei",[162] confirmando a adoção de um sistema de independência entre instâncias.

O assunto em menção possui relevância singular, porquanto se insere numa das pautas mais frequentes da sociedade brasileira, que é o combate à corrupção, especialmente em tempos de tantas exposições midiáticas envolvendo o tema e de diversas investigações tratando de pagamentos de subornos e de desvios de recursos estatais.

A lei em referência integra microssistema processual de tutela coletiva da probidade administrativa[163] ou, numa nomenclatura diversa, mas que revela objetivo similar, pode-se dizer que a norma veio compor o "sistema legal de defesa da moralidade", integrado pela Lei nº 8.429/1992 (Lei de combate à improbidade administrativa); pela parte penal da Lei de Licitações e Contratos Administrativos (artigos 90 e seguintes da Lei nº 8.666/1993); pela Lei nº 12.529/2011 (Lei de Defesa da Concorrência); pela Lei Complementar nº 135/2010 (Lei da Ficha Limpa) e; pelos artigos 312 e seguintes do Código Penal, que disciplinam os crimes praticados contra a Administração Pública.[164]

A Lei nº 12.846/2013 visa a proteger a noção de república e o patrimônio público, definindo atos lesivos à Administração Pública, nacional e estrangeira, as sanções correspondentes à responsabilidade

---

[161] GANDARA, Leonardo André. A influência estrangeira no direito brasileiro: caso da Lei Anticorrupção. *Revista de Direito Público da Economia – RDPE*. Belo Horizonte, ano 13, n. 52, p. 183-211, out./dez. 2015. p. 201.

[162] GARCIA, Emerson. Aspectos da Nova Lei Anticorrupção. *Revista do Ministério Público de Minas Gerais*. Edição Patrimônio Público, 2014. p. 8. Disponível em: https://www.mpmg.mp.br/lumis/portal/file/fileDownload.jsp?fileId=8A91CFA94942D9BF014A63F59FA22827. Acesso em: 19 jan. 2016.

[163] GARCIA, Emerson; ALVES, Rogério Pacheco. *Improbidade Administrativa*. 8. ed. São Paulo: Saraiva, 2014. p. 919.

[164] MOREIRA, Diogo; FREITAS, Rafael. *A juridicidade da Lei anticorrupção – reflexões e interpretações prospectivas*. Belo Horizonte: Fórum Administrativo, n. 156, v. 14, 2014. p. 13. Disponível em: http://bdjur.stj.jus.br/dspace/handle/2011/72681. Acesso em: 19 jan. 2016.

civil e administrativa, além de tratar das técnicas processuais e instrumentos punitivos dos atos de corrupção.[165]

No tocante à responsabilização dos atos de corrupção empresarial, seja no aspecto administrativo ou civil, o ordenamento jurídico local não dispunha de norma que impusesse responsabilização objetiva às pessoas jurídicas, sendo que a discussão sempre estava circundada pela ideia de demonstração de culpa. A promulgação desse ato legislativo atendeu compromissos assumidos nos tratados internacionais mencionados no corpo do presente trabalho, se integrando ao sistema global de enfrentamento do problema.

A relevância do regramento da matéria no sistema jurídico pátrio é evidenciada pelos princípios da livre iniciativa e da função social da propriedade, consagrados na Constituição Federal como fundamentos da Ordem Econômica (artigo 170, incisos III e IV). Não é em vão que grande parte dos tipos elencados no artigo 5º da lei tratem de condutas colusivas em licitações (cartéis), tendo em vista que a "prática de condutas cartelizadas pelos licitantes viola o princípio da livre concorrência e o direito ao desenvolvimento nacional".[166]

A Lei Anticorrupção adotou o sistema de responsabilização administrativa e civil da pessoa jurídica, deixando de lado a responsabilidade penal, o que, por vezes, é objeto de críticas, porquanto não estaria em integral conformidade com a Convenção da OCDE de 1998, que estabelece essa forma de punição. Todavia, é preciso que se diga que a Convenção prevê a punição das pessoas jurídicas, desde que compatível com o sistema jurídico pátrio.

Há quem entenda correta a atual opção legislativa de exclusão da responsabilidade penal da pessoa jurídica nessa temática, por motivos pragmáticos. É sustentado que, além das controvérsias dogmáticas quanto ao cabimento da persecução penal em relação às pessoas jurídicas, a pena privativa de liberdade não se mostraria útil, tampouco necessária e, de acordo o princípio da subsidiariedade do Direito Penal, seria dispensável tal medida, porquanto o direito civil e o direito administrativo seriam suficientes para o fim proposto.[167]

---

[165] CAMBI, Eduardo. Papel do Ministério Público na Lei Anticorrupção (Lei nº 12.846/13). *Revista do Ministério Público do Rio de Janeiro*, n. 56, p. 93-121, abr./jun, 2015. p. 95.
[166] MOREIRA, Diogo; FREITAS, Rafael. *A juridicidade da Lei anticorrupção – reflexões e interpretações prospectivas*. Belo Horizonte: Fórum Administrativo, n. 156, v. 14, 2014. p. 13. Disponível em: http://bdjur.stj.jus.br/dspace/handle/2011/72681. Acesso em: 19 jan. 2016.
[167] CAPANEMA, Renato de Oliveira. Inovações da Lei nº 12.846/2013. *In*: NASCIMENTO, Melillo Diniz (Org). O controle da corrupção no Brasil e a Lei nº 12.846/2013 – A Lei Anticorrupção. *In*: *Lei Anticorrupção Empresarial. Aspectos críticos às Lei nº 12.846/2013*. Belo Horizonte: Fórum, 2014. p. 16.

Interessante o entendimento de Fábio Medina Osório, para quem a responsabilização por meio do Direito Administrativo Sancionador seria mais direta e óbvia às pessoas jurídicas, mas não haveria óbice à imputação criminal da pessoa jurídica. Para ele, a responsabilidade penal não se mostraria descabida, em caso de opção legislativa.[168]

O Direito Administrativo Sancionador ou Direito Punitivo seria aquilo que se convencionou a partir da divisão de fronteiras muito tênues entre o Direito Administrativo e o Direito Penal.[169] O Estado se utiliza de diversos comandos normativos e ferramentas jurídicas para lidar com a complexa realidade social, que se revela, por exemplo, estabelecendo sanções administrativas correlatas às respectivas infrações disciplinadas pelo Direito Administrativo Sancionador.[170]

Quanto à responsabilidade penal da pessoa jurídica, os autores que entendem pela impossibilidade se baseiam na ideia de que a "culpabilidade exige a presença de uma vontade, entendida como faculdade psíquica da pessoa individual, que somente o ser humano pode ter".[171] Ou ainda, que "a culpabilidade penal como juízo de censura pessoal pela realização do injusto típico só pode ser endereçada a um indivíduo (culpabilidade da vontade)".[172]

Por outro lado, os autores que se posicionam favoráveis à responsabilidade penal da pessoa jurídica pela prática de atos de corrupção argumentam que a Constituição Federal não impede a responsabilização criminal desses entes, porquanto o fez para os crimes ambientais (artigo 225, §3º, CF), por meio de mandados de criminalização, bem como abriu essa possibilidade nos atos praticados contra a ordem econômica e financeira e à economia popular (artigo 173, §5º, CF). "A responsabilidade penal da pessoa jurídica não é um entrave constitucional insuperável, sendo que a constituição a previu para determinadas infrações, mas poderia ter incluído para outras, o que ainda pode ser feito por emendas".[173]

---

[168] OSÓRIO, Fábio Medina. *Direito Administrativo sancionador*. 3. ed. São Paulo: Editora Revista dos Tribunais, 2009. p. 376.

[169] OSÓRIO, Fábio Medina. *Direito Administrativo sancionador*. 3. ed. São Paulo: Editora Revista dos Tribunais, 2009. p. 33.

[170] OSÓRIO, Fábio Medina. *Direito Administrativo sancionador*. 3. ed. São Paulo: Editora Revista dos Tribunais, 2009. p. 36.

[171] BITENCOURT, Cezar Roberto. *Tratado de Direito Penal*: parte geral. 13. ed. São Paulo: Saraiva, 2008. v. I.

[172] PRADO, Luiz Régis. *Curso de Direito Penal Brasileiro*. 8. ed. São Paulo: Editora Revista dos Tribunais, 2008, v. I.

[173] DE ALENCAR, Paulo Wunder. A Lei anticorrupção é só 'para inglês ver'? Uma breve análise comparativa entre os sistemas brasileiro e o norte-americano de combate à

A responsabilidade penal da pessoa jurídica, segundo Fausto de Sanctis, está fundamentada na Constituição Federal, sendo que o constituinte reconheceu, nos dispositivos anteriormente mencionados, a impunidade gerada pelo artifício de proteger a estrutura empresarial. Para esse autor, a *ratio legis* leva à conclusão de que a responsabilidade criminal dos entes coletivos está autorizada no texto maior.[174]

Em matéria de crime ambiental, o Supremo Tribunal Federal já se pronunciou pela constitucionalidade da responsabilidade penal da pessoa jurídica e, no julgamento do Recurso Extraordinário nº 548.181-PR, entendeu ser dispensável a dupla imputação da pessoa física, podendo a pessoa jurídica responder sozinha pelo crime que lhe é imputado, conforme se depreende de trecho da ementa:

> [...] Condicionar a aplicação do art. 225, §3º, da Carta Política, a uma concreta imputação também à pessoa física implica indevida restrição da norma constitucional, expressa a intenção do constituinte originário não apenas de ampliar o alcance das sanções penais, mas também de evitar a impunidade pelos crimes ambientais frente às imensas dificuldades de individualização dos responsáveis internamente às corporações, além de reforçar a tutela do bem jurídico ambiental [...].[175]

Tramita no Senado Federal o Projeto de Lei nº 236/2012, de relatoria atual do senador Antônio Anastasia, que prevê a responsabilidade penal da pessoa jurídica de forma limitada a alguns crimes, estando, desde 06.11.2017, na Comissão de Constituição, Justiça e Cidadania (Secretaria de Apoio à Comissão de Constituição, Justiça e Cidadania).[176]

Essa proposta de alteração legislativa foi objeto de atenção da OCDE em visita ao país com a finalidade de avaliação do cumprimento da Convenção firmada por essa Organização Internacional. Os examinadores manifestaram preocupação, porquanto, na versão do projeto por eles analisada, a responsabilidade das pessoas jurídicas somente poderia ser desencadeada se decorrente de ato praticado pelas pessoas

---

corrupção. In: *Revista do Ministério Público do Rio de Janeiro*, n. 57, p. 193-206, jul./set, 2015. p. 194.

[174] SANCTIS, Fausto de. *Responsabilidade penal das corporações e criminalidade moderna*. São Paulo: Editora Saraiva, 2009.

[175] BRASIL. Supremo Tribunal Federal. *Recurso Extraordinário nº 548181*. Disponível em: http://www.stf.jus.br/portal/jurisprudencia/visualizarEmenta.asp?s1=000251057&base=baseAcordaos. Acesso em: 03 jun. 2018.

[176] SENADO FEDERAL. *Projeto de Lei do Senado nº 236, de 2012 - (NOVO CÓDIGO PENAL)*. Disponível em: https://www25.senado.leg.br/web/atividade/materias/-/materia/106404. Acesso em: 03 jun. 2018.

físicas ocupantes de posição mais alta na empresa, o que representaria a "mente" da empresa. Tal aspecto foi consistentemente considerado pelo Grupo de Trabalho como não cumpridor com os requisitos do artigo 2º da Convenção.[177]

Há, ainda, quem defenda que a responsabilização penal da pessoa jurídica não seria apta à punição e à prevenção das condutas, porque o caráter altamente simbólico do Direito Penal e a necessidade de lidar com os grandes problemas sociais, tal como a corrupção, evento característico da *sociedade de riscos*, faz com que se observe a existência de um "direito penal inchado, por pretender abrigar a solução de todos os conflitos da sociedade contemporânea.[178]

Segundo Ulrich Beck,[179] o envelhecimento da sociedade industrial fez surgir a *sociedade de riscos*, seja no aspecto social, político, econômico, ecológico e, ainda, individual. O limite do que é previsível e assegurável foi transposto pela sociedade industrial, se transformando, involuntariamente, na sociedade de riscos. É destacada a existência de uma crise institucional, posto que a sociedade segue tomando decisões, pautada ainda pelo viés da sociedade industrial, todavia, os debates e conflitos surgem da dinâmica social, sobrepondo sistemas legal e político.

Segundo Hassemer *apud* Dematté, o Direito Penal, que, sobretudo se dedica à atenção dada à prevenção dos riscos, "não se diferencia de outros ramos do direito que lançam mão de sanções para pacificar situações contenciosas, tal como o Direito Administrativo".[180] Por isso, Hassemer defende que "os problemas da sociedade que envolvem riscos, o seu controle e sua prevenção, introduzidos equivocadamente no direito penal modernizado, sejam reconduzidos e tratados por uma nova classe de direito – o 'direito da intervenção'.

O "direito de intervenção" não teria o objetivo de substituir o direito penal no ordenamento jurídico, mas o de

> ressaltar as limitações que este último possui para enfrentar e remediar determinadas situações, sobretudo aquelas relacionadas à prevenção

---

[177] ORGANISATION FOR ECONOMIC CO-OPERATION AND DEVELOPMENT-OECD. *Phase 3 report on implementing the oecd anti-bribery convention in Brazil*. p. 21. Disponível em: http://www.oecd.org/daf/anti-bribery/Brazil-Phase-3-Report-EN.pdf. Acesso em: 03 jun. 2018.
[178] DEMATTÉ, Flávio Rezende. *Responsabilização das pessoas jurídicas por corrupção*: a Lei nº 12.846/2013 segundo o Direito da Intervenção. Belo Horizonte: Editora Fórum, 2015. p. 99.
[179] BECK, Urich. *La sociedad del riesgo global*. España: Siglo Veintiuno, 2002. p. 113-120.
[180] DEMATTÉ, Flávio Rezende. *Responsabilização das pessoas jurídicas por corrupção*: a Lei nº 12.846/2013 segundo o Direito da Intervenção. Belo Horizonte: Editora Fórum, 2015. p. 99.

de riscos, as quais, a partir de uma cooperação normativa e operativa de outros ramos do direito seriam juridicamente tratadas de uma forma mais responsável e menos simbólica e que seriam alvo não só de medidas interventivas, mas, também, de operações e mecanismos de fiscalização e controle.[181]

Com base nesse entendimento, Dematté argumenta que "as diretrizes e particularidades que Hassemer concebeu em seu modelo ideal são observadas no acervo normativo brasileiro extrapenal de combate à corrupção".[182] Para tanto, cita a previsão de penalização contida na Lei de Improbidade Administrativa (Lei nº 8.429/92), nas Leis das Licitações e Contratos Públicos (Lei nº 8.666/93, 10.520/02 e 12.462/11), tendo em vista que o "direito anticorrupção no Brasil privilegia o emprego de sanções que tenham por finalidade criar obstáculos fáticos e estruturais à concorrência, continuidade ou reincidência nos atos de corrupção".[183]

A Lei Anticorrupção não se insere no âmbito do Direito Penal, mas do Direito Administrativo Sancionador, por declarada opção do legislador, ao estabelecer responsabilização civil e administrativa da pessoa jurídica. Essa escolha foi realizada diante de um cenário doutrinário ainda fortemente resistente à responsabilidade penal da pessoa jurídica e da necessidade de se cumprir os comandos estabelecidos na Convenção da OCDE, quanto ao estabelecimento de mecanismos efetivos de punição e dissuasão de práticas corruptas.[184]

Conforme expõe Bacigalupu *apud* Veríssimo,[185] a questão da responsabilidade penal da pessoa jurídica no ordenamento jurídico brasileiro se apresenta mais ligada à intensidade da resposta estatal a ser dada, por meio de âmbitos distintos, seja por meio do Direito Penal ou do Direito Administrativo Sancionador. No caso, o Estado, por meio do Poder Legislativo, convencionou a atribuir resposta aos atos de corrupção praticados por pessoas jurídicas no âmbito do Direito

---

[181] DEMATTÉ, Flávio Rezende. *Responsabilização das pessoas jurídicas por corrupção*: a Lei nº 12.846/2013 segundo o Direito da Intervenção. Belo Horizonte: Editora Fórum, 2015. p. 99.

[182] DEMATTÉ, Flávio Rezende. *Responsabilização das pessoas jurídicas por corrupção*: a Lei nº 12.846/2013 segundo o Direito da Intervenção. Belo Horizonte: Editora Fórum, 2015. p. 101.

[183] DEMATTÉ, Flávio Rezende. *Responsabilização das pessoas jurídicas por corrupção*: a Lei nº 12.846/2013 segundo o Direito da Intervenção. Belo Horizonte: Editora Fórum, 2015. p. 102.

[184] SOUZA, Jorge Munhós. Responsabilização Administrativa na Lei Anticorrupção. *In*: MUNHÓS, Jorge; QUEIROZ, Ronaldo Pinheiro. *Lei Anticorrupção e Temas de Compliance*. Salvador: Editora Jus Podivm, 2017. p. 193.

[185] VERÍSSIMO, Carla. *Compliance*: incentivo à adoção de medidas anticorrupção. São Paulo: Editora Saraiva, 2017. p. 188.

Administrativo Sancionador, por questões de ordem prática e visando cumprir os compromissos internacionais assumidos.

Soa razoável o entendimento quanto à "inexistência de distinção ontológica entre ilícitos administrativos e penais", no sentido de que não haveria base segura para afirmar quais ilícitos deveriam ser penalizados pelo Direito Penal ou Pelo Direito Administrativo Sancionador,[186] havendo substancial identidade entre os ilícitos penais e administrativos, de forma que o legislador possui amplos poderes discricionários "na administrativização de ilícitos penais" ou na "penalização de ilícitos administrativos".[187]

De acordo com a Constituição Federal, há possibilidade de sancionamento penal da pessoa jurídica, havendo um mandado de criminalização para os crimes ambientais e a possibilidade de ampliação do rol para os crimes contra o sistema financeiro e a ordem econômica. O sancionamento poderia ser executado por meio de penas restritivas de direitos e de natureza pecuniária, já que, nos casos de lesão à Administração Pública, haveria violação a bem jurídico relevante, sendo que a edição de lei responsabilizando criminalmente pessoas jurídicas é questão de política criminal e de opção do legislador.[188]

Embora inspirada no FCPA, a lei brasileira claramente optou por deixar a responsabilização penal tão somente às pessoas físicas. Nos EUA, "o sistema é absolutamente diferente, pois, em primeiro lugar, uma pessoa jurídica pode ser responsabilizada criminalmente, sempre que um de seus empregados cometer um delito utilizando-se da respectiva sociedade".[189]

Além da possibilidade de responsabilização penal da pessoa jurídica no sistema norte-americano, são previstos métodos penais consensuais de composições de conflitos penais corporativos, quais sejam: o *Deferred Prosecution Agrément (DPA)* e o *Non Prosecution Agrément (NPA)*. O DPA assemelha-se ao acordo de colaboração

---

[186] SOUZA, Jorge Munhós. Responsabilização Administrativa na Lei Anticorrupção. In: MUNHÓS, Jorge; QUEIROZ, Ronaldo Pinheiro. *Lei Anticorrupção e Temas de Compliance*. Salvador: Editora Jus Podivm, 2017. p. 193.
[187] OSÓRIO, Fábio Medina. *Direito Administrativo sancionador*. 3. ed. São Paulo: Editora Revista dos Tribunais, 2009. p. 111.
[188] VERÍSSIMO, Carla. *Compliance*: incentivo à adoção de medidas anticorrupção. São Paulo: Editora Saraiva, 2017. p. 192.
[189] DE ALENCAR, Paulo Wunder. A Lei anticorrupção é só 'para inglês ver'? Uma breve análise comparativa entre os sistemas brasileiro e o norte-americano de combate à corrupção. In: *Revista do Ministério Público do Rio de Janeiro*, n. 57, p. 193-206, jul./set, 2015. p. 200.

premiada previsto no Brasil para as pessoas físicas envolvidas com crimes praticados por organizações criminosas, tendo em vista que é necessária a homologação judicial. Já o NPA possui tramitação semelhante ao acordo de leniência, pois tramita no órgão proponente, mediante a assunção de responsabilidade, ficando suspendo até o cumprimento integral das condições, quando é arquivado.[190]

No caso da Lei Anticorrupção, a única possibilidade de resolução consensual do conflito refere-se à esfera administrativa, sendo o instrumento jurídico denominado acordo de leniência, firmado mediante o reconhecimento de responsabilidade da pessoa jurídica envolvida no ato de corrupção, que será tratado no capítulo terceiro deste trabalho.

As razões lançadas no anteprojeto da Lei Anticorrupção foram no sentido de atender as convenções internacionais na temática no combate à corrupção, estabelecendo a responsabilidade objetiva, mas recuou ante a responsabilidade penal. A norma em referência não possui natureza penal criminal, contudo, isso não impede que as condutas nela descritas possam ensejar a responsabilização na esfera penal, por meio da deflagração do processo criminal específico. Assim, os vereditos emanados com base na lei "não obstam a abertura da instância criminal no juízo natural competente, nem suas sanções impedem as penas criminais ou constituem em face delas *bis in idem*".[191]

Embora a lei anticorrupção seja classificada como norma de direito administrativo e de direito civil, considerando as diversas penalidades ali previstas, que pode chegar até a dissolução compulsória da sociedade, há quem defenda que é possível extrair "um caráter de *lei penal encoberta* na norma em discussão".[192]

Isso se dá porque os ilícitos nela previstos possuem, quase todos, correspondentes penais, e as consequências das sanções administrativas aplicáveis, em termos de gravidade e repercussão, podem ser tão graves quanto as penais. Esse argumento se sustenta na comparação de sancionamento de condutas nas esferas penais e administrativas:

---

[190] DE ALENCAR, Paulo Wunder. A Lei anticorrupção é só 'para inglês ver'? Uma breve análise comparativa entre os sistemas brasileiro e o norte-americano de combate à corrupção. *In*: Revista do Ministério Público do Rio de Janeiro, n. 57, p. 193-206, jul./set, 2015. p. 200.

[191] DIPP, Gilson; CASTILHO, Manoel L. Volkmer. *Comentários à Lei Anticorrupção*. São Paulo: Editora Saraiva, 2016. p. 17.

[192] BOTTINI, Piepaollo Cruz. *A Lei Anticorrupção como Lei penal encoberta*. p. 2. Disponível em: https://www.conjur.com.br/2014-jul-08/direito-defesa-lei-anticorrupcao-lei-penal-encoberta?imprimir=1. Acesso em: 14 mai. 2018.

Uma breve passagem de olhos pelas sanções penais aplicáveis às pessoas jurídicas previstas na Lei dos Crimes Ambientais (Lei nº 9605/98) demonstra que estas são mais brandas que as instituídas pela lei pretensamente administrativa de combate à corrupção.[193]

Ainda, é argumentado que sanções como intervenção temporária de estabelecimento, obra ou atividade, ou proibição de contratar com o poder público e de obter dele subsídios, subvenções ou doações (artigo 22), na seara administrativa, ou, as sanções de perdimento de bens ou a dissolução compulsória da sociedade, aplicáveis na esfera judicial, demonstram as graves consequências jurídicas de incidência da norma. Por isso, "quanto mais nítido o caráter sancionador dessa lei – que no caso concreto se equipara à sanção penal -, mais legítimo exigir que algumas garantias do direito penal e do processo penal sejam reconhecidas no que se refere à sua aplicação".[194]

Modesto Carvalhosa discorre que se está diante de uma *justaposição penal*, possuindo a lei nítido caráter penal, posto que "as condutas ilícitas tipificadas e os seus efeitos delituosos têm substância penal, na medida em que se justapõem na esfera propriamente penal" e, por isso, "devem rigorosamente ser observadas as garantias penais".[195]

Para esse autor, é possível extrair a existência de um *processo penal-administrativo*, sendo que o legislador, ao instituir a responsabilidade objetiva da pessoa jurídica, criou um procedimento próprio:

> Afasta-se, portanto, o intrincado processo penal em que inúmeros recursos incidentais e de mérito levam a um prolongamento excessivo e vocacionado à prescrição, o que é incompatível com os objetivos da presente Lei, que é, dentre outros, igualmente relevantes, o de expurgar da relação contratual com o Estado, as pessoas jurídicas que se utilizam dos meios corruptivos.[196]

---

[193] BOTTINI, Piepaollo Cruz. *A Lei Anticorrupção como Lei penal encoberta*. p. 1. Disponível em: https://www.conjur.com.br/2014-jul-08/direito-defesa-lei-anticorrupcao-lei-penal-encoberta?imprimir=1. Acesso em: 14 mai. 2018.
[194] BOTTINI, Piepaollo Cruz. *A Lei Anticorrupção como Lei penal encoberta*. p. 1. Disponível em: https://www.conjur.com.br/2014-jul-08/direito-defesa-lei-anticorrupcao-lei-penal-encoberta?imprimir=1. Acesso em: 14 mai. 2018.
[195] CARVALHOSA, Modesto. *Considerações sobre a lei anticorrupção das pessoas jurídicas*. São Paulo: Revista dos Tribunais, 2015. p. 33.
[196] CARVALHOSA, Modesto. *Considerações sobre a lei anticorrupção das pessoas jurídicas*. São Paulo: Revista dos Tribunais, 2015. p. 185.

Por tratar do exercício do poder punitivo estatal, a aplicação da Lei Anticorrupção deverá estar submetida aos ditames constitucionais do devido processo legal, tendo em vista que atualmente prepondera "a tese de que os princípios penais são aplicáveis ao Direito Administrativo Sancionador, com matizes", com o objetivo de assegurar aos processados as garantias constitucionais referentes ao Direito Público Punitivo.[197] Isso não quer dizer, contudo, que haja uma "unidade do *jus puniendi*", bem como não "significa que as garantias do Direito Penal e Processual Penal devem ser transportadas acriticamente para o âmbito das infrações administrativas".[198]

3.4 Da reponsabilidade objetiva da pessoa jurídica

A Lei Anticorrupção prevê que as pessoas jurídicas serão responsabilizadas objetivamente, no âmbito administrativo e civil, pelos atos lesivos nela previstos, praticados em seus interesses ou benefícios, sejam exclusivos ou não, conforme previsão do artigo 2º da citada norma. Trata-se de grande inovação trazida nessa lei, o que poderá ocasionar uma mudança de cultura na área empresarial, especialmente pela implementação de programas de *compliance*.

Essa inovação, estabelecendo a responsabilização civil e administrativa de pessoas jurídicas na hipótese da prática de condutas nela tipificadas, que ensejam danos materiais ou morais à Administração Pública nacional ou estrangeira, está em consonância com a permissão contida no artigo 927, parágrafo único, do Código Civil.[199]

A responsabilização está consagrada na LAC, sendo que, para que ocorra, é necessário impulsionar o *sistema de responsabilização*, a partir da aplicação das competências punitivas por meio de quatro elementos essenciais: "os bens jurídicos tutelados, os ilícitos fixados, as sanções oponíveis e o processo regular a ser observado". A proteção dos bens jurídicos tutelados pela norma orienta a aplicação das sanções legais de acordo com a moldura fática apresentada. A aplicação das

---

[197] OSÓRIO, Fábio Medina. *Direito Administrativo sancionador*. 3. ed. São Paulo: Editora Revista dos Tribunais, 2009. p. 13.

[198] SOUZA, Jorge Munhós. Responsabilização Administrativa na Lei Anticorrupção. In: MUNHÓS, Jorge; QUEIROZ, Ronaldo Pinheiro. *Lei Anticorrupção e Temas de Compliance*. Salvador: Editora Jus Podivm, 2017. p. 192.

[199] OLIVEIRA, José Roberto Pimenta. Comentários ao artigo 2º. In: DI PIETRO, Maria Sylvia Zanella; MARRARA, Thiago (Coord.). *Lei Anticorrupção comentada*. Belo Horizonte: Editora Fórum, 2017. p. 29.

sanções dar-se-á de acordo com o princípio constitucional do devido processo legal, o que legitima a restrição de direitos.[200]

A lei em menção optou pela punição administrativa da pessoa jurídica que exterioriza a conduta corruptiva, ao invés de fazê-lo diretamente por meio da punição penal, sendo que essa responsabilidade, por ser objetiva, dispensa a análise de dolo ou culpa no comportamento, já que a ação desse ente "é focada unicamente na consecução de seu objeto social, diferentemente da pessoa física que age dentro de um universo caracterizado pelas ambiguidades psicológicas que são próprias da natureza humana".[201]

A responsabilização objetiva na lei não depende que a imputação demonstre previamente a comprovação do elemento subjetivo dolo ou culpa, fator inerente à conduta humana. Para a aplicação do direito ao caso concreto, será necessária a ocorrência da conduta ilícita descrita na norma e a demonstração do critério legal de imputação. A responsabilização objetiva da pessoa jurídica não estará condicionada à demonstração do dolo ou da culpa das pessoas físicas que haja em seu nome, todavia, será "necessário e suficiente, para imputar a responsabilidade às pessoas jurídicas, a concretização do critério objetivado na lei, no caso, a atuação da pessoa física no interesse ou no benefício, exclusivo ou não, da pessoa jurídica".[202]

Essa previsão prima por proteger o interesse público, prevendo responsabilidade das pessoas jurídicas ante a prova de que houve a lesão ao patrimônio ou à moralidade administrativa em razão da prática das condutas elencadas na lei. "Ou seja, respondem, ainda que sem culpa, pelo simples resultado contrário ao interesse da administração".[203]

Esse aspecto é outro ponto de distinção entre o sistema brasileiro e o sistema norte-americano de responsabilização da pessoa jurídica, já que, no âmbito do FCPA, é imprescindível que haja a demonstração do elemento subjetivo especial, que trata da finalidade especial

---

[200] OLIVEIRA, José Roberto Pimenta. Comentários ao artigo 2º. In: DI PIETRO, Maria Sylvia Zanella; MARRARA, Thiago (Coord.). Lei Anticorrupção comentada. Belo Horizonte: Editora Fórum, 2017. p. 24.

[201] CARVALHOSA, Modesto. Considerações sobre a lei anticorrupção das pessoas jurídicas. São Paulo: Revista dos Tribunais, 2015. p. 18.

[202] OLIVEIRA, José Roberto Pimenta. Comentários ao artigo 2º. In: DI PIETRO, Maria Sylvia Zanella; MARRARA, Thiago (Coord.). Lei Anticorrupção comentada. Belo Horizonte: Editora Fórum, 2017. p. 31.

[203] DIPP, Gilson; CASTILHO, Manoel L. Volkmer. Comentários à Lei Anticorrupção. São Paulo: Editora Saraiva, 2016. p. 31.

de corromper, sendo tal ônus argumentativo e probatório afeto à acusação.[204] Para o FCPA, o pagamento ou o oferecimento de vantagem indevida não é elemento suficiente para ensejar condenação, devendo haver "a prova de que esta se destinava a corromper o funcionário ou o destinatário, ou seja, para influenciá-lo a praticar ou deixar de praticar atos em dissonância aos seus respectivos deveres".[205]

No Brasil, a responsabilização da pessoa jurídica está fundamentada no artigo 173, §5º, da Constituição Federal, que consagra a independência entre a responsabilidade dos dirigentes em relação ao ente empresarial, prevendo que:

> A lei, sem prejuízo da responsabilidade individual dos dirigentes da pessoa jurídica, estabelecerá a responsabilidade desta, sujeitando-a às punições compatíveis com sua natureza, nos atos praticados contra a ordem econômica e financeira e contra a economia popular.

Existe posicionamento no sentido de que a lei anticorrupção estabeleça "a responsabilidade objetiva fundada no risco administrativo, segundo o qual a pessoa jurídica prestadora assume uma atividade arriscada, por natureza, da qual aufere vantagens e, por isso, também deve suportar os ônus que dela decorrem".[206]

Em sentido oposto, se defende que não se poderia aplicar a teoria do risco para aplicar o instituto da culpa objetiva, posto que seria "aberrante imaginar-se que a pessoa jurídica assumiu um risco ao se conduzir corruptivamente".[207]

A refutação da aplicação da teoria do risco integral aos atos de corrupção praticados por pessoas jurídicas se dá porque, para que haja a responsabilização nesses casos, "é indispensável a prova do nexo de causalidade entre a conduta do representante da empresa e o ato ilícito. Sendo, inclusive, a quebra deste nexo de causalidade um dos fundamentos de defesa".[208]

---

[204] LUZ, Ilana Martins. *Compliance & omissão imprópria*. Belo Horizonte: Editora D'Plácido, 2018. p. 98.
[205] LUZ, Ilana Martins. *Compliance & omissão imprópria*. Belo Horizonte: Editora D'Plácido, 2018. p. 99.
[206] NASCIMENTO, Melillo Diniz. O controle da corrupção no Brasil e a Lei nº 12.846/2013: a Lei anticorrupção. In: *Lei anticorrupção empresarial*: aspectos críticos às Lei nº 12.846/2013. Belo Horizonte: Fórum, 2014. p. 113.
[207] CARVALHOSA, Modesto. *Considerações sobre a lei anticorrupção das pessoas jurídicas*. São Paulo: Revista dos Tribunais, 2015. p. 185.
[208] MARINELA, Fernanda; PAIVA, Fernando; RAMALHO, Tatiana. *Lei anticorrupção*: Lei nº 12.846/13, de 1º de agosto de 2013. São Paulo: Saraiva, 2015. p. 67.

A demonstração do nexo de causalidade entre a conduta e o dano é outro elemento ensejador da responsabilidade da pessoa jurídica, sendo essa mais uma evidência de que não se trata de responsabilidade pelo risco integral. Assim, não se está diante de uma responsabilidade *absoluta,* "pois haverá caso em que será possível demonstrar não ser a causa da lesão, apesar de relacionada com o agente e com o resultado, fruto de ato de responsabilidade da pessoa jurídica, sendo aí possível a contraprova para afastá-la".[209]

Não provada a prática lesiva, não haverá responsabilização. Além disso, a responsabilização não será possível quando não tiver demonstrado que a pessoa física agiu no interesse e em benefício, seja exclusivo ou não, da pessoa jurídica, sendo este um dos critérios limitadores da responsabilidade. "Em outros termos, a pessoa jurídica será responsabilizada, porque as circunstâncias objetivas da atuação de pessoas naturais demonstram ato lesivo, cuja prática está voltada para atender determinados interesses dela". Há, ainda, a possibilidade de que a pessoa física aja no sentido de "obtenção ou manutenção de determinado benefício, através da prática de ato lesivo descrito em lei".[210]

Da interpretação do artigo 2º da citada norma, entende-se que a responsabilização não há de ser automática, sendo imprescindível que a pessoa jurídica infratora esteja vinculada a um benefício ou proveito gerado em favor dela. "Assim, trata-se de uma responsabilização objetiva com um requisito especial de observância compulsória pelo ente público sancionador".[211]

No que concerne à constitucionalidade do dispositivo legal que prevê a responsabilidade objetiva da pessoa jurídica (artigo 2º de Lei), atualmente, tramita perante o Supremo Tribunal Federal, a Ação Direta de Inconstitucionalidade – ADI nº 5.261,[212] ajuizada pelo Partido Social Liberal – PSL. O PSL veicula na ação que a lei teria adotado a Teoria do Risco Integral e, com isso, violado os dispositivos constitucionais da

---

[209] DIPP, Gilson; CASTILHO, Manoel L. Volkmer. *Comentários à Lei Anticorrupção.* São Paulo: Editora Saraiva, 2016. p. 31.
[210] OLIVEIRA, José Roberto Pimenta. Comentários ao artigo 2º. In: DI PIETRO, Maria Sylvia Zanella; MARRARA, Thiago (Coord.). *Lei Anticorrupção comentada.* Belo Horizonte: Editora Fórum, 2017. p. 32-33.
[211] DEMATTÉ, Flávio Rezende. *Responsabilização das pessoas jurídicas por corrupção:* a Lei nº 12.846/2013 segundo o Direito da Intervenção. Belo Horizonte: Editora Fórum, 2015. p. 112.
[212] BRASIL. Supremo Tribunal Federal. *Ação Direta de Inconstitucionalidade nº 5.261.* Disponível em: http://www.stf.jus.br/portal/processo/verProcessoAndamento.asp?numero=5261&classe=ADI&origem=AP&recurso=0&tipoJulgamento=M. Acesso em: 18 mai. 2018.

não transcendência da pena (artigo 5º, inciso XLV) e do devido processo legal (inciso LIV do mesmo artigo). A ADI nº 5.261 foi distribuída ao Ministro Marco Aurélio de Melo, em março de 2015, tendo sido indeferido pedido de liminar e, até a consulta realizada aos 29.06.2019, permanecia pendente de julgamento. O Parecer da Procuradoria-Geral da República,[213] nesse caso, foi no sentido de serem julgados improcedentes os pedidos na ação, tendo em vista que as pessoas jurídicas são passíveis de responder por danos, independentemente de dolo ou culpa, conforme os seguintes princípios constitucionais: probidade administrativa (art. 5º, LXXIII, e art. 37, §4º), moralidade (art. 37, *caput*), razoabilidade e proporcionalidade (art. 5º, LIV), além da função social da propriedade (art. 5º, XXIII, e art. 170, III) e o regime republicano (art. 5º, *caput*).

O Ministério Público Federal, no parecer lançado na ADI mencionada, também ressaltou que a "ética administrativa e a moralidade são, essencialmente, os bens jurídicos protegidos pela Lei nº 12.846/2013", de forma que as condutas lesivas à administração pública, nacional ou estrangeira, praticadas por pessoas jurídicas, são ilícitos hábeis de responsabilização objetiva, de acordo com as previsões da lei impugnada naquela ação.

A opção do legislador, ao conceber a Lei Anticorrupção, foi dispor que as pessoas jurídicas responderiam objetivamente por suas condutas, de forma que se percebe que "os fundamentos daqueles que defendem a inconstitucionalidade do dispositivo legal baseiam-se em preceitos constitucionais relativos à culpabilidade mais afetos às pessoas naturais".[214] A responsabilidade objetiva das pessoas jurídicas não significa que serão punidas arbitrariamente e sem critérios pelo Poder Público, havendo uma conexão de uma peculiar culpabilidade das pessoas jurídicas com o cumprimento dos deveres de cuidado.[215]

Na perspectiva do Direito Administrativo Sancionador, a culpabilidade é uma previsão de caráter constitucional, que não está limitada às pessoas físicas. Contudo, o alcance da pessoa jurídica se dá com contornos diversos, ligados à razoabilidade da atuação do ente moral

---

[213] BRASIL. Procuradoria-Geral da República. *Parecer na Ação Direta de Inconstitucionalidade nº 5.261*. Disponível em: http://www.mpf.mp.br/pgr/documentos/ADI5261.pdf/view. Acesso em: 18 jun. 2018.

[214] ZYMLER, Benjamim; DIOS, Laureano Canabarro. *Lei Anticorrupção*: Lei nº 12.846/13 - Um visão do Controle Externo. Belo Horizonte: Editora Fórum, 2016. p. 57.

[215] DEMATTÉ, Flávio Rezende. *Responsabilização das pessoas jurídicas por corrupção*: a Lei nº 12.846/2013 segundo o Direito da Intervenção. Belo Horizonte: Editora Fórum, 2015. p. 114.

face ao ordenamento jurídico. "Pode-se sinalizar que a culpabilidade das pessoas jurídicas remete à evitabilidade do fato e aos deveres de cuidado objetivos que se apresentam encadeados na relação causal".[216] A evitabilidade da conduta, por sua vez, de acordo com Bacigalupo *apud* Dematté,[217] está ligada à existência de um eficiente programa de integridade, já que a "culpa corporativa" está relacionada à pessoa jurídica que cumpra o direito, ou seja, que tenha "institucionalizado uma cultura corporativa de cumprimento de normas jurídicas que tangenciam as atividades desenvolvidas pelos entes coletivos, em especial aqueles que possuam conexões negociais com a Administração Pública".

Em relação à culpa corporativa e à existência de programas de integridade, verifica-se que "a lei anticorrupção, entretanto, expressamente, consignou que a cultura empresarial deficiente não é elemento configurador do ilícito, mas fator a ser considerado quando da dosimetria da pena".[218] A existência de programas de *compliance* não constitui objeção à responsabilização administrativa da pessoa jurídica, "isso significa que a responsabilidade civil objetiva de pessoas jurídicas não foi estabelecida a título de sancionar uma deficiência na organização dos entes".[219]

Assim, não se pode extrair que a ausência de um eficiente programa de *compliance* possa ensejar a responsabilização da empresa *per si*, porém, a existência dele é fator atenuante para a aplicação de eventuais penalidades em caso da prática de infrações previstas na lei anticorrupção. "Quanto mais adequada a estrutura corporativa, melhor será a avaliação do fator de dosimetria e maior benefícios gozará a empresa sancionada".[220]

Dessa forma, não será necessário demonstrar imperícia, imprudência ou negligência das pessoas físicas que agiram em nome ou no interesse da pessoa jurídica, tampouco se faz imprescindível evidenciar o dolo da conduta da pessoa natural que atua em nome do ente moral.

---

[216] OSÓRIO, Fábio Medina. *Direito Administrativo sancionador*. 3. ed. São Paulo: Editora Revista dos Tribunais, 2009. p. 371.

[217] DEMATTÉ, Flávio Rezende. *Responsabilização das pessoas jurídicas por corrupção*: a Lei nº 12.846/2013 segundo o Direito da Intervenção. Belo Horizonte: Editora Fórum, 2015. p. 115.

[218] ZYMLER, Benjamim; DIOS, Laureano Canabarro. *Lei Anticorrupção*: Lei nº 12.846/13 - Um visão do Controle Externo. Belo Horizonte: Editora Fórum, 2016. p. 60.

[219] OLIVEIRA, José Roberto Pimenta. Comentários ao artigo 2º. In: DI PIETRO, Maria Sylvia Zanella; MARRARA, Thiago (Coord.). *Lei Anticorrupção comentada*. Belo Horizonte: Editora Fórum, 2017. p. 35.

[220] OLIVEIRA, José Roberto Pimenta. Comentários ao artigo 2º. In: DI PIETRO, Maria Sylvia Zanella; MARRARA, Thiago (Coord.). *Lei Anticorrupção comentada*. Belo Horizonte: Editora Fórum, 2017. p. 35.

Essa possibilidade de responsabilização na seara administrativa e civil da pessoa jurídica envolvida em prática prevista na lei anticorrupção não exime a possibilidade de ação de regresso contra o agente, pessoa física, ou na hipótese de despersonalização da pessoa jurídica.[221]

3.5 Da responsabilidade das pessoas físicas

Quanto às pessoas físicas envolvidas, a lei dispõe que a responsabilização da pessoa jurídica não exclui a responsabilidade individual de seus dirigentes ou administradores ou de qualquer pessoa natural, autora, coautora ou partícipe do ato ilícito, conforme dicção do artigo 3º. Ante a essa previsão, é possível extrair que a aplicação das sanções às pessoas jurídicas envolvidas em atos de corrupção não exclui a incidência de outras normas que preveem a responsabilidade das pessoas naturais, porquanto existem convergências entre os dois sistemas de responsabilização, apesar de tratarem de instâncias independentes.

O sistema jurídico brasileiro dispõe de várias normas de responsabilização da pessoa física, tal como a Lei de Improbidade Administrativa (Lei nº 8.429/92) que, com base no artigo 37, §4º, da Constituição Federal, penaliza agentes públicos e terceiros que pratiquem atos ímprobos. Esse processo de imputação, inclusive, pode incidir efeitos na seara dos direitos políticos e na elegibilidade, conforme previsão da Lei Complementar nº 135/2010 (Lei da Ficha Limpa). Isso sem falar nas previsões da Lei nº 8.666/93 (Lei das Licitações), que define ilícitos administrativos e crimes passíveis de sancionamento da pessoa física, em matéria de licitações e contratos.[222]

Isso permite, aliás, a tramitação simultânea de ações judiciais em face da pessoa jurídica e da pessoa física envolvida na prática de ato de corrupção. "A distinta natureza do prisma de análise de uma e de outra conduta, já contextualizadas nos planos das responsabilidades objetiva e subjetiva, não obsta o *simultaneus processus*".[223] Obviamente,

---

[221] DIPP, Gilson; CASTILHO, Manoel L. Volkmer. *Comentários à Lei Anticorrupção*. São Paulo: Editora Saraiva, 2016. p. 31.

[222] DI PIETRO, Maria Sylvia Zanella. Comentários ao artigo 6º. In: DI PIETRO, Maria Sylvia Zanella; MARRARA, Thiago (Coord.). *Lei Anticorrupção comentada*. Belo Horizonte: Editora Fórum, 2017. p. 117.

[223] GARCIA, Emerson. A nova lei de responsabilização das pessoas jurídicas: convergências e divergências com a lei de improbidade administrativa. *Revista no Ministério Público do Estado do Rio de Janeiro*, n. 58, p. 141-151, out./dez, 2015. p. 144.

as sanções deverão obedecer aos limites da culpabilidade e a natureza jurídica de cada ente.

O artigo 3º, ao prever a responsabilização das pessoas físicas de forma independente, tão somente explicitou algo decorrente de uma interpretação sistemática da Lei Anticorrupção frente ao ordenamento jurídico, tendo em vista que, "ao ressaltar que tal responsabilização levaria em conta a culpabilidade de cada qual, nada mais fez que estabelecer uma sistemática específica para aplicação do sistema sancionador que veicula".[224]

Ao contrário da pessoa jurídica, em que a Lei Anticorrupção prevê a responsabilidade objetiva, nessa hipótese será necessária a demonstração do dolo ou da culpa, já que "as pessoas físicas mencionadas no artigo 3º respondem subjetivamente, ou seja, na medida de sua culpabilidade",[225] revelando bem o espírito da lei ao confinar as pessoas jurídicas à responsabilidade objetiva.[226]

Quanto à responsabilização dos dirigentes, a LAC também dispôs acerca da desconsideração da personalidade jurídica, em seu artigo 14, desde que haja a prática de atos com abuso de direito ou confusão patrimonial. Caracterizado o abuso de poder em vista do cometimento dos ilícitos, as sanções incidirão em desfavor dos administradores da pessoa jurídica, "isso porque, em casos como estes, o beneficiário do ato lesivo à probidade empresarial é o administrador da empresa".[227]

3.6 As penalidades aplicáveis às pessoas jurídicas previstas na Lei nº 12.846/13

A norma brasileira estabelece, na seara administrativa e civil, a responsabilização das pessoas jurídicas pela prática de atos contra a administração pública, nacional ou estrangeira, e ainda prevê a realização do acordo de leniência, em que tais medidas podem ser mitigadas.

---

[224] GARCIA, Emerson. A nova lei de responsabilização das pessoas jurídicas: convergências e divergências com a lei de improbidade administrativa. *Revista no Ministério Público do Estado do Rio de Janeiro*, n. 58, p. 141-151, out./dez. 2015. p. 144.

[225] DI PIETRO, Maria Sylvia Zanella. Comentários ao artigo 6º. In: DI PIETRO, Maria Sylvia Zanella; MARRARA, Thiago (Coord.). *Lei Anticorrupção comentada*. Belo Horizonte: Editora Fórum, 2017. p. 116.

[226] DIPP, Gilson; CASTILHO, Manoel L. Volkmer. *Comentários à Lei Anticorrupção*. São Paulo: Editora Saraiva, 2016. p. 34.

[227] ZOCKUN, Maurício. Comentários ao artigo 14. In: DI PIETRO, Maria Sylvia Zanella; MARRARA, Thiago (Coord.). *Lei Anticorrupção comentada*. Belo Horizonte: Editora Fórum, 2017. p. 180.

A sanção administrativa pode ser conceituada como "um mal ou castigo", com efeitos futuros, imposto pela Administração Pública, no sentido material, pelo Poder Judiciário, ou por corporações de direito público, a um administrado ou jurisdicionado, em decorrência de uma conduta ilegal prevista tipicamente em norma proibitiva, com fins repressores ou disciplinares, "no âmbito de aplicação formal e material do Direito Administrativo".[228]

Na esfera administrativa, a Lei Anticorrupção prevê a aplicação, às pessoas jurídicas responsáveis por atos lesivos, de multa no valor de 0,1% (um décimo por cento) a 20% (vinte por cento) do faturamento bruto do último exercício anterior ao da instauração do processo administrativo, excluídos os tributos, a qual nunca será inferior à vantagem auferida, quando for possível sua estimação, conforme previsão do artigo 6º, inciso I, da Lei Anticorrupção.

Além da penalidade pecuniária, há a possibilidade de penalização administrativa por meio da publicação extraordinária da decisão condenatória, fazendo com que a sanção imposta transpasse os limites da Administração Pública e seja conhecida por toda a sociedade (art. 6º, inciso II e §5º). Não se pode negar a severidade acentuada dessa medida, que põe em cheque a credibilidade da empresa perante a comunidade na qual desenvolve suas atividades, já que, em sendo essa publicação extraordinária da condenação realizada na forma de extrato da sentença nos meios de comunicação de grande circulação na área da prática da infração e de atuação da empresa, atinge diretamente a imagem do ente moral.[229]

Tais penalidades serão aplicadas de acordo com os critérios estabelecidos no artigo 7º, que prevê, dentre outros critérios, a aferição da gravidade da infração e da vantagem auferida ou pretendida pelo infrator. As sanções anteriormente citadas podem ser aplicadas de forma isolada ou cumulativamente, levando-se em conta a gravidade da infração, sua natureza e as peculiaridades do caso concreto. A aplicação dessas sanções depende de prévia decisão administrativa sancionadora, após o devido processo, de forma que se nota certa dificuldade na aplicação da sanção de publicação extraordinária de forma isolada, sendo que, na prática, a autoridade sancionadora acaba por

---

[228] OSÓRIO, Fábio Medina. *Direito Administrativo sancionador*. 3. ed. São Paulo: Editora Revista dos Tribunais, 2009. p. 95.
[229] PEREIRA, Victor Alexandre El Khoury M. Acordo de leniência na Lei Anticorrupção (Lei nº 12.846/2013). *Revista Brasileira de Infraestrutura – RBINF*, Belo Horizonte, ano 5, n. 9, p. 79-113, jan./jun. 2016. p. 80.

aplicar somente a pena de multa, ou a pena de multa cumulada com a publicação extraordinária.[230] Chama a atenção o inciso que estabelece que a existência de mecanismos e procedimentos internos de integridade, auditoria e incentivo à denúncia de irregularidades e a aplicação efetiva de códigos de ética e de conduta no âmbito da pessoa jurídica, serão levados em consideração na aplicação das sanções (inciso VII), demonstrando o espírito da lei em estabelecer uma nova cultura empresarial em suas relações com a Administração Pública.

A edição de Código de Conduta e o estabelecimento de um regime de conformidade dentro da pessoa jurídica são imprescindíveis para a obediência da legalidade, mas, sobretudo, para o cumprimento de seu fim social e o atendimento de seus usuários (*stakeholders*), dirigindo-se para o atendimento do interesse público e do bem comum.[231]

As sanções administrativas são diversas da estabelecidas pela Lei para aplicação na esfera judicial, inexistindo, portanto, possibilidade de acolhimento de argumento no sentido de *bis in idem* pela responsabilização administrativa e judicial.[232] Na seara judicial, em sede de ação civil, poderá ser proposta pela União, os Estados, o Distrito Federal e os Municípios, por meio das respectivas Advocacias Públicas ou órgãos de representação judicial, ou equivalentes, e pelo Ministério Público. Essas penalidades aplicáveis judicialmente, segundo rol elencado no artigo 19 da Lei nº 12.846/13, consistem em perdimento dos bens, direitos ou valores que representem vantagem ou proveito obtidos, direta ou indiretamente, da infração; suspensão ou interdição parcial de suas atividades; dissolução compulsória da pessoa jurídica envolvida em atos de corrupção e; proibição de receber incentivos, subsídios, subvenções, doações ou empréstimos de órgãos ou entidades públicas e de instituições financeiras públicas ou controladas pelo poder público, pelo prazo mínimo de 01 (um) e máximo de 05 (cinco) anos.

Essas penalidades, de natureza civil, aplicáveis na esfera judicial, estão sujeitas ao rito previsto na Lei nº 7.347/85 (Lei da Ação Civil Pública), sendo que todas elas podem ser aplicadas de forma isolada ou cumulativa. Essa ideia da cumulatividade vem desde a Lei

---

[230] ZYMLER, Benjamim; DIOS, Laureano Canabarro. *Lei Anticorrupção*: Lei nº 12.846/13 - Um visão do Controle Externo. Belo Horizonte: Editora Fórum, 2016. p. 81.
[231] CARVALHOSA, Modesto. *Considerações sobre a lei anticorrupção das pessoas jurídicas*. São Paulo: Revista dos Tribunais, 2015. p. 324.
[232] MARINELA, Fernanda; PAIVA, Fernando; RAMALHO, Tatiana. *Lei anticorrupção*: Lei nº 12.846/13, de 1º de agosto de 2013. São Paulo: Saraiva, 2015. p. 206.

nº 8.429/92 (Lei da Improbidade Administrativa) e está embasada no fato de que o ato ilícito tem potencial para atingir valores de natureza diversa. "Se valores de natureza diversa são atingidos, é perfeitamente aceitável que algumas ou todas as penalidades sejam aplicadas concomitantemente".[233]

Outra previsão inovadora da Lei foi o Cadastro Nacional de Empresas Punidas – CNEP, que concentra as informações referentes às penalidades aplicadas com base na Lei Anticorrupção (artigo 16). Difere do Cadastro Nacional de Empresas Inidôneas ou Suspensas – CEIS, posto que este se refere ao registro de sanções que impõe restrições ao direito de licitar e de contratar com a Administração Pública, sanções essas previstas em diversas leis do ordenamento jurídico brasileiro e não apenas na Lei Anticorrupção.[234]

O CNEP, além de compilar as informações, de âmbito nacional, das sanções aplicadas pelo Poder Público em decorrência das condutas lesivas previstas na Lei nº 12.846/13, ele também deve conter os registros dos acordos de leniência celebrados, com exceção se a publicação dessas informações for suscetível de causar prejuízo às investigações ou processos administrativos em curso. Esse cadastro igualmente deve registrar eventual descumprimento do acordo de leniência, o que impedirá nova celebração pelo prazo de 3 (três) anos, a partir da não observância do ajuste. Disso se extrai a importância de que sejam tornados públicos os dados quanto aos acordos de leniência firmados, o que possibilitará que entes federais, estaduais e municipais tomem conhecimento dos termos assumidos com pessoas jurídicas.[235]

Isso sem falar no exercício da transparência ativa por parte do Estado e dos cidadãos no controle social, de forma que a previsão do CNEP não é um instrumento meramente formal da Lei nº 12.846/13, mas materializa o acesso à informação, em decorrência do princípio constitucional da publicidade, previsto no artigo 5º, inciso XXXIII, da Constituição.

---

[233] DI PIETRO, Maria Sylvia Zanella. Comentários ao artigo 19. In: DI PIETRO, Maria Sylvia Zanella; MARRARA, Thiago (Coord.). *Lei Anticorrupção comentada*. Belo Horizonte: Editora Fórum, 2017. p. 251.

[234] DEMATTÉ, Flávio Rezende. O funcionamento do cadastro nacional de empresas punidas (CNEP) e do cadastro nacional de empresas inidôneas e suspensas (CNEIS). In: MUNHÓS, Jorge; QUEIROZ, Ronaldo Pinheiro. *Lei Anticorrupção e temas de compliance*. Salvador: Editora Jus Podivm, 2017. p. 673.

[235] DEMATTÉ, Flávio Rezende. O funcionamento do cadastro nacional de empresas punidas (CNEP) e do cadastro nacional de empresas inidôneas e suspensas (CNEIS). In: MUNHÓS, Jorge; QUEIROZ, Ronaldo Pinheiro. *Lei Anticorrupção e temas de compliance*. Salvador: Editora Jus Podivm, 2017. p. 674.

No capítulo a seguir, será discorrido sobre a importância do programa de *compliance* e de como ele está previsto na LAC, enfatizando-se a importância de as pessoas jurídicas disporem de mecanismos de monitoramento e prevenção, evitando-se a violação da norma e a incidência nas medidas punitivas tratadas anteriormente.

CAPÍTULO 4

O PROGRAMA DE INTEGRIDADE OU PROGRAMA DE *COMPLIANCE*

4.1 Por que é importante o *compliance*?

O Pacto Global das Nações Unidas foi uma iniciativa desenvolvida pelo ex-Secretário Geral da ONU, Kofi Annan, que visou mobilizar a comunidade internacional, especialmente a empresarial, para seguir na prática negocial valores fundamentais internacionalmente aceitos, que incluem direitos do trabalho, meio ambiente e combate à corrupção, baseados nas ideias de *compliance* e de *accountability*:

> O Pacto Global das Nações Unidas não é um instrumento de regulação, mas sim, uma iniciativa voluntária que se baseia no accountability, na transparência e na divulgação de regulações e implementações de políticas corporativas. Essas estratégias estão alinhas aos 10 (dez) princípios universalmente aceitos nas áreas de direitos humanos, meio ambiente, trabalho e combate à corrupção. O Pacto Global das Nações Unidas traz uma mensagem implícita de que a corrupção viola direitos humanos de ambas as categorias.[236]

---

[236] VIEIRA, Gabriela Alves Mendes; VARELLA, Marcelo Dias. A conexão entre os direitos humanos e a corrupção. *Revista de Direito Internacional - UNICEUB*. Brasília. v. 12, n. II, p. 477-494, 2014.

O termo *accountability*, sem tradução exata para o português, está ligado ao fato ou à condição de ser responsável, responsabilidade.[237] *Accountability* possui duas acepções. A primeira está ligada à ideia de virtude, como uma qualidade positiva que se espera dos funcionários ou de uma organização, compreendido como um conceito normativo, um conjunto de padrões através dos quais se avaliam os padrões de comportamento. A segunda acepção refere *accountability* como um mecanismo, por meio do qual se operam os arranjos institucionais, havendo ou não responsabilização. Trata-se de uma relação entre um ator e um fórum, no qual o ator tem a obrigação de explicar e justificar sua conduta, o fórum pode fazer perguntas e julgar, sendo que o ator pode enfrentar as consequências.[238]

O sancionamento das condutas em desconformidade é relevante, a fim de que haja uma relação forte e plena de *accountability*. "Não basta os agentes apresentarem e justiçarem suas ações, devendo também ser sancionados por não concretizarem os interesses do *principal* e por descumprirem normas legais e constitucionais".[239] O problema da agência (*agency*), citado pelos economistas, trata da ação de uma pessoa (principal), por intermédio de outra (agente), de forma que esse último passa a defender interesses ou objetivos próprios em detrimento do principal que lhe outorgou tais poderes.[240]

De acordo com o modelo de Principal-Agente, um problema dessa natureza surge quando o principal (P) solicita os serviços de um agente (A), contudo, não possui informações necessárias para fiscalizar essa atuação de forma eficaz. No que concerne à corrupção, esse modelo P-A explica que tal fenômeno se dá quando P é incapaz de monitorar A, sendo que este explora a assimetria de informações para trair interesses de P e obter benefícios particulares.[241]

---

[237] OXFORD. *In*: Dictionaries. Disponível em: https://en.oxforddictionaries.com/definition/acc ountability. Acesso em: 10 out. 2017.

[238] BOVENS, Mark. Two Concepts of Accountability: accountability as a Virtue and as a Mechanism. p 01-09. *West European Politics Journal*. Disponível em: https://www.tandfonline.com/doi/abs/10.1080/01402382.2010.486119. Acesso em: 29 jun. 2019.

[239] ROBL FILHO, Ilton Norberto. *Conselho Nacional de Justiça*: Estado Democrático de Direito e Accountability. São Paulo: Saraiva, 2013. p. 106.

[240] MACKAAY, Ejan; ROSSEAU, Stéphane. *Análise Econômica do Direito*. São Paulo: Editora Atlas SA, 2015. p. 21-22.

[241] CARSON, Lindsey D.; PRADO, Mariana Mota. Usando multiplicidade institucional para enfrentar a corrupção como um problema de ação coletiva: lições do caso brasileiro. *In*: FORTINI; Cristiana (Coord). *Corrupção e seus múltiplos enfoques jurídicos*. Belo Horizonte: Editora Fórum, 2018. p. 177.

O problema do Principal-Agente (ou do Agente-Principal) é igualmente denominado de conflito de agência, em que se verifica a desvinculação entre poder e controle, já que nas sociedades a organização do poder pode estar dissociada da titularidade econômica da propriedade.[242] A corrupção, de acordo com o problema P-A, conceitua-se por um acordo ilícito realizado, "que prejudica o exercício escorreito de uma função que fora legitimamente estabelecida ao corrupto, causando prejuízos ao agente principal que outorgara a função".[243]

A necessidade de implantação dos programas de *compliance* ficou mais evidente após os escândalos econômicos ocorridos na Europa e nos EUA, onde foram revelados diversos crimes contra o sistema econômico, praticados por grandes empresas, causando ruína e graves prejuízos sociais, podendo-se citar como exemplos, os casos da *World-Com*, *Eron*, da *Parmalat* e da *Flowtex*. Tais episódios, dentre outros, fizeram despertar a tendência da ética econômica em consonância com a ética social.[244] Contudo, a origem dos programas *compliance* foi o *crack* da bolsa de valores dos Estados Unidos, em 1929, que visou estabelecer conformidade e impedir delitos econômicos às instituições financeiras.[245]

No Brasil, destaca-se a Ação Penal nº 470, que tramitou no Supremo Tribunal Federal, conhecida como "Caso Mensalão", sendo que, alguns dos réus, integrantes do núcleo financeiro do grupo, eram representantes do Banco Rural, e, segundo consta da denúncia, teriam realizado e renovado empréstimos concedidos ao Partido dos Trabalhadores em desobediência às regras do Banco Central. "Além disso, estes empréstimos não eram classificados segundo o adequado nível de risco que possuíam, de modo a indicar que se tratavam de empréstimos simulados".[246]

A implementação de mecanismos de controle e monitoração objetivam evitar que os gestores da pessoa jurídica atuem de forma a salvaguardar prioritariamente interesses próprios, por meio da

---

[242] VERÍSSIMO, Carla. *Compliance*: incentivo à adoção de medidas anticorrupção. São Paulo: Editora Saraiva, 2017. p. 99.
[243] LUZ, Ilana Martins. *Compliance & omissão imprópria*. Belo Horizonte: Editora D'Plácido, 2018. p. 88.
[244] PANOEIRO, José Maria de Castro. *Política criminal e Direito Penal Econômico*: um estudo interdisciplinar dos crimes econômicos e tributários. Porto Alegre: Núbia Fabris Editora, 2014. p. 170.
[245] LUZ, Ilana Martins. *Compliance & omissão imprópria*. Belo Horizonte: Editora D'Plácido, 2018.
[246] LUZ, Ilana Martins. *Compliance & omissão imprópria*. Belo Horizonte: Editora D'Plácido, 2018. p. 194.

maximização de salários e benefícios em geral, situação que prejudica, além dos interesses da empresa, o de seus acionistas e das partes interessadas, os chamados *stakeholders*.[247]

Embora *compliance* seja um termo sem correspondente exato na língua portuguesa, está ligado à noção de agir em conformidade ou prática para assegurar a completa obediência à lei.[248] No campo jurídico, o *compliance* "pode ser definido como um sistema de políticas e controles adotados a fim de impedir violações à lei e assegurar às autoridades externas que todas as medidas no sentido de impedir tais violações estão sendo tomadas".[249]

Nessa mesma acepção, também pode ser compreendido como um programa que engloba estruturas internas nas pessoas jurídicas com o objetivo de prevenir ou reduzir os atos de corrupção.[250] Ou ainda, como "programas e medidas concretas tomadas pelas pessoas jurídicas visando criar, incentivar e efetivar métodos de conformidade das suas atividades às exigências legais e regulamentares emanadas do Estado".[251]

Além do caráter preventivo, o programa de *compliance* também possui um sentido reativo, já que obriga a empresa a apurar condutas contrárias ao direito, bem como as que violam as normas internas do ente moral. Ainda, torna imperativa a adoção de medidas corretivas e a entrega de resultados das investigações internas às autoridades estatais.[252]

Atualmente, pode-se dizer que os programas de *compliance* ou programas de integridade estabelecem vetores a serem seguidos não apenas pelo setor privado, mas também pelo setor público. Na temática do enfrentamento à corrupção, a Convenção da OEA, a Convenção

---

[247] VERÍSSIMO, Carla. *Compliance*: incentivo à adoção de medidas anticorrupção. São Paulo: Editora Saraiva, 2017. p. 100.

[248] GRECO FILHO, Vicente; RASSI, João Daniel. *O combate à corrupção e comentários à Lei de responsabilidade de pessoas Jurídicas (Lei nº 12.846, de 1º de agosto de 2013)*: atualizado de acordo com o Decreto nº 8.420, de 18 de março de 2015. São Paulo: Saraiva, 2015.

[249] FÉRES, Marcelo Andrade; LIMA, Henrique Cunha Souza. *Compliance* anticorrupção: formas e funções na legislação internacional, na estrangeira e na Lei nº 12.846/13. In: FORTINI; Cristiana (Coord). *Corrupção e seus múltiplos enfoques jurídicos*. Belo Horizonte: Editora Fórum, 2018. p. 147.

[250] OLIVEIRA, Rafael; NEVES, Daniel. O sistema Brasileiro de combate à corrupção e a Lei nº 12.846/13. *Revista EMERJ*, Rio de Janeiro, v. 17, n. 65, p.193-206, 2014. p. 193.

[251] CARVALHOSA, Modesto. *Considerações sobre a lei anticorrupção das pessoas jurídicas*. São Paulo: Revista dos Tribunais, 2015. p. 324.

[252] VERÍSSIMO, Carla. *Compliance*: incentivo à adoção de medidas anticorrupção. São Paulo: Editora Saraiva, 2017. p. 91.

da OCDE e a Convenção da ONU são documentos internacionais que "estipulam medidas diretamente voltadas para a regulação da conduta de Estados, e não propriamente para o trato com as pessoas jurídicas de direito privado", sendo a efetividades das medidas de *compliance* uma meta a ser alcançada, devendo os Estados fomentar práticas de integridade de cooperação.[253]

Nesse aspecto, torna-se crucial que as empresas que pretendam se relacionar com a Administração Pública atuem em conformidade com o regramento jurídico, implementando programas de integridade factíveis e eficientes. "Afinal, tais empresas terão que, cada vez mais, aplicar dentro de si, uma 'ética de caráter público'. Ou, no mínimo, terão que ter uma ética privada praticada 'em público'".[254]

4.2 O programa de *compliance* na LAC

A institucionalização dos regimes de *compliance* abrange a esfera pública e a privada, sendo que, na Lei Anticorrupção Brasileira, no artigo 7º, parágrafo único, ficou estabelecido que cabe ao Estado a regulação dos mecanismos de avaliação e procedimentos de *compliance*, revelando um tendência de publicização dos padrões de governança, para além de algo meramente formal, mas para uma tendência de observância de padrões éticos.[255]

Não se pode ignorar a importância dos mecanismos de *compliance* para as empresas que se relacionam com a Administração Pública, porquanto o sistema legal implementado pela Lei Anticorrupção ultrapassa a ideia liberal de gestão empresarial, prevendo sanções severas que impõem a necessidade de aprimoramento tecnológico estatal, mas especialmente exigindo novas práticas internas nas empresas.[256]

---

[253] FÉRES, Marcelo Andrade; LIMA, Henrique Cunha Souza. *Compliance* anticorrupção: formas e funções na legislação internacional, na estrangeira e na Lei nº 12.846/13. *In*: FORTINI; Cristiana (Coord). *Corrupção e seus múltiplos enfoques jurídicos*. Belo Horizonte: Editora Fórum, 2018. p. 157.

[254] GABARDO, Emerson; CASTELLA, Gabriel Morettini e. A nova lei anticorrupção e a importância do *compliance* para as empresas que se relacionam com a administração pública. *A&C – Revista de Direito Administrativo & Constitucional*, Belo Horizonte, ano 15, n. 60, p. 129-147, abr./jun. 2015. p. 142.

[255] CARVALHOSA, Modesto. *Considerações sobre a lei anticorrupção das pessoas jurídicas*. São Paulo: Revista dos Tribunais, 2015. p. 333.

[256] GABARDO, Emerson; CASTELLA, Gabriel Morettini e. A nova lei anticorrupção e a importância do *compliance* para as empresas que se relacionam com a administração pública. *A&C – Revista de Direito Administrativo & Constitucional*, Belo Horizonte, ano 15, n. 60, p. 129-147, abr./jun. 2015. p. 144.

Apesar de a origem dos programas de *compliance* seja o sistema bancário, para estabelecer conformidade e impedir delitos econômicos, por meio do estabelecimento da corregulação estatal e privada (autorreferenciais de autorregulação regulada), hoje em dia, não é privativo dessas entidades, tendo se expandido para várias áreas de atuação empresarial, conforme discorre Sieber, referido por Silveira e Saad-Diniz.[257]

A autorregulação regulada é um conceito relativo ao capitalismo regulatório, surgido após a década de 1980, que seria caracterizado para além dos Estados de Bem-Estar Social ou dos Estados Neoliberais. A regulação seria parte da governança no sentido de dirigir o fluxo de eventos, sendo que, enquanto os reguladores regulam, eles acabam conduzindo o prover e o distribuir dos entes regulados. Trata-se da coexistência da regulação estatal com a autorregulação.[258]

O estudo da autorregulação regulada tem se mostrado importante também para o Direito Penal Econômico, no que diz respeito a uma "sistematização dogmática das normas", resolvendo problemas referentes à criminalização de condutas praticadas no exercício da atividade empresarial.[259] O capitalismo regulatório, tradução do termo da língua inglesa *regulatory capitalism,* surgiu da junção entre as ideias de efetividade do mercado, do liberalismo de Adam Smith, com as premissas do Estado Regulador de John Maynard Keynes. "No *regulatory capitalismo* defende-se a necessidade de regulação do mercado, não necessariamente realizada diretamente pelo Estado". Surge a ideia de regulação a partir de divisão de tarefas entre Estado e empresários.[260]

Embora a Lei nº 12.846/13 não utilize o termo *compliance*, pode-se dizer que ela o previu por meio da disposição acerca dos "mecanismos e procedimentos internos de integridade". Esses programas trazidos na lei referem-se aos padrões de "governança corporativa", que impactam de forma significativa como o mercado encara e avalia as empresas.[261] A importância desses padrões advém da ideia de que "na política do

---

[257] SILVEIRA, Renato; SAAD-DINIZ, Eduardo. *Compliance, Direito Penal e Lei Anticorrupção*. São Paulo: Saraiva, 2015. p. 63 e 114.
[258] VERÍSSIMO, Carla. *Compliance*: incentivo à adoção de medidas anticorrupção. São Paulo: Editora Saraiva, 2017. p. 109.
[259] LUZ, Ilana Martins. *Compliance & omissão imprópria*. Belo Horizonte: Editora D'Plácido, 2018. p. 53.
[260] LUZ, Ilana Martins. *Compliance & omissão imprópria*. Belo Horizonte: Editora D'Plácido, 2018. p. 49.
[261] FÉRES, Marcelo Andrade; LIMA, Henrique Cunha Souza. *Compliance* anticorrupção: formas e funções na legislação internacional, na estrangeira e na Lei nº 12.846/13. In: FORTINI; Cristiana (Coord). *Corrupção e seus múltiplos enfoques jurídicos*. Belo Horizonte: Editora Fórum, 2018. p. 163.

regulatory capitalism é fundamental utilizar o mercado como um mecanismo regulatório, a partir de práticas de boa governança".[262]

A governança corporativa envolve a adoção de amplas medidas de transparência na administração da empresa, gerando um clima de confiança entre os investidores em razão do acesso a informações de interesse, tornando-a mais atrativa e, consequentemente, mais lucrativa. "A governança corporativa pode ser entendida, em uma primeira acepção, como um conjunto de fundamentos que consubstanciam a condução ética dos negócios", sendo o termo uma tradução da expressão da língua inglesa *Corporate Governance*.[263] Desse modo, os programas de *compliance* trabalham a serviço da governança corporativa.[264]

A Lei Anticorrupção dispôs que serão levados em consideração na aplicação das sanções, "a existência de mecanismos e procedimentos internos de integridade, auditoria e incentivo à denúncia de irregularidades e a aplicação efetiva de códigos de ética e de conduta no âmbito da pessoa jurídica" (artigo 7º), revelando a imprescindibilidade de que as pessoas jurídicas que possuem relações negociais com a Administração Pública disponham de programas de *compliance*.

Segundo o artigo 41 do Decreto nº 8.420/2015,[265] que regulamenta a Lei nº 12.846/13, o programa de *compliance* ou programa de integridade, pode ser assim conceituado:

> Art. 41. Para fins do disposto neste Decreto, programa de integridade consiste, no âmbito de uma pessoa jurídica, no conjunto de mecanismos e procedimentos internos de integridade, auditoria e incentivo à denúncia de irregularidades e na aplicação efetiva de códigos de ética e de conduta, políticas e diretrizes com o objetivo de detectar e sanar desvios, fraudes, irregularidades e atos ilícitos praticados contra a administração pública, nacional ou estrangeira.
>
> Parágrafo Único. O programa de integridade deve ser estruturado, aplicado e atualizado de acordo com as características e riscos atuais

---

[262] LUZ, Ilana Martins. *Compliance & omissão imprópria*. Belo Horizonte: Editora D'Plácido, 2018. p. 49.
[263] LUZ, Ilana Martins. *Compliance & omissão imprópria*. Belo Horizonte: Editora D'Plácido, 2018. p. 30.
[264] VERÍSSIMO, Carla. *Compliance*: incentivo à adoção de medidas anticorrupção. São Paulo: Editora Saraiva, 2017. p. 100.
[265] BRASIL. Decreto nº 8.420, de 08 de março de 2015. Regulamenta a Lei nº 12.846, de 1º de agosto de 2013, que dispõe sobre a responsabilização administrativa de pessoas jurídicas pela prática de atos contra a administração pública, nacional ou estrangeira e dá outras providências. *Diário Oficial [da República Federativa do Brasil]*, Brasília, DF, 19 mar. 2015. Disponível em: http://www.planalto.gov.br/ccivil_03/_ato2015-2018/2015/decreto/D8420.htm. Acesso em: 03 jun. 2018.

das atividades de cada pessoa jurídica, a qual por sua vez deve garantir o constante aprimoramento e adaptação do referido programa, visando garantir sua efetividade.

O artigo 42 do mesmo Decreto estabelece parâmetros de avaliação dos programas de *compliance*, que vão desde a existência de Código de Ética até o nível de comprometimento da alta gestão da empresa com o programa. Essa análise será realizada, em sede de Processo Administrativo de Responsabilização – PAR, quando do estabelecimento de sanções pela violação da Lei Anticorrupção. A pessoa jurídica que está sendo processada deve fazer prova quanto à existência e ao funcionamento do respectivo programa de integridade, sendo que a comissão processante deverá levar em consideração a existência desses elementos para a dosimetria das sanções aplicáveis.[266]

No direito americano, com base no FCPA, a existência de uma política interna de *compliance* é condição para a celebração de acordo, e tendo a empresa infratora cooperado com os órgãos de persecução (DOJ ou SEC), poderá ensejar a aplicação de sanções mais brandas ou até mesmo a não aplicação de sanções por meio da não instauração do processo ou da retirada das acusações após cumprimento de condições.[267]

Todavia, a perspectiva mais relevante dos programas de integridade não é a diminuição de penas, mas a efetiva possibilidade de se evitar a prática de atos contrários à probidade da pessoa jurídica. A adoção de mecanismos efetivos de *compliance* tem se apresentado como medida salutar para a tutela da integridade da pessoa jurídica e possui caráter preventivo, desestimulando a prática de condutas corruptas na gestão das corporações e caracterizando como indeclinável a comunicação às autoridades competentes, caso ocorram atos dessa natureza.

No Brasil, existe o Pacto da Controladoria Geral da União – CGU (Pacto da CGU), que trata de um programa de adesão voluntária por empresas, com o objetivo de reduzir fraudes e corrupção nas relações com a Administração Pública. O programa institui parâmetros para a formulação dos Códigos de Ética, organização do Comitê de Ética e do Comitê de Auditoria Interna das pessoas jurídicas. No âmbito desse

---

[266] DI PIETRO, Maria Sylvia Zanella. Comentários ao artigo 7º. In: DI PIETRO, Maria Sylvia Zanella; MARRARA, Thiago (Coord.). *Lei anticorrupção comentada*. Belo Horizonte: Editora Fórum, 2017. p. 129.

[267] FÉRES, Marcelo Andrade; LIMA, Henrique Cunha Souza. *Compliance* anticorrupção: formas e funções na legislação internacional, na estrangeira e na Lei nº 12.846/13. In: FORTINI; Cristiana (Coord). *Corrupção e seus múltiplos enfoques jurídicos*. Belo Horizonte: Editora Fórum, 2018. p. 155.

programa foi criado, em parceria com o Instituto Ethos de Empresas e Responsabilidade Social – ETHOS, o Cadastro Nacional de Empresas Comprometidas com a Ética e a Integridade.[268] A estruturação do *compliance* nas empresas varia muito de acordo com o tamanho e a complexidade das atividades desempenhadas pela organização. Em uma pequena empresa, é possível que as funções de *compliance* sejam exercidas por um gerente ou diretor, todavia, nas grandes estruturas, tem sido recorrente a criação do cargo de *compliance officer*, que é a pessoa encarregada de fiscalizar o cumprimento das regras do programa da entidade, tendo a obrigação de prestar contas. Além disso, há pessoas jurídicas que possuem departamento exclusivamente dedicado ao *compliance*, sendo seu chefe denominado *Chief Compliance Officer*.[269]

No que diz respeito à comunicação dos atos corruptivos às autoridades, atualmente se discute a associação de mecanismos de *compliance* com instrumentos de *Whistleblower*, figura criada nos EUA, por meio do *Dodd-Frank Wall Street Reform ande Consumer Protection Act*. Trata-se de oferecimento de recompensa a trabalhadores do sistema financeiro para que informem sobre possíveis infrações de normativas em atividades financeiras.

A figura do *Whistleblower* se difere da colaboração premiada, porque quem repassa tais informações não seria a autor ou partícipe das condutas.[270] Naquele país, existem três programas que preveem recompensas a denunciantes: *False Claims Act* (FCPA), *SEC Whistleblower Program* e *IRS Whistleblower Program*, embora com especificidades, no geral, todos eles garantem aos denunciantes um percentual dos valores recuperados pelo Estado em razão da denúncia e investigação realizada.[271] No Brasil, embora tal figura tenha sido aventada no Projeto de Lei conhecido como "Dez medidas contra a Corrupção", não está disciplinado por diploma normativo.[272]

---

[268] CARVALHOSA, Modesto. *Considerações sobre a lei anticorrupção das pessoas jurídicas*. São Paulo: Revista dos Tribunais, 2015. p. 336-337.
[269] VERÍSSIMO, Carla. *Compliance*: incentivo à adoção de medidas anticorrupção. São Paulo: Editora Saraiva, 2017. p. 290.
[270] PANOEIRO, José Maria de Castro. *Política criminal e Direito Penal Econômico*: um estudo interdisciplinar dos crimes econômicos e tributários. Porto Alegre: Núbia Fabris Editora, 2014. p. 180-181.
[271] SIMÃO, Valdir Moysés; VIANNA, Marcelo Pontes. *O acordo de leniência na Lei anticorrupção. Histórico, desafios e perspectivas*. São Paulo: Trevisan Editora, 2017. p. 171.
[272] BRASIL. Ministério Público Federal. *Dez medidas contra a corrupção*. Disponível em: http://www.dezmedidas.mpf.mp.br/apresentacao/conheca-as-medidas. Acesso em: 16 jul. 2018.

Para que haja o funcionamento de um sistema de controle na Administração Pública, baseado nos conceitos expostos acima, imprescindível se faz que o ordenamento jurídico interno esteja harmonizado com os preceitos internacionais referentes ao assunto, especialmente quando se trata de combate à corrupção que, não raro, envolve a atuação de corporações multinacionais e a prática de atos em mais de um território nacional.

Dando continuidade à pesquisa, no capítulo 5 será estudado o acordo de leniência previsto na Lei Anticorrupção, abordando-se, especificamente, a previsão dele no ordenamento jurídico, fundamentos e requisitos para a celebração do ajuste, apresentando esse instrumento como uma ferramenta útil para o restabelecimento da legalidade, quando o programa de integridade não funcionou ou não existia na pessoa jurídica. Antes, porém, no referido capítulo far-se-á a abordagem da corrupção face à Análise Econômica do Direito e do acordo de leniência, com base no "dilema do prisioneiro", da Teoria dos Jogos, enfatizando-se a importância do estímulo normativo para a celebração do ajuste.

CAPÍTULO 5

A CORRUPÇÃO SOB A ÓTICA DA ANÁLISE ECONÔMICA DO DIREITO E O ACORDO DE LENIÊNCIA SOB A PERCPETIVA DO DILEMA DO PRISIONEIRO

5.1 A corrupção e a análise econômica do direito

A Análise Econômica do Direito - AED, denominada na língua inglesa como *law and economics*, e também chamada de Escola de Chicago, teve o professor Richard Posner, da Universidade de Chicago, como seu maior representante. Esse professor edificou as bases desse pensamento no livro *Economic analisys of law*. Em tal trabalho, a partir da visão da microeconomia neoclássica, Posner construiu uma teoria explicativa dos fenômenos jurídicos, além de uma teoria normativa para exame da forma como as normas legais e as sanções afetam o comportamento dos indivíduos.[273]

A Análise Econômica do Direito – AED aborda, teoricamente, os efeitos das alterações das sanções previstas em lei e a probabilidade de

---

[273] ALBERGARIA NETO, Jason Soares de; FRANÇA, Graziela Resende Carvalho Sacramento. Análise Econômica do Direito. *Revista de Direito Empresarial – RDEmp*, Belo Horizonte, ano 14, n. 3, set./dez. 2017. Disponível em: http://www.bidforum.com.br/PDI0006.aspx?pdiCntd=249299. Acesso em: 10 jan. 2019.

aplicação.[274] O conceito da AED pode ser delineado como o "emprego dos instrumentos teóricos e empíricos das ciências econômicas e das ciências afins no exame, aperfeiçoamento, desenvolvimento, aplicação e impactos das normas jurídicas e instituições legais".[275]

A AED tenta compreender o direito no mundo e o mundo do direito, utilizando uma abordagem econômica, sendo um campo de conhecimento que visa a aplicar ferramentas teóricas e empíricas da economia e da ciência, "para expandir a compreensão e o alcance do direito e aperfeiçoar o desenvolvimento, a aplicação e a avaliação de normas jurídicas, principalmente com relação às suas consequências".[276]

A proposta da AED é estudar as regras jurídicas, avaliando seus efeitos de estímulo a partir das mudanças de comportamento das pessoas em resposta a tais estímulos. A AED, "usando de conceitos da ciência econômica, atualiza uma racionalidade subjacente das normas jurídicas e os principais efeitos previsíveis de suas mudanças".[277]

Em relação às decisões judiciais ou administrativas, não é correto deduzir que a AED priorizará sempre a relação custo-benefício, mas, pelo contrário, buscará explicar a lógica, na maioria das vezes não consciente, de quem decide, e que geralmente não estão traduzidas nos motivos das decisões.[278] Embora a utilização normativa da AED recomende cautela, ela "permite, em qualquer circunstância, indicar os efeitos relevantes e por vezes não suspeitos das normas jurídicas".[279]

A AED utiliza do conceito econômico de eficiência, considerado como valor socialmente relevante, para alcançar os objetivos esperados do ordenamento jurídico, trazendo consequências mais benéficas para

---

[274] SANTANO, Ana Cláudia; NETTO, Fernando Gama de Miranda. Uma análise econômica da nova Lei anticorrupção. *In*: PONTES FILHO, Valmir; GABARDO, Emerson (Coord.). Problemas emergentes da Administração Pública. *In: Congresso Brasileiro de Direito administrativo*, n. 28, 2014, Foz do Iguaçu. Anais... Belo Horizonte: Fórum, 2015. p. 296.

[275] ALBERGARIA NETO, Jason Soares de; FRANÇA, Graziela Resende Carvalho Sacramento. Análise Econômica do Direito. *Revista de Direito Empresarial – RDEmp*, Belo Horizonte, ano 14, n. 3, set./dez. 2017. Disponível em: http://www.bidforum.com.br/PDI0006.aspx?pdiCntd=249299. Acesso em: 10 jan. 2019.

[276] GICO JR., Ivo T. Introdução à análise econômica do direito. *In*: RIBEIRO, Marcia Carla Pereira; KLEIN, Vinicius (Coord.). *O que é análise econômica do direito: uma introdução*. 2. ed. Belo Horizonte: Fórum, 2016. p. 17.

[277] MACKAAY, Ejan; ROSSEAU, Stéphane. *Análise Econômica do Direito*. São Paulo: Editora Atlas SA, 2015. p. 665.

[278] MACKAAY, Ejan; ROSSEAU, Stéphane. *Análise Econômica do Direito*. São Paulo: Editora Atlas SA, 2015. p. 08.

[279] MACKAAY, Ejan; ROSSEAU, Stéphane. *Análise Econômica do Direito*. São Paulo: Editora Atlas SA, 2015. p. 674.

a sociedade.[280] Conforme discorre Veríssimo,[281] esse "método de análise parte da premissa de que os indivíduos procuram maximizar seu bem-estar, da forma como o concebem, seja de maneira egoísta, altruísta, leal, rancorosa ou masoquista". E no que se refere aos comportamentos à margem da norma, considera-se que "o indivíduo age com base no raciocínio que realiza dos custos e benefícios esperados, formando o que a doutrina denomina de princípio da racionalidade".[282] De acordo com esse princípio, "o indivíduo busca maximizar o seu prazer, a sua utilidade, a satisfação de seus interesses e desejos, com um custo mínimo".[283]

A AED estuda o comportamento dos indivíduos a partir do viés da escolha racional, que permite generalizações quanto às opções a serem adotadas, "o pressuposto é que o sujeito racional toma (sempre) decisões que lhe são mais favoráveis, maximizadoras, ou seja, as que lhe indicam maiores benefícios".[284]

Na temática do estudo da corrupção, torna-se crucial o fortalecimento dos mecanismos estatais de controle, porquanto, de acordo com a referida escolha racional, os indivíduos tendem a optar por decisões que lhe sejam maximizadoras de benefícios. Assim, o Estado, por meio de suas normas e instrumentos de apuração e de penalização de condutas ilícitas, deve deixar evidente o alto risco de corromper ou ser corrompido frente às consequências jurídicas. Isto é, a corrupção não pode ser compensatória, vantajosa, pela certeza da impunidade, posto que, quanto maior for a vantagem dela decorrente e menor o risco de ser punido, menor será o fator de desestímulo à prática.

Analisando o fenômeno da corrupção sob a perspectiva da AED, pode-se considerá-la como uma falha de mercado, já que os mecanismos

---

[280] GRANDO, Guilherme; KLEIN, Vinícius. Os argumentos econômicos na argumentação judicial. In: RIBEIRO, Márcia Carla; DOMINGUES, Victor Hugo; KLEIN, Vinicius. *Análise Econômica do Direito*: justiça e desenvolvimento. Curitiba: Editora CRV, 2016. p. 143.
[281] VERÍSSIMO, Carla. *Compliance*: incentivo à adoção de medidas anticorrupção. São Paulo: Editora Saraiva, 2017. p. 180.
[282] SANTANO, Ana Cláudia; NETTO, Fernando Gama de Miranda. Uma análise econômica da nova Lei anticorrupção. In: PONTES FILHO, Valmir; GABARDO, Emerson (Coord.). Problemas emergentes da Administração Pública. In: *Congresso Brasileiro de Direito administrativo*, n. 28, 2014, Foz do Iguaçu. Anais... Belo Horizonte: Fórum, 2015. p. 296.
[283] SANTANO, Ana Cláudia; NETTO, Fernando Gama de Miranda. Uma análise econômica da nova Lei anticorrupção. In: PONTES FILHO, Valmir; GABARDO, Emerson (Coord.). Problemas emergentes da Administração Pública. In: *Congresso Brasileiro de Direito administrativo*, n. 28, 2014, Foz do Iguaçu. Anais... Belo Horizonte: Fórum, 2015. p. 296.
[284] ROSA, Alexandre de Morais da. *A teoria dos jogos aplicada ao processo penal*. Florianópolis: Empório do Direito, 2015. p. 38.

de mercado, quando não regulados adequadamente pelo Estado, originam resultados econômicos ineficientes ou socialmente indesejáveis. Por exemplo, em um mercado com assimetria de informações entre agentes econômicos, podem ocorrer externalidades negativas, tal como a fixação de preços acima dos custos marginais, causando impactos sobre o bem-estar de outros que não participam da ação.[285] A assimetria de informação está ligada a não disponibilização de todas as informações a todos os concorrentes. Isso pode se dar, por exemplo, em razão de acessos por determinados agentes a informações privilegiadas, mediante o pagamento de propina, o que pode causar impacto direto na celebração de contratos (inclusive públicos) e impactar diretamente a livre concorrência.

Ao aplicar as máximas da economia às ações estatais, chega-se à conclusão de que "uma política pública não deve gerar desperdícios", sob pena de ser ineficiente. A análise de eficiência, nesse caso, não está ligada "necessariamente aos custos financeiros, mas pode envolver também custos pessoais, morais ou mesmo o que a Economia denomina de custo social (que envolve as externalidades, custos de oportunidade ou custos de transação)".[286]

No tocante às políticas públicas estatais e às contratações públicas, é comum que determinados grupos de pessoas físicas ou jurídicas tenham acessos privilegiados a esferas do poder estatal e que, com isso, obtenham vantagens, seja por meio de captação de informações privilegiadas ou até mesmo direcionando decisões públicas importantes. Os economistas discorrem acerca desse tipo de prática, a denominando de *rent-seeking*, e a traduzem como jogar com o sistema político visando ganhos privados.[287]

A coalização de elites que age na busca de interesses próprios (*rent-seeking*), usa do poder político para impedir a livre concorrência, tanto na economia quanto no sistema político, o que configura verdadeira "ordem de acesso limitado", conforme explicam North; Wallis e Weingast *apud* Fukuyama.[288]

---

[285] GONÇALVES, Oksandro. Corrupção e direito comercial: a corrupção sob a perspectiva da análise econômica do Direito. *In*: LAUFER, Daniel (Coord.). *Corrupção: uma perspectiva entre as diversas áreas do direito*. Curitiba: Editora Juruá, 2013. p. 89-90.
[286] GONÇALVES, Oksandro. Corrupção e direito comercial: a corrupção sob a perspectiva da análise econômica do Direito. *In*: LAUFER, Daniel (Coord.). *Corrupção: uma perspectiva entre as diversas áreas do direito*. Curitiba: Editora Juruá, 2013. p. 89.
[287] FUKUYAMA, Francis. *Ordem e decadência política*. 1. ed. Rio de Janeiro: Rocco, 2018. p. 87.
[288] FUKUYAMA, Francis. *Ordem e decadência política*. 1. ed. Rio de Janeiro: Rocco, 2018. p. 32.

A prática de *rent-seeking* consome tempo e desvia a energia que poderia ser utilizada para gerar riquezas,[289] a utilização desses acessos privilegiados ou de normas vantajosas, por meio de práticas como essa, tem um efeito nefasto na sociedade, tendo em vista que os recursos utilizados não aumentam a produtividade, gerando perda de pressão competitiva e, consequentemente, redução do bem-estar social.[290]

É possível que agentes econômicos se beneficiem de práticas *rent-seeking* e por meio delas consolidem esquemas corruptos que podem se perpetuar por longos períodos, dada a dificuldade de se interromper a estabilidade dos grupos. Por isso, é importante que o Estado conte com aparato jurídico e investigativo robusto para cessar práticas dessa natureza, inserindo-se o acordo de leniência como instrumento importante nessa seara.

5.2 O acordo de leniência sob a perspectiva da teoria do "dilema do prisioneiro" da Teoria dos Jogos

Um programa de leniência tem por objetivo incentivar a celebração de acordos com os envolvidos nas condutas ilícitas previstas em lei, concedendo isenção parcial ou total de penalidades, em troca de informações e provas de condutas ilícitas, conforme regulamento específico. Ao firmarem o acordo, há uma barganha entre Estado e agentes econômicos, posto que "programas ou políticas de leniência são estruturas normativas que permitem que os infratores evitem ou reduzam as punições que receberiam em troca de confissão ou colaboração no processo de apuração de ilícitos".[291]

Diante disso, é preciso entender como se dá a escolha do colaborador, tendo em vista que o contexto em que cada ente privado está inserido no exercício da atividade econômica reflete em sua rede de contatos, de negócios e na sua credibilidade social, bem como na opção em aderir ou não ao ajuste proposto.

---

[289] FUKUYAMA, Francis. *Ordem e decadência política*. 1. ed. Rio de Janeiro: Rocco, 2018. p. 87.
[290] TESSEROLLI, Eduardo Ramos Caron; KLEIN, Vinícius. *Rent-seeking* e grupos de interesse. *In*: RIBEIRO, Márcia Carla; DOMINGUES, Victor Hugo; KLEIN, Vinícius. *Análise Econômica do Direito*: justiça e desenvolvimento. Curitiba: Editora CRV, 2016. p. 20.
[291] LUZ, Reinaldo Diogo; LARA, Fabiano Teodoro de Rezende. Análise do Programa de Leniência da Lei Anticorrupção Brasileira: características e efetividade. *In*: FORTINI; Cristiana (Coord). *Corrupção e seus múltiplos enfoques jurídicos*. Belo Horizonte: Editora Fórum, 2018. p. 120.

As práticas ilícitas na seara da corrupção nem sempre ocorrem de forma individual, mas contam com a participação de mais de um agente, que, para ser beneficiado com a leniência, deverá se antecipar aos demais para receber os benefícios, segundo o modelo da lei brasileira. A atividade ilegal, via de regra, envolve múltiplos agentes em coordenação e apresenta peculiaridades ausentes nos modos econômicos lícitos, envolve o risco moral entre os participantes e torna imprescindível a manutenção de vínculos de longo prazo.[292] Portanto, a opção em celebrar o acordo irá impactar diretamente na rede composta pelas pessoas jurídicas coautoras ou partícipes dos ilícitos, encerrando, muitas vezes, uma rede de relações que lhes dá sustentação.

Nesse contexto de vários interesses em jogo, "o acordo de leniência surge como um instrumento com a característica de desestabilizar as relações de confiança, de segurança e sigilo que envolve os pactos de corruptos e corruptores".[293] Tal como na colaboração premiada, é possível analisar a negociação e a celebração do acordo de leniência sob o prisma do "dilema do prisioneiro", já que a decisão, para o colaborador, envolve custos e consequências de vários prismas.

O "dilema do prisioneiro" é o mais famoso exemplo esquemático da Teoria dos Jogos, sendo essa uma ferramenta concebida por matemáticos e economistas, que acabou sendo aplicada a outros campos do conhecimento humano, tendo em vista que possibilita compreender o processo de decisão das pessoas quando em relações racionais umas com as outras.

A Teoria dos Jogos não guarda relação com o lúdico, na verdade, trata-se de uma "teoria de interações entre humanos e deveria ser denominada – menos elegantemente – de teoria de *interações estratégicas*".[294] No campo jurídico, "a Teoria dos Jogos ganha importância especialmente nas relações privadas (sobretudo empresariais) que admitem a negociação entre os evolvidos".[295]

---

[292] LUZ, Reinaldo Diogo; LARA, Fabiano Teodoro de Rezende. Análise do Programa de Leniência da Lei Anticorrupção Brasileira: características e efetividade. *In*: FORTINI; Cristiana (Coord.). *Corrupção e seus múltiplos enfoques jurídicos*. Belo Horizonte: Editora Fórum, 2018. p. 129.

[293] MACHADO, Pedro Antônio de Oliveira. *Acordo de Leniência & a Lei de Improbidade Administrativa*. Curitiba: Juruá, 2017. p. 107.

[294] MACKAAY, Ejan; ROSSEAU, Stéphane. *Análise Econômica do Direito*. São Paulo: Editora Atlas SA, 2015. p. 43.

[295] BECUE, Sabrina Maria Fadel. Teoria dos jogos. *In*: RIBEIRO, Marcia Carla Pereira; KLEIN, Vinicius (Coord.). *O que é análise econômica do direito*: uma introdução. 2. ed. Belo Horizonte: Fórum, 2016. p. 124.

O "dilema do prisioneiro" é uma alegoria envolvendo dois custodiados pela polícia, que haviam cometido um crime em coautoria, todavia, a autoridade dispunha de provas para condená-los apenas por um delito de menor gravidade. Acerca da decisão de firmar ou não o acordo, no contexto do "dilema do prisioneiro", "o agente deverá, em seu raciocínio maximizador, realizar uma análise de custo-benefício",[296] tal como já foi abordado nessa obra acerca do princípio da racionalidade.

Quando um deles aceita o acordo para si e delata o outro pelo crime de maior gravidade, acaba obtendo um resultado satisfatório, saindo livre, enquanto o outro continua preso.[297] Como os "jogadores" não podem se comunicar e tampouco confiar na palavra do outro, acusar é uma estratégia que pode render um resultado mais favorável:

> Todavia, como é um modelo de jogo não cooperativo (jogadores não podem estabelecer compromissos entre si), a melhor estratégia é acusar, na esperança que o outro não acuse (quem colaborou com a polícia será libertado, enquanto o outro é condenado à pena máxima) ou, no mínimo, para assegurar uma pena um pouco menor (dois anos de prisão, ao invés de três). Dados os riscos envolvidos, de não acusar e ser condenado à pena máxima, se os dois jogadores forem racionais, a estratégia dominante será acusar e ambos ficarão presos por dois anos. O jogo demonstra que a estratégia dominante nem sempre assegura o resultado perfeito (ser libertado).[298]

O "dilema do prisioneiro" se insere na tensão existente entre os agentes econômicos envolvidos nas práticas lesivas descritas na LAC e serve para explicar a dúvida quanto à escolha de se firmar ou não o acordo. Para o Estado, a celebração visará à obtenção de provas que, até aquele momento, ele não dispõe, obtendo a elucidação de condutas lesivas.

O acordo de leniência possui um viés contratual, já que é uma saída negocial para o problema envolvendo a apuração das condutas previstas na LAC, de forma que o Estado negocia com os colaboradores, agilizando a apuração e obtendo elementos de convicção que até então não dispunha. Tendo o acordo esse viés negocial, "a Análise

---

[296] FONSECA, Cibele Benevides Guedes da. *Colaboração premiada*. Belo Horizonte: Del Rey, 2017. p. 215.
[297] MACKAAY, Ejan; ROSSEAU, Stéphane. *Análise Econômica do Direito*. São Paulo: Editora Atlas SA, 2015. p. 57-58.
[298] BECUE, Sabrina Maria Fadel. Teoria dos jogos. In: RIBEIRO, Marcia Carla Pereira; KLEIN, Vinicius (Coord.). *O que é análise econômica do direito*: uma introdução. 2. ed. Belo Horizonte: Fórum, 2016. p. 121.

Econômica do Direito coloca em evidência as funções dos contratos e os mecanismos pelos quais atendem a essas finalidades, permitindo-se encontrar formas de utilização mais eficientes".[299]

Para o colaborador, firmar o acordo de leniência envolve uma escolha racional, que aborda os "custos da transação". Essa avaliação dos "custos da transação" nas escolhas racionais foi desenvolvida por Ronald Coase e se refere a "todos aqueles custos existentes no mundo real, relativos à preparação, efetivação e manutenção de diversas formas contratuais necessárias ao próprio processo produtivo".[300]

No caso da lei brasileira, a pessoa jurídica colaboradora, por certo, irá avaliar todos os custos financeiros e não financeiros que deverá arcar com a realização do acordo, bem como se a resolução extrajudicial lhe será mais benéfica do que apostar no risco de o outro envolvido colaborar. "Em outras palavras, os agentes comparam a utilidade (resultado ou *pay-off*) esperada da obediência às regras com a utilidade esperada da violação às regras".[301]

A escolha de entabular ou não o acordo de leniência permeia a assimetria de informação entre os agentes, posto que, em razão do sigilo da negociação prévia, um ente colaborador desconhece que o outro também esteja pretendendo colaborar e, ainda, não dispõe de um domínio total das informações que estão na posse do terceiro. Além disso, é preciso ter bastante clareza quanto aos benefícios a serem obtidos. Estudiosos da colaboração na seara criminal apontam a imprescindibilidade da existência de um mecanismo bem claro de incentivos,[302] raciocínio esse aplicável aos acordos de leniência.

A pessoa jurídica que pretende firmar o acordo pode ter disponíveis documentos e dados que possivelmente outros envolvidos não possuem, ou que ainda não tenham manifestado o desejo de entrega-los

---

[299] CAMINHA, Uinie; ROCHA, Afonso de Paula Pinheiro. Termo de ajustamento de conduta com o Ministério Público do Trabalho: um enfoque sob a ótica da Análise Econômica do Direito. *Revista de Direito Empresarial – RDEmp*, Belo Horizonte, ano 11, n. 2, p. 15-35, maio/ago. 2014. p. 23.

[300] CAMINHA, Uinie; ROCHA, Afonso de Paula Pinheiro. Termo de ajustamento de conduta com o Ministério Público do Trabalho: um enfoque sob a ótica da Análise Econômica do Direito. *Revista de Direito Empresarial – RDEmp*, Belo Horizonte, ano 11, n. 2, p. 15-35, maio/ago. 2014. p. 24.

[301] LUZ, Reinaldo Diogo; LARA, Fabiano Teodoro de Rezende. Análise do Programa de Leniência da Lei Anticorrupção Brasileira: características e efetividade. *In*: FORTINI, Cristiana (Coord). *Corrupção e seus múltiplos enfoques jurídicos*. Belo Horizonte: Editora Fórum, 2018. p. 128.

[302] FONSECA, Cibele Benevides Guedes da. *Colaboração premiada*. Belo Horizonte: Del Rey, 2017. p. 219.

ao Estado, surgindo o propósito de se adiantar, para que os benefícios legais sejam obtidos no grau máximo. Se não firmar o acordo, pode ser que o Estado não reúna elementos para sancioná-lo e ele reste absolvido. Por outro lado, haverá sempre o risco de outro agente colaborar, quando então o sancionamento do que desistiu do acordo será certo.

Analisando a justiça premial com base no "dilema do prisioneiro", o colaborador que for o primeiro a confessar obterá maiores benefícios, mas, mesmo que ambos confessem, haverá diminuição de sanções no âmbito do acordo. "Seja por meio da matriz de *payoffs*, seja por meio da árvore de decisão, a estratégia dominante, (ou seja, a melhor decisão) sempre será confessar primeiro [...]".[303]

O "dilema do prisioneiro" torna mais fácil a percepção da questão da assimetria das informações existentes entre os envolvidos, quando das negociações para o acordo. No mundo real, para a pessoa jurídica que negocia o acordo de leniência, o sancionamento menos lesivo, ou o simples responder ao processo judicial, pode lhe gerar custos econômicos e danos à credibilidade tão vultuosos e maiores que se firmasse o acordo, de forma que o caminho consensual poderá ser menos danoso.

Para o Estado, a implementação de programas de combate à corrupção possui custos elevados, de forma que a antecipação de apuratórios por meio de instrumentos consensuais, em algumas situações, pode ser mais vantajosa. Há características dos programas de leniência que influenciam na efetividade, podendo ser apontados os seguintes objetivos: 1) evitar a formação do grupo criminoso, em razão do medo da traição; 2) identificar outros grupos existentes a partir de informações obtidas pelos membros colaboradores; 3) facilitar a apuração de condutas pela obtenção das informações pelos integrantes do grupo.[304]

Quanto às opções que seriam mais eficientes ao Estado, estudos na área de investigação de cartéis apontam que a leniência total seria mais vantajosa para o Estado, porque a leniência parcial reduziria a recompensa esperada ao trair o grupo, mantendo sua estabilidade. Assim, a leniência total seria mais efetiva, porque o acordo acarretará a dissolução dos vínculos e a redução de ganhos futuros, que seriam obtidos se o grupo permanecesse ativo, de forma que as empresas

---

[303] FONSECA, Cibele Benevides Guedes da. *Colaboração premiada*. Belo Horizonte: Del Rey, 2017. p. 218.
[304] LUZ, Reinaldo Diogo; LARA, Fabiano Teodoro de Rezende. Análise do Programa de Leniência da Lei Anticorrupção Brasileira: características e efetividade. *In*: FORTINI; Cristiana (Coord). *Corrupção e seus múltiplos enfoques jurídicos*. Belo Horizonte: Editora Fórum, 2018. p. 130-131.

seriam realmente estimuladas se a redução das multas fosse grande a ponto de compensar o faturamento perdido.[305]

Também existem discussões a respeito da possibilidade de se firmar acordo com mais de um envolvido, sendo que há posições no sentido de que poderia estimular a conduta *wait to see*, ou seja, a confissão somente seria obrigatória ao primeiro que colaborasse, e os demais poderiam apresentar menos informações e obter sanções mais leves, o que tornaria mais fraco o poder dissuasório do programa de leniência.[306] Partindo dessa linha de raciocínio, seria acertada a opção da LAC, ao permitir a realização do acordo de leniência apenas com o primeiro colaborador que preencher os requisitos.

Contudo, há autores que entendem que o melhor caminho não seria o de vedar a leniência *plus*, mas o de autorizar a realização de acordos com múltiplas pessoas jurídicas, desde que tragam informações novas e não repitam o que já foi apresentado pela primeira colaboradora.[307][308]

Encerrada a abordagem do tema sob a perspectiva da Análise Econômica do Direito – AED e da aplicação do "dilema do prisioneiro", passar-se-á ao estudo da origem do acordo de leniência, da disciplina do instrumento no ordenamento jurídico brasileiro, especificando-se as condições legais e, por fim, analisar-se-á questões polêmicas envolvendo a celebração desse acordo, notadamente quanto à legitimidade dos entes públicos celebrantes.

---

[305] LUZ, Reinaldo Diogo; LARA, Fabiano Teodoro de Rezende. Análise do Programa de Leniência da Lei Anticorrupção Brasileira: características e efetividade. *In*: FORTINI; Cristiana (Coord). *Corrupção e seus múltiplos enfoques jurídicos*. Belo Horizonte: Editora Fórum, 2018. p. 132.

[306] LUZ, Reinaldo Diogo; LARA, Fabiano Teodoro de Rezende. Análise do Programa de Leniência da Lei Anticorrupção Brasileira: características e efetividade. *In*: FORTINI; Cristiana (Coord). *Corrupção e seus múltiplos enfoques jurídicos*. Belo Horizonte: Editora Fórum, 2018. p. 133.

[307] FIDALGO, Carolina Barros; CANETTI, Rafaela Coutinho. Os acordos de leniência na lei de combate à corrupção. *In*: MUNHÓS, Jorge; QUEIROZ, Ronaldo Pinheiro. *Lei Anticorrupção e Temas de Compliance*. Salvador: Editora Jus Podivm, 2017. p. 361.

[308] SIMÃO, Valdir Moysés; VIANNA, Marcelo Pontes. *O acordo de leniência na Lei anticorrupção. Histórico, desafios e perspectivas*. São Paulo: Trevisan Editora, 2017. p. 119.

CAPÍTULO 6

ASPECTOS GERAIS DO ACORDO DE LENIÊNCIA

6.1 A origem do acordo de leniência

O acordo de leniência teve origem nos Estados Unidos, na década 70, e tinha por objeto investigar cartéis, tendo por base informações colhidas por servidores públicos do *Departament of Justice - DOJ*, por terceiros ou, ainda, por meio de informações colhidas em ações de indenizações de agentes do mercado. Portanto, visava à proteção da ordem econômica daquele país. Foi nominado *"Amnesty Program"* e, de acordo com ele, a empresa poderia obter a extinção da punibilidade penal caso confessasse a prática de mercado e delatasse os demais envolvidos. "O benefício era concedido ao primeiro delator e desde que não houvesse qualquer investigação em curso".[309] Entretanto, o formato originário desse programa não foi bem sucedido, com uma aplicação por ano, por excessiva discricionariedade da autoridade governamental.

Posteriormente, o programa passou por alterações substanciais, sendo reformulado em 1993, quando então passou a ser mais transparente

---

[309] MARRARA, Thiago. *Sistema Brasileiro de Defesa da Concorrência*: organização, processos e acordos administrativos. São Paulo: Editora Atlas, 2015. p. 332.

e a primar pela segurança jurídica dos interessados.[310] [311] A partir daí, surgiu o *Amnesty Corporate Program*, que dispôs que as sanções podem ser evitadas em duas situações: quando o membro do cartel revela as informações antes que a investigação seja aberta ou quando a Divisão Antitruste não tiver provas e a empresa decidir cooperar, contendo critérios objetivos para a isenção das penalidades.[312]

Um ano após, foi editado o *Individual Leniency Policy*, que passou a permitir a leniência de funcionários de uma empresa infratora, independentemente do acordo com a pessoa jurídica, criando-se mais estímulos à cooperação, assim aumentado, em muito, o número de adesões ao programa.[313]

A União Europeia também conta com instituto correspondente para a defesa da concorrência, trata-se do *Leniency Notice*, que diz respeito à redução de multas administrativas a colaboradores em investigação antitruste. Em 2002, esse programa sofreu alterações, a fim de estabelecer regras mais claras acerca dos requisitos e efeitos do ajuste aos envolvidos.[314] "De acordo com a normativa, a concessão desses benefícios restava sempre dependente da discricionariedade da Comissão, ainda que os delatores cumprissem todos os requisitos legais – hipótese, portanto, de discricionariedade administrativa de ação".[315]

Em 2006, houve um novo aprimoramento normativo, para esclarecer ainda mais as informações que o colaborador deveria apresentar à Comissão e clarear os requisitos da colaboração, sendo que, atualmente, "75% das investigações europeias são decorrentes de pedidos de leniência".[316] Isso, no que se refere aos delitos concorrenciais.

---

[310] MARRARA, Thiago. *Sistema Brasileiro de Defesa da Concorrência*: organização, processos e acordos administrativos. São Paulo: Editora Atlas, 2015. p. 332.

[311] PEREIRA, Valdez Frederico. *Delação premiada*: legitimidade e procedimento. Curitiba: Juruá editora, 2016.

[312] LUZ, Reinaldo Diogo; LARA, Fabiano Teodoro de Rezende. Análise do Programa de Leniência da Lei Anticorrupção Brasileira: características e efetividade. *In*: FORTINI; Cristiana (Coord). *Corrupção e seus múltiplos enfoques jurídicos*. Belo Horizonte: Editora Fórum, 2018. p. 120.

[313] MARRARA, Thiago. *Sistema Brasileiro de Defesa da Concorrência*: organização, processos e acordos administrativos. São Paulo: Editora Atlas, 2015. p. 333.

[314] MACHADO, Pedro Antônio de Oliveira. *Acordo de Leniência & a Lei de Improbidade Administrativa*. Curitiba: Juruá, 2017. p. 171.

[315] MARRARA, Thiago. *Sistema Brasileiro de Defesa da Concorrência*: organização, processos e acordos administrativos. São Paulo: Editora Atlas, 2015. p. 333.

[316] MARRARA, Thiago. *Sistema Brasileiro de Defesa da Concorrência*: organização, processos e acordos administrativos. São Paulo: Editora Atlas, 2015. p. 334.

Desde 2014, após ajustes no arcabouço normativo, o Reino Unido passou a optar pela resolução consensual nos casos de fraude, corrupção e crimes econômicos envolvendo corporações, acordo que faz surtir efeitos criminais:

O Reino Unido (no que diz respeito à Inglaterra e ao País de Gales) passou a adotar os DPA em 24 de fevereiro de 2014, quando entrou em vigor a alteração da Crime and Courts Act 2013. Seu anexo (schedule) prevê esse tipo de ajuste, que pode ser proposto por um promotor (crown prosecutor) autorizado pelo Director of Public Prosecutions (DPP), no âmbito do Crown Prosecution Service (CPS), ou pelo diretor do Serious Fraud Office (SFO), nos casos de fraude, corrupção e outros crimes econômicos, sempre com controle judicial, tendo em mira o "the interests of justice", após verificar que os termos do acordo são "fair, reasonable and proportionate".[317]

Constam registros de apenas três acordos firmados na Inglaterra e em Gales nos moldes da legislação acima retratada, "um em 2015, com o *Standard Bank*, um em 2016, com uma empresa identificada como XYZ, e o terceiro em 2017, com a *Rolls-Royce*".[318]

Conforme já abordado no capítulo anterior, nos EUA, a edição do *Forreign Corrupt Practice Act* – FCPA, norma que trata da prática da corrupção internacional, surgiu como desdobramento de investigações realizadas por um procurador especial, que apurou atos de corrupção de funcionários públicos estrangeiros e pagamento de contribuições ilegais à campanha do então Presidente Nixon. "Em relação às demandas da sociedade, a SEC lançou um programa de *disclousure*, anunciando anistia para as empresas que revelassem ter realizado pagamentos indevidos a funcionários públicos estrangeiros".[319]

No que diz respeito ao FCPA, a aplicação do acordo de leniência é focada na prática da corrupção ativa de funcionários públicos

---

[317] ARAS, Vladimir. *Acordos de leniência na lei anticorrupção empresarial. Coletânea de artigos*: avanços e desafios no combate à corrupção após 25 anos de vigência da Lei de Improbidade Administrativa / 5ª Câmara de Coordenação e Revisão, Criminal. Brasília: MPF, 2018. p. 207. Disponível em: http://www.mpf.mp.br/atuacao-tematica/ccr5/publicacoes. Acesso em: 25 jun. 2018.

[318] ARAS, Vladimir. *Acordos de leniência na lei anticorrupção empresarial. Coletânea de artigos*: avanços e desafios no combate à corrupção após 25 anos de vigência da Lei de Improbidade Administrativa/5ª Câmara de Coordenação e Revisão, Criminal. Brasília: MPF, 2018. p. 207. Disponível em: http://www.mpf.mp.br/atuacao-tematica/ccr5/publicacoes. Acesso em: 25 jun. 2018.

[319] VERÍSSIMO, Carla. *Compliance*: incentivo à adoção de medidas anticorrupção. São Paulo: Editora Saraiva, 2017. p. 150.

estrangeiros e de organizações internacionais.[320] Em relação ao trâmite de investigações, já que nos EUA é possível a responsabilização penal da pessoa jurídica, a maioria dos casos se encerra na forma de acordos criminais, que são aplicados nos casos envolvendo a prática de corrupção, tanto no que diz respeito à pessoa física, quanto no que se refere à pessoa jurídica, o que não ocorre no Brasil.[321] Até o ano de 2014, apenas duas pessoas jurídicas investigadas deixaram de fazer acordo com o Departamento de Justiça Americano, sendo que, nesses casos, acabaram sendo absolvidas na instância judicial.[322]

Esses acordos tratam dos NPA's (*Non Prosecution Agreements*) e DPA'S (*Deferred Prosecution Agreements*), já comentados no capítulo anterior, que podem não gerar o processo criminal ou suspender ações penais em curso. A diferença entre eles e os acordos criminais *plea bargaining process* é que no *NPA's* ou no *DPA's* não há confissão de culpa. Neles, há uma negociação prévia, em que a empresa se compromete a ressarcir o dano, pagar sanções monetárias (multa) e adotar medidas de governança (como implementar *compliance*) ou proceder reformas estruturais.[323]

Carla Veríssimo cita como exemplo de obrigações estruturais assumidas, o *DPA* firmado com a Avon Products Inc., em que foi detectado, na subsidiária chinesa, a falsificação de livros e registros por falhas no controle interno. No acordo firmado, a Avon ficou obrigada a adotar novos mecanismos de auditória interna e um sistema de *compliance* mais rigoroso e que abrangesse filiais, agentes e terceirizadas. A empresa ainda se comprometeu a aceitar a designação de um monitor de *compliance* independente.[324]

Quanto aos efeitos dos acordos, nos EUA, os procuradores possuem autonomia para decidirem se os infratores serão processados, de forma que a avença pode afastar a responsabilização criminal, administrativa e civil da pessoa física e da pessoa jurídica. Contudo, no sistema

---

[320] VERÍSSIMO, Carla. *Compliance*: incentivo à adoção de medidas anticorrupção. São Paulo: Editora Saraiva, 2017. p. 154.
[321] VERÍSSIMO, Carla. *Compliance*: incentivo à adoção de medidas anticorrupção. São Paulo: Editora Saraiva, 2017. p. 160.
[322] KOEHLER, Mike. *The foreign corrupt practices act in a new era*. Cheltenham: Edward Elgar, 2014. p. 60. Disponível em: https://www.elgaronline.com/view/9781781954409.xml. Acesso em: 06 mai. 2018.
[323] VERÍSSIMO, Carla. *Compliance*: incentivo à adoção de medidas anticorrupção. São Paulo: Editora Saraiva, 2017. p. 160.
[324] VERÍSSIMO, Carla. *Compliance*: incentivo à adoção de medidas anticorrupção. São Paulo: Editora Saraiva, 2017. p. 164.

brasileiro, a celebração do Acordo de Leniência tão somente exclui a responsabilização da pessoa jurídica na esfera administrativa e civil, havendo possibilidade de responsabilização criminal da pessoa física,[325] caso não seja realizado acordo de colaboração premiada conjuntamente.

Em relação a essa autonomia concedida aos procuradores americanos, há fortes críticas, posto que alguns "sustentam que os acordos violam o princípio da separação dos poderes, pois transformam os procuradores em juízes ou júris".[326] Disso extrai-se a importância de uma legislação específica e suficientemente apta a regular os requisitos e os limites da aplicação do programa de leniência, construindo-se um sistema onde há mais critérios objetivos do que de discricionariedade da autoridade que negocia o acordo.

6.2 O acordo de leniência no Sistema Brasileiro de Defesa da Concorrência – SBDC

No Brasil, a origem do instituto advém da Lei nº 8.884/94, antiga Lei Antitruste, alterada no ano 2000, quando foi disciplinada a possibilidade do acordo de leniência nos processos administrativos voltados à apuração de infrações à ordem econômica.[327] A Medida Provisória nº 2055/00, que foi convertida em lei (Lei nº 10.149/00), introduziu os artigos 35-B e 35-C na então vigente Lei de Defesa da Concorrência, que passaram a disciplinar o assunto. Isso ocorreu um ano após a edição da Lei nº 9.807/99, que previu o perdão judicial aos investigados que colaborassem com a investigação criminal nos delitos contra o mercado econômico.[328]

Atualmente, a Lei nº 12.529/11, que estrutura o Sistema Brasileiro de Defesa da Concorrência – SBDC e dispõe sobre a prevenção e a repressão às infrações contra a ordem econômica, mantém a previsão do acordo de leniência em relação às infrações à ordem econômica, com possibilidades de inclusão de envolvidos e efeitos mais alargados do que os previstos na LAC. "O programa de leniência anticorrupção

---

[325] LUZ, Ilana Martins. *Compliance & omissão imprópria*. Belo Horizonte: Editora D'Plácido, 2018. p. 113.
[326] VERÍSSIMO, Carla. *Compliance*: incentivo à adoção de medidas anticorrupção. São Paulo: Editora Saraiva, 2017. p. 163.
[327] DEMATTÉ, Flávio Rezende. *Responsabilização das pessoas jurídicas por corrupção*: a Lei nº 12.846/2013 segundo o Direito da Intervenção. Belo Horizonte: Editora Fórum, 2015. p. 126.
[328] MARRARA, Thiago. *Sistema Brasileiro de Defesa da Concorrência*: organização, processos e acordos administrativos. São Paulo: Editora Atlas, 2015. p. 334.

brasileiro tem clara inspiração no seu equivalente antitruste, estabelecido nos seus artigos 86 e 87, da Lei de Defesa da Concorrência-LDC, embora com algumas diferenças marcantes".[329]

De acordo com a Lei nº 12.529/11, o acordo de leniência poderá ser celebrado por meio da Procuradoria-Geral do CADE (Conselho Administrativo de Defesa Econômica), tendo como resultado a extinção da ação punitiva da administração pública ou a redução de 1 (um) a 2/3 (dois terços) da penalidade aplicável. Nesse ponto, surge a primeira diferença entre os programas. É que diferentemente da Lei do SBDC, a LAC não permite a isenção total das penalidades pecuniárias, permanecendo inderrogável a obrigação de reparar o dano.[330] Além disso, a LAC não prevê a isenção total da multa, mas apenas a sua diminuição.

Na Lei Antitruste brasileira, a entabulação de acordo de leniência prevê a possibilidade de inclusão das pessoas jurídicas e físicas no ajuste, o que não se dá na LAC, que possui foco tão somente na responsabilização das pessoas jurídicas. As esferas de responsabilização da pessoa natural permanecem no âmbito do Direito Penal, do Direito Civil e do Direito Administrativo Sancionador. Notadamente, o representante de pessoa jurídica que declare ter participado de atos de corrupção ou fraude licitatória em conluio com agentes públicos e forneça elementos para o ajuste, poderá responder a ação penal e por ato de improbidade administrativa. O sistema previsto na LAC "não oferece proteção contra a persecução penal para indivíduos que colaborem com as autoridades, e são os indivíduos, em última instância, os responsáveis pela decisão de relatar o ato ilícito às autoridades".[331]

O acordo de leniência firmado no âmbito da LDC surte benefícios penais, em relação às pessoas físicas. Desde a celebração do acordo de leniência até o julgamento dele, há, automaticamente, um efeito provisório, que trata do impedimento de se instaurar a ação penal, com a consequente suspensão do prazo prescricional. E, posteriormente,

---

[329] LUZ, Reinaldo Diogo; LARA, Fabiano Teodoro de Rezende. Análise do Programa de Leniência da Lei Anticorrupção Brasileira: características e efetividade. *In*: FORTINI; Cristiana (Coord). *Corrupção e seus múltiplos enfoques jurídicos*. Belo Horizonte: Editora Fórum, 2018. p. 125.

[330] LUZ, Reinaldo Diogo; LARA, Fabiano Teodoro de Rezende. Análise do Programa de Leniência da Lei Anticorrupção Brasileira: características e efetividade. *In*: FORTINI; Cristiana (Coord). *Corrupção e seus múltiplos enfoques jurídicos*. Belo Horizonte: Editora Fórum, 2018. p. 127.

[331] LUZ, Reinaldo Diogo; LARA, Fabiano Teodoro de Rezende. Análise do Programa de Leniência da Lei Anticorrupção Brasileira: características e efetividade. *In*: FORTINI; Cristiana (Coord). *Corrupção e seus múltiplos enfoques jurídicos*. Belo Horizonte: Editora Fórum, 2018. p. 127.

com o cumprimento de todos os termos do ajuste, há a extinção da punibilidade da pessoa física no tocante aos crimes correlatos às infrações detectadas.[332] Isso não ocorre em relação ao acordo de leniência firmado com base na literalidade prevista na Lei Anticorrupção, que é restrito às pessoas jurídicas, estando fora da área de incidência as pessoas naturais.[333]

De acordo com a redação legal, o acordo de leniência previsto na Lei Anticorrupção não pode ser utilizado para tratar assuntos penais, não surtindo qualquer efeito nessa seara.[334] Esse é um ponto que pode constituir em elemento de desmotivação à assinatura do acordo, tendo em vista que "não existe qualquer garantia para um infrator que informe os ilícitos às autoridades, que ele irá obter a redução da pena depois de ter confessado a participação na infração".[335]

Essa possibilidade de atribuir efeitos civis, administrativos e penais aos acordos de leniência firmados pelo CADE é algo que merece destaque, porquanto, além de estimular a celebração do ajuste, revela a possibilidade de se incluir vários agentes e desestruturar a atuação de grupos estáveis na prática ilícita. Cita-se um *leading case* que ganhou notoriedade, que trata de um cartel de empresas de vigilância do Rio Grande do Sul (Cartel dos Vigilantes), em que, em atuação conjunta do Ministério Público Federal com o Ministério Público do RS – MPRS, se desnudaram práticas de fraude à licitação e crimes contra a ordem econômica, havendo a aplicação de multas no importe de R$40 milhões em troca da isenção das penalidades administrativas para as pessoas jurídicas, com efeitos criminais em relação às pessoas físicas signatárias.[336] [337]

---

[332] MARRARA, Thiago. *Sistema Brasileiro de Defesa da Concorrência*: organização, processos e acordos administrativos. São Paulo: Editora Atlas, 2015. p. 364.

[333] PEREIRA, Victor Alexandre El Khoury M. Acordo de leniência na Lei Anticorrupção (Lei nº 12.846/2013). *Revista Brasileira de Infraestrutura – RBINF*, Belo Horizonte, ano 5, n. 9, p. 79-113, jan./jun. 2016. p. 87.

[334] MARRARA, Thiago. Comentários ao artigo 16. *In*: DI PIETRO, Maria Sylvia Zanella; MARRARA, Thiago (Coord.). *Lei Anticorrupção comentada*. Belo Horizonte: Editora Fórum, 2017. p. 197.

[335] LUZ, Reinaldo Diogo; LARA, Fabiano Teodoro de Rezende. Análise do Programa de Leniência da Lei Anticorrupção Brasileira: características e efetividade. *In*: FORTINI, Cristiana (Coord.). *Corrupção e seus múltiplos enfoques jurídicos*. Belo Horizonte: Editora Fórum, 2018. p. 128.

[336] MACHADO, Pedro Antônio de Oliveira. *Acordo de Leniência & a Lei de Improbidade Administrativa*. Curitiba: Juruá, 2017. p. 172.

[337] OLIVEIRA JÚNIOR, Fernando Antônio de Alencar Alves. Os (indispensáveis) instrumentos consensuais no controle de condutas do direito antitruste brasileiro – A experiência do CADE com o Termo de Compromisso de cessação e o acordo de leniência.

O acordo de leniência, tanto na Lei Anticorrupção quanto na Lei Antitruste, se apresenta como fruto da aplicação da consensualidade na Administração Pública, onde se preza "pela abertura da possibilidade de diálogo entre Administração e administrados em parceria",[338] o que vai ao encontro dos ditames de eficácia, eficiência e responsabilidade, contribuindo para práticas de boa governança, facilitando e acelerando a resolução de controvérsias.[339]

Observa-se que, na Lei Antitruste, há o objeto de elucidação das condutas anticoncorrenciais praticadas no mercado, enquanto na LAC se pretende combater as condutas lesivas realizadas no relacionamento público-privado, conforme rol estabelecido.[340]

6.3 O acordo de colaboração premiada – "A leniência penal"

Instrumentos persecutórios semelhantes ao acordo de leniência têm se mostrado eficazes em outras áreas diversas do Direito Administrativo, sendo que a resolução negociada tem sido seguida pelo Direito Penal, conforme diversas leis editadas no país, sendo a primeira a Lei nº 7.492/86, que trata da aplicação da justiça penal premial aos crimes contra o Sistema Financeiro Nacional (artigo 25, §2º). A norma mais recente é a Lei nº 12.850/13, que define organização criminosa e dispõe sobre a investigação criminal, e os meios de obtenção da prova, em especial, disciplina a colaboração premiada no âmbito de investigações (artigo 3º, inciso I, artigos 4º, 5º, 6º e 7º).

A origem da colaboração premiada é noticiada na Idade Média, em razão do elevado valor da confissão naquele período, contudo, essa prova era obtida, notadamente, pelo emprego de técnicas de tortura. Foi no período iluminista que o Estado se distanciou da influência eclesiástica na produção da prova, porém, apenas no limiar do século XX,

---

In: MUNHÓS, Jorge; QUEIROZ, Ronaldo Pinheiro. *Lei Anticorrupção e Temas de Compliance*. Salvador: Editora Jus Podivm, 2017. p. 396.

[338] MELLO, Shirlei Silmara de Freitas; MAIOLI, Patrícia Lopes; ABATI, Leandro de Paula Assunção. O acordo de leniência como corolário do princípio da consensualidade no processo antitruste brasileiro. *Revista de Direito Público da Economia – RDPE*, Belo Horizonte, ano 12, n. 45, p. 153-167, jan./mar. 2014. p. 158.

[339] MELLO, Shirlei Silmara de Freitas; MAIOLI, Patrícia Lopes; ABATI, Leandro de Paula Assunção. O acordo de leniência como corolário do princípio da consensualidade no processo antitruste brasileiro. *Revista de Direito Público da Economia – RDPE*, Belo Horizonte, ano 12, n. 45, p. 153-167, jan./mar. 2014. p. 159.

[340] CARVALHOSA, Modesto. *Considerações sobre a lei anticorrupção das pessoas jurídicas*. São Paulo: Revista dos Tribunais, 2015. p. 373.

a "colaboração premiada passa a constituir uma das engrenagens do moderno e complexo sistema da 'justiça negociada'".[341]

A colaboração premiada pode ser conceituada como "uma técnica especial de investigação que estimula a contribuição feita por um coautor ou partícipe de crime em relação aos demais, mediante o benefício, em regra, de imunidade ou garantia de redução da pena".[342]

A estruturação e a ampla utilização da colaboração premiada se deu nos países de origem *common law*, especialmente nos Estados Unidos, por meio da utilização do *plea bargaining*.[343] No processo penal americano, apenas 10% dos casos chegam a julgamento pós *jury trial*, sendo que a maioria advém de acordos entre acusação e defesa (*plea of guilty*).[344]

Na Europa, o instrumento tem sido utilizado, sendo que, na Itália, a partir da década de 70, foi muito aplicado no combate ao terrorismo, posteriormente, na apuração de condutas ligadas às organizações criminosas de tipo mafioso e, atualmente, é previsto para alguns crimes comuns, como extorsão mediante sequestro.[345]

Além dos benefícios de ressarcimento célere ao erário, é importante destacar o caráter dissuasório do uso desse instrumento, posto que contribui para o desbaratamento da organização criminosa.[346] No Brasil, ao firmar o acordo de colaboração premiada, poderá obter o perdão judicial, a redução em até 2/3 (dois terços) da pena privativa de liberdade ou substituí-la por restritiva de direitos, desde que tenha colaborado efetiva e voluntariamente com a investigação e com o processo criminal (artigo 3º da Lei nº 12.850).[347]

---

[341] DINO, Nicolao. A colaboração premiada na improbidade administrativa: possibilidade e repercussão probatória. *In*: SALGADO, Daniel de Resende; QUEIROZ, Ronaldo Pinheiro. *A prova no enfrentamento à macrocriminalidade*. Salvador: Editora Jus Podivm, 2015. p. 440.

[342] FONSECA, Cibele Benevides Guedes da. *Colaboração premiada*. Belo Horizonte: Del Rey, 2017. p. 86.

[343] DINO, Nicolao. A colaboração premiada na improbidade administrativa: possibilidade e repercussão probatória. *In*: SALGADO, Daniel de Resende; QUEIROZ, Ronaldo Pinheiro. *A prova no enfrentamento à macrocriminalidade*. Salvador: Editora Jus Podivm, 2015. p. 441.

[344] PEREIRA, Valdez Frederico. *Delação premiada*: legitimidade e procedimento. Curitiba: Juruá editora, 2016. p. 46.

[345] DINO, Nicolao. A colaboração premiada na improbidade administrativa: possibilidade e repercussão probatória. *In*: SALGADO, Daniel de Resende; QUEIROZ, Ronaldo Pinheiro. *A prova no enfrentamento à macrocriminalidade*. Salvador: Editora Jus Podivm, 2015. p. 441.

[346] FONSECA, Cibele Benevides Guedes da. *Colaboração premiada*. Belo Horizonte: Del Rey, 2017. p. 215.

[347] BRASIL. Lei nº 12.850, de 02 de agosto de 2013. Define organização criminosa e dispõe sobre a investigação criminal, os meios de obtenção da prova, infrações penais correlatas e o procedimento criminal; altera o Decreto-Lei nº 2.848, de 7 de dezembro de 1940

Em investigações envolvendo a prática de atos de corrupção por meio de organizações criminais, a colaboração premiada tem tido o uso ampliado no país, conforme notícias da mídia nacional, e, notadamente, no caso Lava-Jato, em que foram firmados 163 acordos de colaboração premiada com pessoas físicas, tendo obtido R$11,5 bilhões de ressarcimento ao erário, conforme informações constantes no *site* do Ministério Público Federal.[348]

6.4 O acordo de leniência firmado pelo Banco Central – BACEN e com a Comissão de Valores Imobiliários – CVM. "A leniência financeira"

A última lei aprovada e que disciplina a resolução consensual de ilícitos administrativos nos moldes de leniência é a Lei nº 13.506/2017, que dispôs sobre o processo administrativo sancionador nas esferas de atuação do Banco Central do Brasil – BACEN e da Comissão de Valores Mobiliários – CVM.[349]

A novidade dessa lei é que, além de tratar de questões processuais do processo administrativo sancionador, estipulou meios alternativos de solução de controvérsias aplicáveis às instituições financeiras, às demais instituições supervisionadas pelo Banco Central do Brasil e aos integrantes do Sistema de Pagamentos Brasileiro. A norma igualmente autorizou a aplicação dessas técnicas de investigação aos processos administrativos sancionadores conduzidos no âmbito da CVM.

A lei em referência disciplinou o termo de compromisso, de maneira geral, muito semelhante ao compromisso de cessação, estabelecido no SBDC, bem como previu o "Acordo Administrativo em Processo de Supervisão" (artigo 30), sendo que é um acordo de leniência na área financeira. Esse acordo poderá ser firmado na esfera do Banco Central do

---

(Código Penal); revoga a Lei nº 9.034, de 3 de maio de 1995; e dá outras providências. *Diário Oficial [da República Federativa do Brasil]*, Brasília, DF, 05 ago. 2013. Disponível em: http://www.planalto.gov.br/ccivil_03/_ato2011-2014/2013/lei/l12850.htm. Acesso em: 02 ago. 2017.

[348] BRASIL. Ministério Público Federal. *A Lava Jato em números no Paraná*. Disponível em: http://www.mpf.mp.br/para-o-cidadao/caso-lava-jato/atuacao-na-1a-instancia/parana/resultado. Acesso em: 26 jun. 2018.

[349] BRASIL. Lei nº 13.506, de 13 de novembro de 2017. Dispõe sobre o processo administrativo sancionador na esfera de atuação do Banco Central do Brasil e da Comissão de Valores Mobiliários. *Diário Oficial [da República Federativa do Brasil]*, Brasília, DF, 14 nov. 2017. Disponível em: http://www.planalto.gov.br/ccivil_03/_ato2015-2018/2017/lei/L13506.htm. Acesso em: 14 jul. 2018.

Brasil, em processo de supervisão com pessoas físicas ou jurídicas, que confessarem a prática de infração às normas legais ou regulamentares do Bacen, tendo como efeito a extinção da ação punitiva ou a redução de 1/3 (um terço) a 2/3 (dois terços) da penalidade aplicável, mediante efetiva, plena e permanente cooperação para a apuração dos fatos.

Chama a atenção a possibilidade de figurar como parte tanto pessoas físicas quanto pessoas jurídicas, que poderão obter a anistia total das penalidades, caso efetivamente colaborem, seguindo a mesma linha do disposto no SBDC. Estão, portanto, inclusas, além das instituições financeiras e outras supervisionadas pelo BACEN, as pessoas físicas que compõem a administração, conselho fiscal, comitê de auditoria e outras esferas administrativas dessas entidades. Assim, o diploma legal passou a concentrar o rol de todas as pessoas sujeitas à supervisão pelo BACEN e que, diante disso, estão sujeitas às penalidades decorrentes de processo administrativo sancionador nessa autarquia.[350]

Foi previsto que a celebração do ajuste administrativo deve resultar na identificação dos demais envolvidos na prática da infração, quando couber, e nas informações e documentos que comprovem a infração noticiada ou sob investigação, sendo obrigação do colaborador apresentar tais informações.

Além disso, a lei em referência tornou obrigatório o preenchimento, cumulativo, dos seguintes requisitos, para que o acordo seja celebrado: 1) a pessoa jurídica seja a primeira a se qualificar com respeito à infração noticiada ou sob investigação, ficando vedado, portanto, a leniência *plus*; 2) o envolvimento na infração noticiada ou sob investigação deve cessar imediatamente a partir da data de propositura do acordo; 3) por ocasião do acordo, o Banco Central do Brasil não deve dispor de provas suficientes para assegurar a condenação administrativa das pessoas físicas ou jurídicas; e 4) a pessoa física ou jurídica deve confessar participação no ilícito, cooperar plena e permanentemente com as investigações e com o processo administrativo e comparecer, sob suas expensas, sempre que solicitada, a todos os atos processuais, até seu encerramento.

Caso o acordo seja rejeitado, nos mesmos moldes do que é previsto no SBDC e LAC, os documentos apresentados não induzem à

---

[350] MATTOS FILHO. *Memorando aos clientes. Bancos e serviços financeiros e contencioso administrativo de mercado. O novo regime sancionador do Banco Central e Comissão de Valores Mobiliários*. Disponível em: http://www.mattosfilho.com.br/Memorandos/171025_memotrib.pdf. Acesso em: 20 jun. 2018.

confissão de culpa em relação à matéria de fato, nem ao reconhecimento da ilicitude da conduta analisada (art. 31, §1º).

A lei não excluiu o dever de comunicação ao Ministério Público, em caso de a autoridade administrativa colher indícios da prática de crimes. E, ainda, haverá a possibilidade de o órgão ministerial requisitar informações ou obter acesso ao sistema informatizado do Banco Central do Brasil no que diz respeito aos acordos administrativos firmados e que estejam em fase de cumprimento (art. 31, §3º), tendo em vista que os efeitos da leniência bancária restringem-se à esfera administrativa, não podendo impactar na apuração de crimes financeiros.

Como a leniência financeira não isenta da responsabilidade penal, nas hipóteses de indícios da prática de crimes diversos, tais como lavagem de dinheiro, evasão de divisas e gestão temerária, dentre outros, poderá ser deflagrada a persecução penal. Nada obsta, contudo, que seja realizada atuação conjunta entre instituições e, paralelamente à assinatura da leniência bancária com o BACEN, seja firmado acordo de colaboração premiada com o Ministério Público, nos moldes da Lei nº 12.850/2013. Há, ainda, a possibilidade de ser alargada a rede de instituições com atribuições para apurar as condutas objeto da negociação, "se, por exemplo, houver prejuízo para bancos públicos, o acordo pode ainda envolver a Advocacia Geral da União, ou, ao menos, pode-se tentar levar os efeitos do acordo administrativo e criminal para a esfera cível".[351]

6.5 A disciplina do acordo de leniência na Lei Anticorrupção – LAC

Há quem sustente que a utilização da expressão "leniência", termo utilizado para os acordos de isenção e/ou diminuição de penalidades, está equivocada, tendo em vista que a palavra leniência seria originária do latim *leniens*, que teria dado origem à palavra lenitivo, que se traduz como alívio, laxativo. O correto seria, então, o uso do termo lenimento, do latim *lenimentum,* aquilo que embrandece, suaviza e mitiga.[352]

---

[351] CONCEIÇÃO, Pedro Augusto Simões da. *Lei de leniência bancária traz reflexos para crimes financeiros*. Disponível em: https://www.conjur.com.br/2017-nov-30/pedro-conceicao-leileniencia-bancaria-impacta-crimes-financeiros. Acesso em: 19 jun. 2018.

[352] FERNANDES, Jorge Ulisses Jacoby; COSTA, Karina Amorim Sampaio. In: NASCIMENTO, Melillo Diniz. O controle da corrupção no Brasil e a Lei nº 12.846/2013: a Lei anticorrupção. In: *Lei anticorrupção empresarial*: aspectos críticos às Lei nº 12.846/2013. Belo Horizonte: Fórum, 2014. p. 45.

Para Thiago Marrara, trata-se de um uso equivocado do termo, porquanto, no acordo, "leniente é o Estado", pois é quem alivia as sanções. O autor prefere utilizar o termo delator ou colaborador para o particular que firma o ajuste com o ente público.[353] Além do termo leniência, originário do programa norte-americano *Corporate Leniency Program*, existem outras expressões utilizadas em legislações alienígenas, tais como "regra do bônus", na Suíça, ou regra da "testemunha da coroa", na Alemanha, sendo essa alusiva às testemunhas que delatavam os coautores e posteriormente ficavam ao lado do trono, diferentemente dos outros acusados pelo rei.[354]

Pode-se dizer que trata-se de uma tendência mundial, "num esforço inovador, o legislador moderno vem acolhendo medidas negociadas de inspiração estrangeira para o esclarecimento dos fatos, circunstâncias e a viabilização de provas por outro modo de difícil equação na via tradicional".[355]

O estabelecimento de programas de leniência guarda direta conexão com o estabelecimento de novos parâmetros de gestão empresarial, baseados em sistemas de *compliance*, que deve atuar de forma preventiva e punitiva à detecção de ilicitudes no ambiente da empresa. "Como se imagina a possibilidade de uma autorregulação regulada, há de se fomentar, também, a possibilidade de *internal investigations* que venham justamente colaborar com a formação do novo sistema".[356]

O acordo de leniência é uma "manifestação do direito premial, a leniência é voluntária, mas não necessariamente espontânea. Sua validade depende da voluntariedade da colaboração a ser prestada pelo infrator, mas a Administração Pública não está impedida de estimulá-la".[357]

A Lei Anticorrupção prevê, em seu artigo 16, que a autoridade máxima de cada órgão ou entidade pública poderá celebrar acordo de

---

[353] MARRARA, Thiago. *Sistema Brasileiro de Defesa da Concorrência*: organização, processos e acordos administrativos. São Paulo: Editora Atlas, 2015. p. 332.
[354] MARRARA, Thiago. *Sistema Brasileiro de Defesa da Concorrência*: organização, processos e acordos administrativos. São Paulo: Editora Atlas, 2015. p. 332.
[355] DIPP, Gilson; CASTILHO, Manoel L. Volkmer. *Comentários à Lei Anticorrupção*. São Paulo: Editora Saraiva, 2016. p. 78.
[356] SILVEIRA, Renato; SAAD-DINIZ, Eduardo. *Compliance, Direito Penal e Lei Anticorrupção*. São Paulo: Saraiva, 2015. p. 345.
[357] ARAS, Vladimir. *Acordos de leniência na lei anticorrupção empresarial. Coletânea de artigos*: avanços e desafios no combate à corrupção após 25 anos de vigência da Lei de Improbidade Administrativa / 5ª Câmara de Coordenação e Revisão, Criminal. Brasília: MPF, 2018. p. 206. Disponível em: http://www.mpf.mp.br/atuacao-tematica/ccr5/publicacoes. Acesso em: 25 jun. 2018.

leniência com as pessoas jurídicas responsáveis pela prática dos atos nela previstos, desde que colaborem efetivamente com as investigações e o processo administrativo, sendo que, dessa colaboração, deve resultar a identificação dos demais envolvidos na infração, quando couber, e a obtenção célere de informações e documentos que comprovem o ilícito sob apuração.

O acordo em questão se insere no Programa de Leniência estabelecido pela Lei nº 12.846/13, que integra microssistema processual de tutela coletiva da probidade administrativa[358] ou "sistema legal de defesa da moralidade".[359] Um ponto de destaque no ordenamento jurídico pátrio é que a disciplina da leniência envolvendo a prática de atos lesivos à Administração Pública está prevista em lei. "Até onde se tem conhecimento, é o segundo programa de leniência contra a corrupção formalmente instituído no mundo, sendo o outro criado em 2012 pela *Ley Federal Anticorrupción em Contrataciones Publicas* (LFACP), no México".[360]

Ainda, no artigo 17 da LAC, é disposto que a Administração Pública igualmente poderá celebrar o acordo de leniência em relação a ilícitos licitatórios previstos na Lei nº 8.666/93 (Lei das Licitações), visando isentar ou atenuar as sanções administrativas previstas nos artigos 86 a 88 dessa última.

De acordo com posicionamento de Fortini, essa previsão do artigo 17 não trata de uma nova espécie de acordo de leniência diverso do disposto no artigo 16, mas sim, de uma possibilidade de ajuste para as condutas previstas tanto no IV, do artigo 5º da LAC, quanto para aquelas descritas na Lei das licitações, constituindo-se "uma possibilidade de favorecer a entidade signatária, ampliando, pois, a atratividade do ajuste, para prever benefícios outros que o escopo inicial do ajuste não contemplava".[361]

---

[358] GARCIA, Emerson; ALVES, Rogério Pacheco. *Improbidade Administrativa*. 8. ed. São Paulo: Saraiva, 2014. p. 919.

[359] MOREIRA, Diogo; FREITAS, Rafael. *A juridicidade da Lei anticorrupção – reflexões e interpretações prospectivas*. Belo Horizonte: Fórum Administrativo, n. 156, v. 14, 2014. p. 12. Disponível em: http://bdjur.stj.jus.br/dspace/handle/2011/72681. Acesso em: 19 jan. 2016.

[360] LUZ, Reinaldo Diogo; LARA, Fabiano Teodoro de Rezende. Análise do Programa de Leniência da Lei Anticorrupção Brasileira: características e efetividade. *In*: FORTINI, Cristiana (Coord). *Corrupção e seus múltiplos enfoques jurídicos*. Belo Horizonte: Editora Fórum, 2018. p. 125.

[361] FORTINI, Cristiana. Comentários ao artigo 17. *In*: DI PIETRO, Maria Sylvia Zanella; MARRARA, Thiago (Coord.). *Lei Anticorrupção comentada*. Belo Horizonte: Editora Fórum, 2017. p. 239.

As previsões dos artigos 16 e 17 da LAC são, na verdade, um instrumento único, sendo que o artigo 17 trata das situações envolvendo a prática de ilícitos em licitações e contratos que, igualmente, estão retratadas na Lei Anticorrupção. "O acordo de leniência de que trata tal dispositivo guarda absoluta identidade com o prescrito no artigo 16, portanto, sua eventual celebração deve observar finalidades, condições e requisitos previstos naquele dispositivo".[362]

Seguindo tais posicionamentos, "o acordo de leniência no âmbito da Lei de Licitações somente será possível nas hipóteses dos artigos 88 e em algumas situações previstas no artigo 87".[363] Haverá, portanto, a possiblidade de penalização em razão da incidência das duas leis, sendo que a pessoa jurídica poderá ser beneficiada pelo acordo nos dois processos administrativos sancionadores.

Segundo Fortini e Faria, conceitua-se o acordo de leniência na Lei Anticorrupção como:

> O acordo de leniência é espécie de ajuste jurídico firmado pela União, Estados, Distrito Federal ou Municípios, por meio de seus órgãos de controle interno, com pessoas jurídicas de direito privado que supostamente tenham praticado ato ou adotado conduta lesiva à ordem econômica ou à Administração Pública nos quatro planos de governo previsto no ordenamento jurídico pátrio.[364]

Para Bertoncini, conceitua-se o acordo de leniência constante da Lei Anticorrupção da seguinte forma:

> É o ato administrativo bilateral e discricionário, firmado entre a autoridade competente, nacional ou legitimada, a defender a administração pública estrangeira, em razão de proposta formulada em primeiro lugar pela pessoa jurídica envolvida em atos lesivos à administração pública, definidos ou apontados na Lei nº 12.846/2013, mediante o compromisso de efetiva cooperação na identificação dos demais envolvidos e da obtenção célere de informações e documentos indispensáveis à apuração da verdade nas fases de investigação e do processo administrativo, isentando a proponente de sanções

---

[362] SIMÃO, Valdir Moysés; VIANNA, Marcelo Pontes. *O acordo de leniência na Lei anticorrupção. Histórico, desafios e perspectivas*. São Paulo: Trevisan Editora, 2017. p. 145.
[363] MARINELA, Fernanda; PAIVA, Fernando; RAMALHO, Tatiana. *Lei anticorrupção*: Lei nº 12.846/13, de 1º de agosto de 2013. São Paulo: Saraiva, 2015. p. 202.
[364] FORTINI, Cristiana; FARIA, Edimur Ferreira de. Os contornos do acordo de leniência após a Medida Provisória nº 703/2015: promessas de sucesso ou cenários de incertezas. *Revista Duc In Altum Cadernos de Direito*, v. 8, n. 14, p. 9-52, jan./abr. 2016. p. 09.

administrativa (publicação extraordinária de decisão condenatória) e judicial (proibição temporária de receber benefícios econômicos do Poder Público), e reduzindo-lhe a multa aplicável no processo administrativo, na senda de combater a corrupção na esfera pública e preservar a leal concorrência entre as pessoas jurídicas privadas.[365]

O acordo de leniência na LAC, segundo Modesto Carvalhosa, "trata-se de uma promessa pactuada de diminuição das penalidades, vinculada a uma condição resolutiva de resultado", quais sejam: colaboração para elucidação da prática ilícita, no sentido de indicação dos demais coautores e/ou partícipes e apresentação das provas.[366]

Para Flávio Dematté, trata-se de um instrumento empregado na *common law* e que permite que os infratores participem da investigação e colaborem com a elucidação das condutas, em troca de benefícios relacionados à exclusão ou atenuação das penas.[367]

Na acepção de Simão e Vianna, o acordo de leniência "é uma espécie do gênero transação". De acordo com o conceito do artigo 840 do CC, por meio da transação, as partes previnem ou terminam litígios mediante concessões mútuas. Contudo, para os autores citados, esse conceito não se aplica ao caso por tratar do exercício do poder de polícia pelo Estado, mas é útil para justificar o ponto de vista negocial.[368]

Conforme conceito de Fidalgo e Canetti, o acordo de leniência constitui um instrumento alternativo que, com a devida disciplina, possui condições de "concretizar as mesmas finalidades que a sanção tradicional: harmonização das relações sociais e saneamento de irregularidades, com desincentivo às práticas ilícitas e facilitação dos procedimentos de investigação".[369]

Tal como o instrumento de colaboração premiada na Lei das Organizações Criminosas e do acordo de leniência na Lei do CADE, o

---

[365] BERTONCINI, Mateus. Do acordo de leniência. *In*: CAMBI, Eduardo; GUARAGNI, Fábio (Orgs.). *Lei anticorrupção*: comentários à Lei nº 12.846/2013. São Paulo: Almedina, 2014. p. 220.

[366] CARVALHOSA, Modesto. *Considerações sobre a lei anticorrupção das pessoas jurídicas*. São Paulo: Revista dos Tribunais, 2015. p. 371.

[367] DEMATTÉ, Flávio Rezende. *Responsabilização das pessoas jurídicas por corrupção*: a Lei nº 12.846/2013 segundo o Direito da Intervenção. Belo Horizonte: Editora Fórum, 2015. p. 126.

[368] SIMÃO, Valdir Moysés; VIANNA, Marcelo Pontes. *O acordo de leniência na Lei anticorrupção. Histórico, desafios e perspectivas*. São Paulo: Trevisan Editora, 2017. p. 59.

[369] FIDALGO, Carolina Barros; CANETTI, Rafaela Coutinho. Os acordos de leniência na lei de combate à corrupção. *In*: MUNHÓS, Jorge; QUEIROZ, Ronaldo Pinheiro. *Lei Anticorrupção e Temas de Compliance*. Salvador: Editora Jus Podivm, 2017. p. 339.

acordo de leniência na LAC é uma "técnica especial de investigação" que se apresenta com capacidade de prevenir e apurar ilícitos que "drenam recursos públicos para interesses privados, causando prejuízos à sociedade e ao cumprimento pelo Estado dos objetivos pactuados no texto constitucional".[370] Quanto à proatividade na celebração, pode-se dizer que, "no acordo de leniência, portanto, é o Estado que assume o papel de leniente, enquanto o infrator age como delator-colaborador".[371]

A celebração do acordo de leniência se mostra também favorável à eficiência e à efetividade da Administração Pública, posto que "essa técnica especial de investigação" abrevia o tempo da investigação e do processo administrativo, sendo uma "opção ou mecanismo de facilitação da coleta da prova".[372]

Quando se defende que o acordo de leniência é um instrumento para a aplicação da eficiência na Administração Pública, pontua-se que ele é apto ao ressarcimento do erário, mas também para inibir a reiteração de condutas ilícitas de mesma natureza, em razão do caráter dissuasório das sanções cominadas no termo de ajuste. Assim, não visa ao aspecto meramente econômico estatal.

O princípio da eficiência está previsto no artigo 37, *caput*, da Constituição Federal, introduzido por meio da Emenda Constitucional nº 19/98, sendo que ele não está restrito ao aspecto econômico, posto que a economicidade é apenas um dos componentes da eficiência e não o contrário.[373] "Num patamar genérico, ser eficiente é alcançar o mais alto grau de resultados com o mínimo de sacrifícios, mas não necessariamente materiais".[374]

O conceito de eficiência diz respeito à obtenção prática das finalidades do ordenamento jurídico, com os menores ônus que forem possíveis, tanto para o Estado (como aspectos financeiros, por exemplo) quanto para as liberdades dos cidadãos, de forma que "não pode ser entendida apenas como maximização do lucro, mas sim, como um

---

[370] MACHADO, Pedro Antônio de Oliveira. *Acordo de Leniência & a Lei de Improbidade Administrativa*. Curitiba: Juruá, 2017. p. 179.
[371] MARRARA, Thiago. Comentários ao artigo 16. *In*: DI PIETRO, Maria Sylvia Zanella; MARRARA, Thiago (Coord.). *Lei Anticorrupção comentada*. Belo Horizonte: Editora Fórum, 2017. p. 196.
[372] MACHADO, Pedro Antônio de Oliveira. *Acordo de Leniência & a Lei de Improbidade Administrativa*. Curitiba: Juruá, 2017. p. 182.
[373] GABARDO, Emerson. A eficiência no desenvolvimento do Estado Brasileiro: uma questão política e administrativa. *In*: MARRARA, Thiago. *Princípios de Direito Administrativo*. São Paulo: Editora Atlas, 2012. p. 342.
[374] MENDES, Guilherme Adolfo dos Santos. Princípio da eficiência. *In*: MARRARA, Thiago. *Princípios de Direito Administrativo*. São Paulo: Editora Atlas, 2012. p. 363.

melhor exercício das missões de interesse coletivo que incumbe ao Estado".[375] Embora o princípio da eficiência seja setorial, já que se refere exclusivamente à Administração Pública, ele está ligado à eficiência do Estado como vetor ético geral do sistema constitucional.[376]

De acordo com esse raciocínio, o uso do acordo de leniência, para além de ressarcir o erário, promover a cessação das condutas lesivas à Administração, pode ser caracterizado como um desdobramento do princípio da eficiência, numa dimensão de eficiência empreendida não meramente aos interesses da Administração, mas da sociedade.[377]

6.6 O acordo de leniência como expressão do direito administrativo consensual

A Constituição Federal de 1988 consagrou o Estado Democrático de Direito, em que o poder emana do povo que o exerce de forma direta e indireta (CF/88, art. 1º, parágrafo único). A concepção de Estado Democrático de Direito traz ínsita a ideia de um espaço público de diálogo e de construção de soluções entre governantes e governados, "via processos dialógicos, em que a esfera de atuação do Poder Público estará permanentemente imbricada com a sociedade civil".[378]

Nessa conjuntura jurídica e política, o consenso não é obtido tão somente por meio da participação formal, através do voto, mas é mais amplo, dirigido às políticas públicas estatais, através de novas formas institucionais que possam trazer segurança ao processo de formação da vontade administrativa.[379]

Ao discorrer acerca da constitucionalização do Direito Administrativo, a Professora Maria Sylvia Zanella Di Pietro fundamenta que o Direito Administrativo sempre esteve presente nas Constituições brasileiras, todavia, a partir de 1988, o que ocorreu foi "a constitucionalização

---

[375] ARAGÃO, Alexandre Santos de. O princípio da eficiência. *In*: MARRARA, Thiago. *Princípios de Direito Administrativo*. São Paulo: Editora Atlas, 2012.
[376] GABARDO, Emerson. *Princípio constitucional da eficiência administrativa*. São Paulo: Dialética Editora, 2002. p. 89.
[377] MENDES, Guilherme Adolfo dos Santos. Princípio da eficiência. *In*: MARRARA, Thiago. *Princípios de Direito Administrativo*. São Paulo: Editora Atlas, 2012. p. 373.
[378] MAIA, Taciana Mara Corrêa. Administração Pública consensual e a democratização da atividade administrativa. *Revista Jurídica UNIGRAN*, Dourados, MS, v. 16, n. 31, p. 69-85, jan./jun. 2014. p. 70.
[379] NETO, Diogo Figueiredo Moreira. Novas tendências da democracia. Consenso e Direito Público na virada do século – o caso brasileiro. *Revista Eletrônica sobre Reforma do Estado – RERE*, Salvador, n. 13, março/abril/maio 2008. p. 2. Disponível em: http://www.direitodoestado.com.br/codrevista.asp?cod=264. Acesso em: 14 jun. 2018.

de valores e de princípios que passaram a orientar a atuação dos três poderes do Estado". No que concerne à Administração Pública, ela explica que a limitação da discricionariedade administrativa passa a ser limitada, não apenas pela legalidade em sentido estrito, mas por todos esses valores e princípios consagrados na Constituição Federal.[380] Pode-se dizer que essa ordem constitucional, "dilargada e travejada sobre valores" expressos nos princípios constitucionais, possibilitou um *"updgrade* legitimatório ao Direito Administrativo, trazendo incontáveis vantagens sociais.[381] A partir de um sentido descritivo, a professora DI Pietro define o Direito Administrativo como "o ramo do direito público que tem por objeto os órgãos, agentes e pessoas jurídicas administrativas que integram a Administração Pública, a atividade jurídica não contenciosa que exerce e os bens de que se utiliza".[382] A administrativista Fernanda Marinela assinala que o conceito de Direito Administrativo é objeto de divergências e polêmicas, mas o conceitua, em sentido amplo, "como um ramo do Direito Público Interno que tem como objetivo a busca pelo bem da coletividade e pelo interesse público".[383]

José dos Santos Carvalho Filho entende, com as mudanças operadas no Direito Administrativo, que ele há de focar em dois tipos de relações jurídicas fundamentais: "uma, de *caráter interno*, que existe entre as pessoas administrativas, e entre os órgãos que a compõem; e outra, de caráter externo, que se forma entre o Estado e a coletividade em geral".[384]

O Direito Administrativo Consensual, na verdade, não traz um novo conceito de Direito Administrativo, mas uma nova proposta para resolução dos conflitos surgidos em seu espaço de aplicação, podendo-se notar a existência de um "movimento pró-consenso" em razão das demandas de celeridade e eficiência cada vez mais presentes

---

[380] DI PIETRO, Maria Sylvia Zanella. Da constitucionalização do direito administrativo: reflexos sobre o princípio da legalidade e a discricionariedade administrativa. *In*: DI PIETRO, Maria Sylvia Zanella; RIBEIRO, Carlos Vinícius Alves (Coords.). *Supremacia do interesse público e outros temas relevantes do Direito Administrativo*. 1. ed. São Paulo: Editora Atlas, 2010. Capítulo 7. p. 180.

[381] NETO, Diogo Figueiredo Moreira. Novas tendências da democracia. Consenso e Direito Público na virada do século – o caso brasileiro. *Revista Eletrônica sobre Reforma do Estado – RERE*, Salvador, n. 13, março/abril/maio 2008. p. 8. Disponível em: http://www.direitodoestado.com.br/codrevista.asp?cod=264. Acesso em: 14 jun. 2018.

[382] DI PIETRO, Maria Sylvia Zanella. *Direito Administrativo*. São Paulo: Editora Atlas, 2005. p. 52.

[383] MARINELA, Fernanda. *Direito Administrativo*. Niterói: Editora Impetus, 2013. p. 02-03.

[384] FILHO, CARVALHO, José Santos. *Manual de Direito Administrativo*. 32. ed. São Paulo: Atlas, 2018. (edição eletrônica).

na Administração Pública, além da preocupação com a governança, que levaram à necessidade de celebração de acordos.[385] A existência de uma Administração Pública Consensual apresenta-se relevante a partir das percepções de que hoje vivemos em uma *sociedade em rede*, conforme a concepção de Manuel Castells, onde as pessoas estão interconectadas pela tecnologia e as diversas pautas de defesas de direitos surgem em ebulição. Nesse ambiente social e político, onde é mais importante o "poder dos fluxos" do que os "fluxos de poder", as "redes constituem a nova morfologia social de nossas sociedades, e a difusão da lógica de redes modifica de forma substancial a operação e os resultados dos processos produtivos e de experiência, poder e cultura".[386] Essas ideias não levaram à extinção do Estado, mas fazem com que assuma uma nova roupagem nessa nova configuração mundial.

A partir da concepção da *sociedade em rede*, Castells constrói a ideia do *Estado em Rede*, propondo uma nova forma de atuar dos entes estatais, com uma nova organização político administrativa, pois ela "passa a ser compreendida a partir dessa lógica difusa, não mais sendo possível imaginar-se uma organização autocentrada, hermética e incomunicável, com rígida e inabalável partilha de competências legislativas e administrativas".[387]

A ideia de Administração Pública Dialógica "contrastaria com a Administração pública monológica, refratária à instituição e ao desenvolvimento de processos comunicacionais com a sociedade",[388] assim, os processos decisórios passam a ser muito mais fruto de uma interação entre a esfera pública e privada, do que um simples ato de exercício de autoridade.

Desse conteúdo surge o *Estado Mediador*, que deve não somente aprimorar canais de participação aos indivíduos e aos diversos grupos sociais, mas deve interagir com eles, estabelecendo "vínculos

---

[385] SCHIRATO, Vitor; PALMA, Juliana Bonacorsi de. Consenso e legalidade: vinculação da atividade administrativa consensual ao direito. *Revista Brasileira de Direito Público – RBDP*, Belo Horizonte, ano 7, n. 27, out./dez. 2009.

[386] CASTELLS, Manuel. *A sociedade em rede*. São Paulo: Paz e Terra, 1999. p. 497.

[387] OLIVEIRA, Gustavo Justino de; SCHWANKA, Cristiane. A administração consensual como a nova face da administração pública no séc. XXI: fundamentos dogmáticos, formas de expressão e instrumentos de ação. *Revista da Faculdade de Direito da Universidade de São Paulo*, v. 104, p. 303-322, jan./dez. 2009. p. 305.

[388] MAIA, Taciana Mara Corrêa. Administração Pública consensual e a democratização da atividade administrativa. *Revista Jurídica UNIGRAN*, Dourados, MS, v. 16, n. 31, p. 69-85, jan./jun. 2014. p. 76.

duradouros". Destaque-se, ainda, nesse cenário, que "a principal tarefa da *Administração mediadora* passa a ser a de compor conflitos envolvendo interesses estatais e interesses privados, definitivamente incluindo os cidadãos no *processo de determinação e densificação do interesse público*".[389]

O *Estado* e a *Sociedade em Rede* fazem emergir valores referentes à *Governança Pública*, que "pode ser entendida como um modelo alternativo a estruturas hierarquizadas do Governo, e implica que os Governos sejam mais eficazes em um marco de economia globalizada", sendo que essa atuação deve garantir normas e valores próprios de uma sociedade democrática.[390]

A ideia de Administração Consensual está em consonância com a previsão do artigo 41 da Carta de Direitos Fundamentais da União Europeia (Carta de Nice),[391] que prevê que aos cidadãos europeus cabe o direito ao "bom governo", no que inclui tratamento imparcial, equitativo, razoável e transparente.

Com relação especificamente ao acordo de leniência, objeto de estudo do presente trabalho, a Convenção das Nações Unidas contra a Corrupção, em seu artigo 37, recomenda que os Estados considerem a possibilidade de preverem, em suas legislações, mecanismos de mitigação da pena dos investigados, ou imunidade judicial aos processados que fornecerem cooperação substancial à investigação dos delitos tratados na Convenção, o que traduz um movimento mundial em prol da resolução consensual dos diversos conflitos da sociedade complexa.

Com base nessa tendência do Direito Administrativo, as técnicas de resolução consensual de conflitos passam a ser prioritárias e não alternativas, trocando a imperatividade por espaços de consensualidade, especialmente por meio dos *acordos administrativos*.[392] Registre-se que as formas consensuais de resolução de conflitos na Administração Pública

---

[389] OLIVEIRA, Gustavo Justino de; SCHWANKA, Cristiane. A administração consensual como a nova face da administração pública no séc. XXI: fundamentos dogmáticos, formas de expressão e instrumentos de ação. *Revista da Faculdade de Direito da Universidade de São Paulo*, v. 104, p. 303-322, jan./dez. 2009. p. 306.
[390] OLIVEIRA, Gustavo Justino de; SCHWANKA, Cristiane. A administração consensual como a nova face da administração pública no séc. XXI: fundamentos dogmáticos, formas de expressão e instrumentos de ação. *Revista da Faculdade de Direito da Universidade de São Paulo*, v. 104, p. 303-322, jan./dez. 2009. p. 308.
[391] UNIÃO EUROPEIA. *Carta de Direitos Fundamentais da União Europeia*. Disponível em: http://www.europarl.europa.eu/charter/pdf/text_pt.pdf. Acesso em: 14 jun. 2018.
[392] OLIVEIRA, Gustavo Justino de; SCHWANKA, Cristiane. A administração consensual como a nova face da administração pública no séc. XXI: fundamentos dogmáticos, formas de expressão e instrumentos de ação. *Revista da Faculdade de Direito da Universidade de São Paulo*, v. 104, p. 303-322, jan./dez. 2009. p. 310.

não se traduzem em "negociar o interesse público", mas em "negociar modos de atingi-lo com eficiência".[393]

Com isso não se está a negar as prerrogativas dispostas pela Administração Pública, mas propõe-se, nesse modelo, utilizar de tais prerrogativas em prol de uma solução negociada de conflitos. "O Estado se vê compelido a adotar práticas de gestão modernas e eficazes, sem perder de vista sua função eminentemente voltada ao interesse público, direcionada ao bem de cada um dos cidadãos".[394]

Não se pode ignorar que o indivíduo pós-moderno "é um sujeito, por definição, voltado à autonomia, à liberdade e à consensualidade negocial"[395] e, em sendo assim, não é desconectada da realidade esse caminho trilhado pelo Direito Administrativo, considerando o valor sobrelevado do "papel das instituições, do consenso na construção de sociedades livres, em substituição aos sistemas que se fundavam fortemente nas instituições de comando.[396]

Existem diversas previsões legislativas no ordenamento jurídico brasileiro utilizando as premissas do Direito Administrativo Consensual, confira-se: (1) artigo 10 do Decreto-Lei nº 3.365/40, que se refere à desapropriação amigável; (2) artigo 5º, §6º da Lei nº 7.347/85, que dispõe acerca da celebração de Termo de Ajustamento de Conduta – TAC; (3) acordos em contratos administrativos, conforme Leis nº 8.666/93, 8.987/95, 11.079/04 e 11.107/05; (4) artigo XX da Lei nº 12.529/11, que prevê o acordo de leniência do CADE e; (5) artigo 37, §8º da Constituição, a respeito do contrato de gestão.[397] Há, ainda, o art. 1º da Lei

---

[393] NETO, Diogo Figueiredo Moreira. Novas tendências da democracia. Consenso e Direito Público na virada do século – o caso brasileiro. *Revista Eletrônica sobre Reforma do Estado – RERE*, Salvador, n. 13, março/abril/maio 2008. p. 16. Disponível em: http://www.direitodoestado.com.br/codrevista.asp?cod=264. Acesso em: 14 jun. 2018.

[394] GUERRA, Sérgio. Direito Administrativo e a nova hermenêutica: uma releitura do modelo regulatório brasileiro. *Revista Eletrônica sobre Reforma do Estado – RERE*, Salvador, n. 19, p. 170, ago./set./out. 2009. Disponível em: http://www.direitodoestado.com.br/codrevista.asp?cod=386. Acesso em: 14/ jun. 2018.

[395] GABARDO, Emerson; HACHEM, Daniel Wunder. O suposto caráter autoritário da supremacia do interesse público e das origens do direito administrativo: uma crítica da crítica. In: BACELLAR FILHO, Romeu Felipe; HACHEM, Daniel Wunder (Coord.). *Direito administrativo e interesse público*: estudos em homenagem ao Professor Celso Antônio Bandeira de Mello. Belo Horizonte: Fórum, 2010. p. 157.

[396] NETO, Diogo Figueiredo Moreira. Novas tendências da democracia. Consenso e Direito Público na virada do século – o caso brasileiro. *Revista Eletrônica sobre Reforma do Estado – RERE*, Salvador, n. 13, março/abril/maio 2008. p. 3. Disponível em: http://www.direitodoestado.com.br/codrevista.asp?cod=264. Acesso em: 14 jun. 2018.

[397] OLIVEIRA, Gustavo Justino de; SCHWANKA, Cristiane. A administração consensual como a nova face da administração pública no séc. XXI: fundamentos dogmáticos, formas de expressão e instrumentos de ação. *Revista da Faculdade de Direito da Universidade de São Paulo*, v. 104, p. 303-322, jan./dez. 2009.

nº 9.469/97, que trata de acordo ou transações em litígios envolvendo órgãos ou entidades públicas, e o Capítulo II da Lei nº 13.140/2015, que dispõe acerca da autocomposição de conflitos em que for parte pessoa jurídica de direito público.[398] E, mais recentemente, os artigos 16 e 17 da Lei nº 12.846/13, que traz o acordo de leniência em relação às pessoas jurídicas envolvidas em atos de corrupção.

Essa perspectiva de solução consensual de conflitos está presente não apenas no Direito Administrativo, mas também no Direito Penal, conforme a possibilidade de firmar acordo de colaboração premiada com investigados, segundo previsto na Lei das Organizações Criminosas. Além desso, há outros exemplos na seara criminal, como a Transação Penal e a Suspensão Condicional do Processo, elencadas nos artigos 76 e 89 da Lei nº 9.099/95 (Lei dos Juizados Especiais Criminais). Portanto, "a previsão dos acordos de leniência no âmbito do direito administrativo pode, assim, ser comparada à adoção de mecanismos de consensualidade que têm sido implementados nos últimos anos no direito penal brasileiro".[399]

A previsão do acordo de leniência na LAC revela um aspecto do Direito Administrativo Consensual e de Resultados, onde os investigados reconhecem os ilícitos praticados, auxiliando na apuração dos fatos, obtendo, por outro lado, penas atenuadas.[400] O Estado, por sua vez, além da comprovação dos ilícitos, alcança a cessação das práticas ilegais e a reparação dos danos, evitando, assim, longas e custosas discussões administrativas e/ou judiciais.

Quanto à importância da consensualidade na apuração de atos de corrupção, dentre vários, cita-se, como exemplo, o caso envolvendo a EMBRAER S/A, que, em termo de ajustamento de conduta – TAC,[401] firmado com o Ministério Público Federal – MPF e a Comissão de Valores Imobiliários – CVM, confessou a prática de corrupção ativa internacional e de lavagem de dinheiro no contexto de venda de aeronaves de sua fabricação à República Dominicana e assumiu uma série de obrigações

---

[398] SIMÃO, Valdir Moysés; VIANNA, Marcelo Pontes. *O acordo de leniência na Lei anticorrupção. Histórico, desafios e perspectivas.* São Paulo: Trevisan Editora, 2017. p. 60.
[399] BERMAN, José Guilherme. *Direito Administrativo consensual, acordo de leniência e ação de improbidade.* Disponível em: http://www.bmalaw.com.br/arquivos/Artigos/artigo_ibda_jgb.pdf. Acesso em: 14 jul. 2018.
[400] OLIVEIRA, Rafael; NEVES, Daniel. O sistema Brasileiro de combate à corrupção e a Lei nº 12.846/13. *Revista EMERJ,* Rio de Janeiro, v. 17, n. 65, p.193-206, 2014. p. 193.
[401] BRASIL. Ministério Público Federal. *Termo de ajustamento de conduta firmado entre MPF, CVM e EMBRAER.* Disponível em: http://www.mpf.mp.br/rj/sala-de-imprensa/docs/pr-rj/TCAC%20Embraer%20MPF%20CVM.pdf. Acesso em: 14 jun. 2018.

no sentido de auxiliar na produção de provas, revelando-se, assim, a existência de um complexo esquema de corrupção internacional.

Conforme o termo do acordo, a Embraer S/A comprometeu-se a pagar R$64 milhões em multa, valores destinados ao Fundo de Defesa dos Direitos Difusos do Ministério da Justiça. O montante fixado objetivou restituir o enriquecimento ilícito auferido pela companhia e reparar os danos difusos causados ao mercado de capitais. Posteriormente, a EMBRAER, além de firmar acordo com o Departamento de Justiça dos EUA, também celebrou acordo de leniência com o Ministério Público Federal – MPF e com o Ministério Público de Moçambique, tratando da venda de aeronaves para a Linhas Aéreas de Moçambique S.A. - LAM.

Essa postura estatal de aliviar penalidades em troca de confissão e de informações advém do número elevado de infrações a serem apuradas, além da complexidade dos processos apuratórios, o que tem levado à utilização de uma "cultura utilitarista de cooperação, diálogo ou consensualização no âmbito do poder sancionador estatal".[402] A regulamentação do acordo de leniência remete a "um sistema que visa a uma exoneração parcial ou total das penalidades aplicáveis", em prol da elucidação de condutas ilícitas.[403]

6.7 O acordo de leniência como meio para obtenção da prova

Em sendo a LAC integrante do microssistema jurídico anticorrupção, "o elemento fundamental para a celebração do acordo de leniência deve ser sempre a busca pelo aumento da capacidade investigativa do Estado para, desse modo, alcançar maior punição dos atos de corrupção".[404]

É possível conciliar o objetivo de produção probatória com as premissas do Direito Administrativo Consensual de resolução negociada de conflitos, por meio da fixação de condições, já que "também é válida a afirmação de que a natureza jurídica do acordo de leniência,

---

[402] MARRARA, Thiago. Comentários ao artigo 16. *In*: DI PIETRO, Maria Sylvia Zanella; MARRARA, Thiago (Coord.). *Lei Anticorrupção comentada*. Belo Horizonte: Editora Fórum, 2017. p. 196.

[403] MELLO, Shirlei Silmara de Freitas; MAIOLI, Patrícia Lopes; ABATI, Leandro de Paula Assunção. O acordo de leniência como corolário do princípio da consensualidade no processo antitruste brasileiro. *Revista de Direito Público da Economia – RDPE*, Belo Horizonte, ano 12, n. 45, p. 153-167, jan./mar. 2014. p. 162.

[404] SIMÃO, Valdir Moysés; VIANNA, Marcelo Pontes. *O acordo de leniência na Lei anticorrupção. Histórico, desafios e perspectivas*. São Paulo: Trevisan Editora, 2017. p. 61.

além de probatória, é dotada de um viés contratual, pois compromete os assinantes a cumprirem o que fora avençado com boa-fé".[405] Buscando instrumentos para elucidar a apuração de atos de corrupção empresarial, a Lei nº 12.843/13 disciplinou o acordo de leniência, que constitui em um pacto firmado entre um ente estatal e a pessoa jurídica confessa, que permuta colaboração por diminuição das punições. De acordo com redação legal em vigor, é possível a exclusão da penalidade de publicação extraordinária e da proibição de receber incentivos, subsídios, subvenções, doações ou empréstimos de entidades públicas e diminuição da pena de multa em até 2/3 (dois terços).

Pode-se dizer que o acordo de leniência constitui um instrumento de prova, de instrução processual penal-administrativa.[406] Ainda, é de se constatar que o ajuste pode auxiliar a Administração Pública a aperfeiçoar suas práticas, já que "o acordo de leniência é um dos principais meios para que toda a verdade real seja alcançada, vez que proporciona vantagens a um envolvido na conduta desleal, se expuser os fatos, dizer como ocorreram e prová-los".[407] Assim, obtendo acesso à verdade material, o Poder Público poderá adotar as medidas necessárias para a não repetição dos fatos.

O firmamento do ajuste administrativo traz benefícios para a pessoa jurídica investigada, posto que obtém penalidades abrandadas e preserva a continuidade de suas atividades. Os ganhos, porém, são também do Poder Público, posto que o "Estado, ao instituir o regime de leniência, se beneficia imensamente de sua adoção, na medida em que consegue através dele atingir [...] o cerne dos delitos de corrupção praticados".[408]

A aposta no acordo de leniência como instrumento de obtenção de prova para a elucidação de ilícitos objetiva alavancar as apurações estatais, por meio da cooperação das pessoas jurídicas envolvidas, "incrementando-se o saber estatal e favorecendo novas investidas

---

[405] PEREIRA, Victor Alexandre El Khoury M. Acordo de leniência na Lei Anticorrupção (Lei nº 12.846/2013). *Revista Brasileira de Infraestrutura – RBINF*, Belo Horizonte, ano 5, n. 9, p. 79-113, jan./jun. 2016. p. 89.

[406] PEREIRA, Victor Alexandre El Khoury M. Acordo de leniência na Lei Anticorrupção (Lei nº 12.846/2013). *Revista Brasileira de Infraestrutura – RBINF*, Belo Horizonte, ano 5, n. 9, p. 79-113, jan./jun. 2016. p. 88.

[407] MELLO, Shirlei Silmara de Freitas; MAIOLI, Patrícia Lopes; ABATI, Leandro de Paula Assunção. O acordo de leniência como corolário do princípio da consensualidade no processo antitruste brasileiro. *Revista de Direito Público da Economia – RDPE*, Belo Horizonte, ano 12, n. 45, p. 153-167, jan./mar. 2014. p. 160.

[408] CARVALHOSA, Modesto. *Considerações sobre a lei anticorrupção das pessoas jurídicas*. São Paulo: Revista dos Tribunais, 2015. p. 377.

repressivas".[409] Todavia, não se pode negar que se trata de um acordo assimétrico, tendo em conta que a pessoa jurídica que o aceita se predispõe a arcar com mais obrigações e ônus do que a Administração Pública.[410]

O acordo de leniência é um instrumento jurídico inovador, porque, com base no Direito Administrativo Consensual e de Resultados,[411] possibilita a elucidação de condutas ilícitas por meio da colaboração da pessoa jurídica investigada que, em troca de informações, receberá atenuação nas punições. A norma em questão fortalece mecanismos de apuração administrativa e prevê, quando insuficiente, a resolução extrajudicial, a adoção de medidas judiciais cíveis para a reparação do dano ao erário e a aplicação de sanções às empresas processadas.

Em relação às condutas lesivas previstas na LAC e a possibilidade de uma resolução negociada, há o fundamento de defesa da ordem econômica, com base no artigo 170 da Constituição Federal, conforme expõe Ives Gandra Martins:

> Esta é a razão pela qual, detectadas as irregularidades das mais variadas naturezas na condução da empresa, sendo a corporação relevante para a economia nacional e para a integração entre empregadores e empregados, é desejável a busca de uma solução negociada, com reconhecimento das falhas, ressarcimentos devidos e participação de autoridades julgadoras, fiscalizadoras, empregados e patrões. Não só para esclarecimento e apuração total das irregularidades, como para permitir a permanência de empreendimento fundamental para o desenvolvimento econômico, mormente quando o país passa por crise econômica grave, com risco de a recessão econômica transformar-se em aguda depressão, com prejuízos incalculáveis à própria estabilidade social da população.[412]

Para que o acordo seja firmado, a lei prevê o atendimento prévio dos seguintes requisitos: 1) a pessoa jurídica seja a primeira a se manifestar sobre o seu interesse em cooperar para a apuração do ato

---

[409] FORTINI, Cristiana. Comentários ao artigo 17. In: DI PIETRO, Maria Sylvia Zanella; MARRARA, Thiago (Coord.). *Lei Anticorrupção comentada*. Belo Horizonte: Editora Fórum, 2017. p. 234.

[410] DIPP, Gilson; CASTILHO, Manoel L. Volkmer. *Comentários à Lei Anticorrupção*. São Paulo: Editora Saraiva, 2016. p. 80.

[411] OLIVEIRA, Rafael; NEVES, Daniel. O sistema Brasileiro de combate à corrupção e à Lei nº 12.846/13. *Revista EMERJ*, Rio de Janeiro, v. 17, n. 65, p.193-206, 2014. p. 193.

[412] MARTINS, Ives Gandra da Silva. Acordos de leniência – Evolução do instituto na legislação brasileira – Abrangência, legalidade e atualidade da MP nº 703/2015. Parecer. *Revista de Direito Empresarial – RDEmp*, Belo Horizonte, ano 13, n. 1, p. 215-237, jan./abr. 2016. p. 227.

ilícito; 2) a pessoa jurídica cesse completamente o seu envolvimento na infração investigada a partir da data de propositura do acordo; 3) a pessoa jurídica admita sua participação no ilícito e coopere plena e permanentemente com as investigações e com o processo administrativo, comparecendo, sob suas expensas, sempre que solicitada, a todos os atos processuais, até seu encerramento, conforme dicção dos incisos I a III do artigo 16.

Em relação ao momento da celebração do acordo de leniência, esse pode ser anterior à instauração do processo administrativo de responsabilização – PAR (*leniência prévia*) ou durante a tramitação do processo (*leniência concomitante*), sendo que a lei brasileira não faz qualquer tipo de distinção entre eles. A lei anticorrupção, todavia, não albergou a *leniência secundária* ou *tardia*, que é um acordo firmado no curso do processo, após uma leniência anteriormente entabulada, já que a norma brasileira autoriza o acordo tão somente ao primeiro que se qualificar.[413]

Além disso, a LAC não trouxe regulamentação para a *leniência plus*, que foi consagrada na Lei Antitruste e, atualmente, está presente na Lei do SBDC. Essa modalidade se refere à celebração do acordo de leniência por outro colaborador, desde que este colabore efetivamente com o primeiro processo e traga informações substanciais sobre novas infrações.[414] Ao contrário da LAC, a Lei Antitruste autoriza a celebração do acordo de leniência com uma segunda pessoa jurídica envolvida nos atos ilícitos.[415]

A vedação da leniência *plus* nem sempre terá o poder de acautelar a empresa que primeiro postular o acordo, tendo em vista que a redação legal protege a pessoa jurídica que primeiro celebrá-lo, podendo não ter sido a primeira a negociá-lo com a Administração Pública. "Por outro lado, não há regras procedimentais legais que sinalizem qual comportamento deve ser adotado quando há pedidos sucessivos apresentados".[416]

---

[413] MARRARA, Thiago. Comentários ao artigo 16. *In*: DI PIETRO, Maria Sylvia Zanella; MARRARA, Thiago (Coord.). *Lei Anticorrupção comentada*. Belo Horizonte: Editora Fórum, 2017. p. 201.

[414] MARRARA, Thiago. Comentários ao artigo 16. *In*: DI PIETRO, Maria Sylvia Zanella; MARRARA, Thiago (Coord.). *Lei Anticorrupção comentada*. Belo Horizonte: Editora Fórum, 2017. p. 201.

[415] MACHADO, Pedro Antônio de Oliveira. *Acordo de Leniência & a Lei de Improbidade Administrativa*. Curitiba: Juruá, 2017. p. 177.

[416] FORTINI, Cristiana; FARIA, Edimur Ferreira de. Os contornos do acordo de leniência após a Medida Provisória nº 703/2015: promessas de sucesso ou cenários de incertezas. *Revista Duc In Altum Cadernos de Direito*, v. 8, n. 14, p. 9-52, jan./abr. 2016. p. 50.

O acordo em questão não afasta ou substitui o PAR, sendo seu escopo obter a colaboração e viabilizá-lo. "É por isso que se diz que a leniência é integrativa e não exclui a ação unilateral do Estado".[417] Diante dos elementos de convicção apresentados pela pessoa jurídica colaborada, ao final, haverá a aplicação da sanção administrativa ou, ainda, uma decisão absolutória, se for o caso.

A lei prevê que a pessoa jurídica que firma o acordo deve ser a primeira a se manifestar, logo, conclui-se que a avença não deve ser firmada com todos os envolvidos nos ilícitos, sob pena de constituir um abrandamento ou perdão generalizado, o que constituiria renúncia ao poder punitivo estatal e desfiguraria o aspecto comutativo e utilitarista do programa.[418]

Em seu artigo 2º, a Lei Anticorrupção prevê que a celebração do acordo de leniência isentará a pessoa jurídica das sanções previstas no inciso II do art. 6º e no inciso IV do art. 19 (publicação extraordinária e proibição de receber incentivos, subsídios, subvenções, doações ou empréstimos de entidades públicas) e reduzirá em até 2/3 (dois terços) o valor da multa aplicável. Contudo, o acordo de leniência não exime a pessoa jurídica da obrigação de reparar integralmente o dano causado, de acordo com a previsão do §3º do artigo 2º da LAC.

Quanto à redução da multa, a Lei não traz quais os critérios a serem utilizados para reduzi-la, apenas prevê que tal redução será de até 2/3 da que seria culminada, revelando discricionariedade excessiva, o que é incompatível com o objetivo de combater a corrupção.[419]

Marrara destaca que existem fatores extrajurídicos essenciais para o bom funcionamento do programa de leniência, sendo eles: 1) *transparência*, que consiste numa conscientização ativa aos potenciais interessados e à sociedade acerca das condições do programa e de estímulo à cooperação; 2) *credibilidade*, em que o Estado deve primar pela seriedade, profissionalismo, boa-fé e respeitabilidade das entidades, órgãos e autoridades competentes, que devem negociar e atuar com seriedade; 3) *efetividade dos benefícios*, que trata da ideia de que a adesão

---

[417] MARRARA, Thiago. Comentários ao artigo 16. In: DI PIETRO, Maria Sylvia Zanella; MARRARA, Thiago (Coord.). *Lei Anticorrupção comentada*. Belo Horizonte: Editora Fórum, 2017. p. 197.
[418] MARRARA, Thiago. Comentários ao artigo 16. In: DI PIETRO, Maria Sylvia Zanella; MARRARA, Thiago (Coord.). *Lei Anticorrupção comentada*. Belo Horizonte: Editora Fórum, 2017. p. 197.
[419] FORTINI, Cristiana; FARIA, Edimur Ferreira de. Os contornos do acordo de leniência após a Medida Provisória nº 703/2015: promessas de sucesso ou cenários de incertezas. *Revista Duc In Altum Cadernos de Direito*, v. 8, n. 14, p. 9-52, jan./abr. 2016. p. 16.

ao programa deva ser realmente vantajosa ao colaborador, de forma que o Estado deve demonstrar que possui condições de o punir de forma exemplar, sendo que a sanção a ser eventualmente aplicada deve ser superior ao benefício obtido com a prática ilícita e, ainda, o colaborador deve ter a garantia de que será sancionado com menor rigor do que os demais que não colaboraram ou se ele não tivesse optado pelo acordo.[420]

Caso, após as negociações, o acordo não seja firmado, as condutas ventiladas não serão consideradas como confessadas pela pessoa jurídica envolvida. Assim, "uma vez rejeitada a proposta de acordo de leniência, tal fato não importará em reconhecimento da prática do ato ilícito investigado pela pessoa jurídica envolvida".[421]

Embora a regra seja a publicidade, durante as investigações ou o processo administrativo, nos termos do artigo 16, §6º, poderá ser atribuído sigilo ao acordo, enquanto necessário ao interesse das investigações ou do processo administrativo. Em sendo finalizado o processo e aplicadas às penalidades, o termo deverá ser tornado público, em razão da necessidade de escrutínio social acerca dos atos do Poder Público, base do regime democrático.[422]

O sigilo é uma regra importante para a fase de discussão dos acordos de leniência, porquanto o vazamento de informações pode ser prejudicial ao sucesso do ajuste. O risco de que as informações apresentadas venham a público é uma preocupação que não pode ser desconsiderada, tendo em conta os danos iminentes à imagem das pessoas jurídicas que pretendem colaborar.

Além disso, a quebra do sigilo poderá induzir que coautores ou partícipes das condutas lesivas venham a destruir provas para se preservar de futuras imputações. Esse mesmo procedimento é previsto na Lei nº 12.850/13, que prevê o sigilo do acordo de colaboração premiada até o recebimento da denúncia (artigo 7º).

A LAC é silente quanto ao momento final para a celebração do acordo, ou seja, se a instauração do processo administrativo de responsabilização e se a conclusão do PAR impede o ajuste. Seria mais producente a celebração de acordo em relação a fatos que a

---

[420] MARRARA, Thiago. Comentários ao artigo 16. *In*: DI PIETRO, Maria Sylvia Zanella; MARRARA, Thiago (Coord.). *Lei Anticorrupção comentada*. Belo Horizonte: Editora Fórum, 2017. p. 198-199.
[421] DEMATTÉ, Flávio Rezende. *Responsabilização das pessoas jurídicas por corrupção*: a Lei nº 12.846/2013 segundo o Direito da Intervenção. Belo Horizonte: Editora Fórum, 2015. p. 128.
[422] MACHADO, Pedro Antônio de Oliveira. *Acordo de Leniência & a Lei de Improbidade Administrativa*. Curitiba: Juruá, 2017. p. 178.

Administração ainda não tenha qualquer informação, todavia, não há vedação legal para que o ajuste seja firmado no curso do PAR.[423] Dessa maneira, caberá à Administração avaliar o requisito temporal da oportunidade da leniência.[424]

Quanto ao prazo prescricional, a celebração do acordo de leniência o interrompe, sendo que, a partir de sua assinatura, ele começa a correr novamente, conforme preveem os artigos 16, §9º, e 25 da LAC. Com efeito, essa norma impõe o cumprimento dos termos do acordo, "de outra sorte, a assinatura do acordo poderia constituir meio meramente protelatório para aguardar o transcurso do prazo prescricional".[425] Por isso, uma medida que evitaria, de forma eficiente, riscos de protelação, seria a previsão de que a proposta do acordo viesse a suspender o prazo prescricional, e a celebração, então, o interrompesse.[426]

A celebração do acordo de leniência não retira da pessoa jurídica responsável pelos atos lesivos o dever de reparar o dano causado à Administração, de acordo com a previsão do artigo 16, §3º, da LAC. "O ressarcimento do dano não tem caráter punitivo, mas somente reparador, portanto, não caberá, em qualquer hipótese, à pessoa jurídica, eximir-se desta obrigação".[427]

Há possibilidade de extensão dos efeitos do acordo de leniência para as pessoas jurídicas que integram o mesmo grupo econômico, de fato ou de direito, desde que decidam celebrar o ajuste conjuntamente, nas mesmas condições.[428]

Por outro lado, em sendo descumprido o acordo, os efeitos são danosos para a pessoa jurídica, porquanto irá integrar, mesmo assim, o Cadastro Nacional de Empresas Punidas – CNEP, além de ficar impedida de firmar novo acordo pelo prazo de 03 (três) anos, a partir da

---

[423] SIMÃO, Valdir Moysés; VIANNA, Marcelo Pontes. *O acordo de leniência na Lei anticorrupção. Histórico, desafios e perspectivas.* São Paulo: Trevisan Editora, 2017. p. 108.
[424] MARRARA, Thiago. Comentários ao artigo 16. In: DI PIETRO, Maria Sylvia Zanella; MARRARA, Thiago (Coord.). *Lei Anticorrupção comentada.* Belo Horizonte: Editora Fórum, 2017. p. 222.
[425] SIMÃO, Valdir Moysés; VIANNA, Marcelo Pontes. *O acordo de leniência na Lei anticorrupção. Histórico, desafios e perspectivas.* São Paulo: Trevisan Editora, 2017. p. 150.
[426] SIMÃO, Valdir Moysés; VIANNA, Marcelo Pontes. *O acordo de leniência na Lei anticorrupção. Histórico, desafios e perspectivas.* São Paulo: Trevisan Editora, 2017. p. 150.
[427] MARINELA, Fernanda; PAIVA, Fernando; RAMALHO, Tatiana. *Lei anticorrupção:* Lei nº 12.846/13, de 1º de agosto de 2013. São Paulo: Saraiva, 2015. p. 200.
[428] DEMATTÉ, Flávio Rezende. *Responsabilização das pessoas jurídicas por corrupção:* a Lei nº 12.846/2013 segundo o Direito da Intervenção. Belo Horizonte: Editora Fórum, 2015. p. 128.

data do reconhecimento pela Administração Pública, de que não houve o atendimento do ajuste.[429]

Além da inclusão no referido cadastro, é possível que o arcabouço probatório apresentado seja utilizado para a aplicação de sanção no âmbito do PAR. "Caso haja descumprimento por parte da pessoa jurídica, todos os atos, informações, depoimentos e documentos decorrentes da celebração do acordo terão plena validade e poderão ser utilizados no processo administrativo contra a pessoa jurídica infratora".[430]

Acerca da confissão do ilícito, a LAC prevê que a pessoa jurídica deve admitir sua participação no ilícito e cooperar plena e permanentemente com as investigações e o processo administrativo, comparecendo, sob suas expensas, sempre que solicitada, a todos os atos processuais, até o seu encerramento (art. 16, §1º, III). O papel desempenhado pelo colaborador, sendo este líder ou não do grupo, é irrelevante para a previsão da lei, bastando que confesse e cesse a prática ilícita.[431]

Modesto Carvalhosa entende que esse dispositivo seria aplicável em casos envolvendo a prática de cartel e que não seria cabível a todos os delitos corruptivos, isso porque a pessoa jurídica ré pode provar que a conduta corruptiva se consumou com respeito às demais pessoas jurídicas por ela apontadas através das provas apresentadas, isentando a si própria.[432]

Há um ponto paradoxal no acordo de leniência, porquanto embora a confissão objetivando a obtenção dos benefícios não importe em reconhecimento no curso do processo administrativo, isso não impede que seja utilizado por outras autoridades públicas em seus respectivos processos de responsabilização,[433] sendo essa questão um ponto que demanda maior debate e aperfeiçoamento do programa de leniência.

No capítulo a seguir será abordada a polêmica referente à legitimidade ativa para a celebração do acordo de leniência, no que diz

---

[429] DEMATTÉ, Flávio Rezende. *Responsabilização das pessoas jurídicas por corrupção*: a Lei nº 12.846/2013 segundo o Direito da Intervenção. Belo Horizonte: Editora Fórum, 2015. p. 128.
[430] MARINELA, Fernanda; PAIVA, Fernando; RAMALHO, Tatiana. *Lei anticorrupção*: Lei nº 12.846/13, de 1º de agosto de 2013. São Paulo: Saraiva, 2015. p. 201.
[431] MARRARA, Thiago. Comentários ao artigo 16. *In*: DI PIETRO, Maria Sylvia Zanella; MARRARA, Thiago (Coord.). *Lei Anticorrupção comentada*. Belo Horizonte: Editora Fórum, 2017. p. 220.
[432] CARVALHOSA, Modesto. *Considerações sobre a lei anticorrupção das pessoas jurídicas*. São Paulo: Revista dos Tribunais, 2015. p. 385.
[433] MARINELA, Fernanda; PAIVA, Fernando; RAMALHO, Tatiana. *Lei anticorrupção*: Lei nº 12.846/13, de 1º de agosto de 2013. São Paulo: Saraiva, 2015. p. 196.

respeito aos órgãos e instituições públicas incumbidas do controle da corrupção, bem como serão estudados os possíveis desdobramentos decorrentes das zonas de conflito de atribuições, os ilustrando com casos concretos de repercussão nacional.

CAPÍTULO 7

A DISCUSSÃO ACERCA DA LEGITIMIDADE PARA CELEBRAÇÃO DO ACORDO DE LENIÊNCIA

Um ponto de grande polêmica no que diz respeito à celebração do acordo de leniência é a legitimidade ativa para a celebração do termo. A lei, em seu artigo 16, prevê que a "autoridade máxima de cada órgão ou entidade pública poderá celebrar acordo de leniência com as pessoas jurídicas responsáveis pela prática dos atos" nela previstos. As críticas têm início em relação à redação da lei, que peca por não especificar quais autoridades máximas seriam essas, ou seja, de quais entes federativos, quais as competências dispostas, bem como não especificar se é aplicável à Administração Indireta.[434]

A vagueza da redação legal e a existência de múltiplos órgãos com atribuições na defesa do patrimônio público faz com que surtam zonas de intercessão e conflitos de atribuições não solucionados pela norma em referência. Ademais, não se pode desprezar a importância da imparcialidade de quem negocia e celebra o ajuste, posto que uma atuação viciada pode ser mais danosa que os atos lesivos descritos na lei.

Aponta-se que tais "autoridades máximas" previstas na lei são altamente suscetíveis a esquemas de corrupção, causando estranheza o fato de que elas próprias tenham sido contempladas com essa

---

[434] MARRARA, Thiago. Comentários ao artigo 16. In: DI PIETRO, Maria Sylvia Zanella; MARRARA, Thiago (Coord.). Lei Anticorrupção comentada. Belo Horizonte: Editora Fórum, 2017. p. 206.

importante atribuição, o que pode colocar em risco as chances do instituto premial se consolidar.[435]

Carvalhosa discorre que tal atribuição deve ser afeta aos "órgãos correcionais e disciplinares dos entes implicados", em razão de sua presumida independência frente às "autoridades máximas", por estarem investidos de deveres investigativos e administrativamente judicantes.[436]

No âmbito de competência da União, o problema referente à independência em relação à autoridade máxima parece ter sido solucionado pela lei, porquanto o §10, do artigo 16, dispõe que a "Controladoria-Geral da União – CGU é o órgão competente para celebrar os acordos de leniência no âmbito do Poder Executivo federal, bem como no caso de atos lesivos praticados contra a administração pública estrangeira". Tal disposição foi reiterada no artigo 29 do Decreto Regulamentar nº 8.420/2015, que trata da Lei Anticorrupção.

Autores como Simão e Vianna sustentam que essa opção do legislador seria louvável porque, ao estabelecer a CGU como órgão competente para a negociação e a celebração do ajuste, teria primado por certo distanciamento do local de ocorrência dos fatos, conferindo maior isenção ao processamento do ajuste.[437]

Na esfera do poder público federal, os acordos de leniência, de uma maneira geral, têm sido firmados por meio da Controladoria-Geral da União e da Advocacia-Geral da União, que possui núcleo específico para negociação e definição dos termos do acordo. Conforme declaração do Advogado-Geral da União, André Luiz Mendonça, atualmente, "mais de 39 empresas já procuraram a CGU para firmar acordos de leniência, superando os números da Operação Lava-Jato".[438]

No tocante aos acordos firmados com a União, André Luiz Mendonça aponta que, "hoje, o grande número de empresas são não familiares, com programas de integridade que foram capazes de identificar

---

[435] PEREIRA, Victor Alexandre El Khoury M. Acordo de leniência na Lei Anticorrupção (Lei nº 12.846/2013). *Revista Brasileira de Infraestrutura – RBINF*, Belo Horizonte, ano 5, n. 9, p. 79-113, jan./jun. 2016. p. 91.

[436] CARVALHOSA, Modesto. *Considerações sobre a lei anticorrupção das pessoas jurídicas*. São Paulo: Revista dos Tribunais, 2015. p. 391.

[437] SIMÃO, Valdir Moysés; VIANNA, Marcelo Pontes. *O acordo de leniência na Lei anticorrupção. Histórico, desafios e perspectivas*. São Paulo: Trevisan Editora, 2017. p. 194.

[438] MENDONÇA, André Luiz. Boa-fé é a base de negociação de acordo de leniência, diz advogado-geral da União. *Revista Consultor Jurídico*. Disponível em: https://www.conjur.com.br/2019-jan-09/boa-fe-base-negociacao-acordo-leniencia-agu. Acesso em: 09 jan. 2019.

ilícitos, e que querem reporta-los ao Estado",[439] demonstrando uma estruturação relevante do Poder Público Federal para lidar com essas questões de forma profissional e especializada.

Contudo, no tocante aos Estados e Municípios, a situação não se mostra semelhante, posto que, além de problemas ligados à estruturação dos órgãos de controle, ainda há as lacunas legislativas quanto ao ente legitimado para firmar o acordo de leniências nessas esferas.

Uma possível solução, no âmbito dos Estados e Municípios, seria a regulamentação da Lei Anticorrupção no sentido de que fosse previsto para cada um desses entes federativos indicar órgão correcional e disciplinar próprio, suficientemente autônomo e independente, para a oficialização dos acordos de leniência.[440]

Nos Estados, tal proposta, numa primeira vista, parece ajustar a necessidade de apuração das condutas ante a falha normativa. Se a regulamentação estadual primar pela independência e imparcialidade, a estrutura administrativa possui maior corpo para atuar em prol da realização de um acordo que atenda ao interesse público. Todavia, se o regramento for no sentido de primar por critérios políticos na análise do ajuste, os problemas permanecerão. Alguns Estados regulamentaram a matéria, sendo que o Estado de Minas-Gerais dotou a Controladoria-Geral daquele ente com poderes para celebrar a leniência, já alguns Estados, como São Paulo e Tocantins, fizeram incumbir às Secretarias Estaduais, órgãos ligados ao Poder Executivo, essa competência, o que torna questionável a independência para a negociação do acordo.[441]

Quanto aos Municípios, a situação se mostra bastante preocupante, tendo em vista que o Brasil possui milhares de entes municipais e não se ignora que os órgãos de controladoria, em vários locais, quando existentes e com funções objetivamente definidas, são compostos por agentes investidos em cargos em comissão, o que coloca em dúvida a efetiva independência:

---

[439] MENDONÇA, André Luiz. Boa-fé é a base de negociação de acordo de leniência, diz advogado-geral da União. *Revista Consultor Jurídico*. Disponível em: https://www.conjur.com.br/2019-jan-09/boa-fe-base-negociacao-acordo-leniencia-agu. Acesso em: 09 jan. 2019.
[440] PEREIRA, Victor Alexandre El Khoury M. Acordo de leniência na Lei Anticorrupção (Lei nº 12.846/2013). *Revista Brasileira de Infraestrutura – RBINF*, Belo Horizonte, ano 5, n. 9, p. 79-113, jan./jun. 2016. p. 91.
[441] PEREIRA, Victor Alexandre El Khoury M. Acordo de leniência na Lei Anticorrupção (Lei nº 12.846/2013). *Revista Brasileira de Infraestrutura – RBINF*, Belo Horizonte, ano 5, n. 9, p. 79-113, jan./jun. 2016. p. 92.

Por mais importante que seja compartilhar deveres e responsabilidades no combate à corrupção, por mais relevante que seja estimular o bom funcionamento do controle interno das instituições e de cada poder, tal como prescreve a parte final do artigo 70 da Constituição, não se pode esquecer, no entanto, que esses organismos, ainda que estruturados e com certa autonomia, integram a estrutura orgânica dos respectivos poderes, que seus chefes por vezes ocupam cargos e funções de confiança nos governos e nas instituições a que servem, e que a Lei nº 12.846/13 não nasceu para a simples salvação de empresas corruptas. Não se tem um órgão de Estado que, no plano federativo, exerça certa coordenadoria e supervisão independente de controle interno.[442]

Cita-se como exemplo de estruturação do Programa de Leniência o Município de São Paulo, que, por meio do Decreto nº 55.107/2014, se aprofundou em aspectos processuais e atribuiu à Controladoria-Geral do Município a legitimidade para firmar os acordos de leniência.[443]

A discussão referente ao conflito de atribuições entre autoridades para a celebração do acordo de leniência fica ainda mais desafiadora quando se observa as funções constitucionais de órgãos de controle como o Tribunal de Contas e o Ministério Público Brasileiro, porquanto a celebração do acordo de leniência por autoridades integrantes da Administração Pública Direta ou Indireta não elide a atuação dessas instituições, também responsáveis pela defesa do patrimônio público e pela tutela da moralidade administrativa.

A ausência de um regramento que considere as diversas áreas de atuação de todos os órgãos de fiscalização e instituições independentes tem gerado discussões a respeito da validade jurídica dos acordos de leniência firmados e tem colocado em risco a segurança jurídica dos colaboradores, conforme será mais detalhado a seguir.

7.1 A Medida Provisória nº 703/2015. Projetos de lei em tramitação

No ano de 2015, a disciplina legal do acordo de leniência sofreu alterações operadas pela Medida Provisória nº 703/2015, que, dentre

---

[442] LIVIANU, Roberto et al. Da possibilidade de intervenção do ministério público nos acordos de leniência. In: Livro de Teses do XXI Congresso Nacional do Ministério Público. 2015. p. 765. Disponível em: http://www.conamp.org.br/images/congressos_nacionais/XX_Congresso_Nacional_MP_2013.pdf. Acesso em: 19 jan. 2016.
[443] PEREIRA, Victor Alexandre El Khoury M. Acordo de leniência na Lei Anticorrupção (Lei nº 12.846/2013). Revista Brasileira de Infraestrutura – RBINF, Belo Horizonte, ano 5, n. 9, p. 79-113, jan./jun. 2016. p. 92.

outras questões, dispôs que os órgãos de controle interno pudessem celebrar o acordo de leniência com pessoas jurídicas responsáveis pela prática dos atos e pelos fatos investigados e previstos nesta Lei que colaborem efetivamente com as investigações e com o processo administrativo, sendo que o instrumento poderia ser firmado de forma isolada ou em conjunto com o Ministério Público ou com a Advocacia Pública.

A Medida Provisória citada, como não foi objeto de análise por parte do Congresso Nacional, nos moldes do procedimento previsto no artigo 62 da Constituição Federal, tendo perdido a vigência e retornado a viger a redação original do texto legal.

Houve críticas a respeito da constitucionalidade da Medida Provisória em referência, tendo em vista a inexistência de motivação mínima a ensejar o rito célere dessa espécie normativa extraordinária. "Do ponto de vista formal, o primeiro vício que se constata da MP nº 703/2015 é relativo à falta de urgência, requisito imposto pelo artigo 62, caput, da CF para a edição de medidas provisórias".[444]

Além disso, a MP nº 703/2015 tratou de questões afetas a processo civil, porquanto a celebração da avença poderia ensejar impedimento ao futuro ajuizamento de ação civil pública ou mesmo à extinção da ação em curso, matéria essa que reclama disciplina por lei, tendo em vista a "impossibilidade de utilização deste ato normativo para versar sobre matérias de direito penal, processual penal e processual civil (art. 62, §1º, inciso I, alínea 'b', da CF), competências típicas do Poder Legislativo".[445]

Esses argumentos foram ventilados pelo Partido Popular Socialista, na Ação Direta de Inconstitucionalidade nº 5.466/DF, da Relatoria da Ministra Rosa Weber. A ação acabou por perder o objeto, tendo em vista que a MP nº 703/2015 caducou e "o interesse na tutela judicial pressupõe, em consequência, ato normativo em vigor".[446]

De acordo com a redação da Medida Provisória nº 703/2015, foram acrescidos à época alguns requisitos para que o acordo de leniência fosse viável. A redação original, e atualmente vigente, prevê

---

[444] PEREIRA, Victor Alexandre El Khoury M. Acordo de leniência na Lei Anticorrupção (Lei nº 12.846/2013). *Revista Brasileira de Infraestrutura – RBINF*, Belo Horizonte, ano 5, n. 9, p. 79-113, jan./jun. 2016. p. 81.

[445] PEREIRA, Victor Alexandre El Khoury M. Acordo de leniência na Lei Anticorrupção (Lei nº 12.846/2013). *Revista Brasileira de Infraestrutura – RBINF*, Belo Horizonte, ano 5, n. 9, p. 79-113, jan./jun. 2016. p. 82.

[446] BRASIL. Supremo Tribunal Federal. *Ação Direta de Inconstitucionalidade nº 5466*. Disponível em: http://www.stf.jus.br/portal/cms/verNoticiaDetalhe.asp?idConteudo=320453. Acesso em: 18 jun. 2018.

que a autoridade máxima é parte legítima para a celebração do acordo de leniência, desde que atendidos os seguintes requisitos pela pessoa jurídica colaboradora: a identificação dos demais envolvidos na infração, quando couber, e a obtenção célere de informações e documentos que comprovem o ilícito sob apuração. Já a MP, não convertida em lei, inseriu as seguintes condições: a cooperação da pessoa jurídica com as investigações, em face de sua responsabilidade objetiva e o comprometimento da pessoa jurídica na implementação ou na melhoria de mecanismos internos de integridade.

Contudo, em que pese a MP nº 703/2015 não tenha sido convertida em lei, o debate não se encerrou, especialmente porque o conteúdo do texto original é lacônico e não tratou de forma completa o acordo de leniência, suscitando diversas polêmicas quanto à legitimidade, aos requisitos para a celebração e aos efeitos do acordo de leniência.

A condição de efetivação de um programa de *compliance* na pessoa jurídica celebrante do acordo de leniência é um ponto interessante da modificação temporária, posto que a LAC tão somente prevê que a existência do programa será levada em consideração para a atenuação de penalidades.

Em relação à legitimidade para celebrar o acordo de leniência, seja a redação original da Lei, ou mesmo a que foi temporariamente alterada pela MP nº 703/2015, há muitas discussões jurídicas ainda presentes e críticas acerca da (in)segurança jurídica da pessoa jurídica que decide celebrar o ajuste. Isso se dá porque havendo múltiplos legitimados à celebração do acordo, caso algum deles não participe das tratativas, sempre haverá a possibilidade de questionamentos judiciais futuros.

Seja na versão original, ou mesmo após a redação alterada pela MP nº 703/2015 (atualmente, sem vigência), o fato de não ter sido condicionada a participação do Ministério Público na celebração do acordo de leniência incitou ampla discussão jurídica, tendo em vista que a instituição possui papel relevante no microssistema legal de combate à corrupção, conforme será exposto em ponto específico desta pesquisa. A "MP da Leniência" obscureceu a margem de atuação do Ministério Público, por ignorar os diversos processos punitivos decorrentes das atribuições ministeriais, conforme os artigos 127 e 129 da Carta Republicana.[447]

---

[447] PEREIRA, Victor Alexandre El Khoury M. Acordo de leniência na Lei Anticorrupção (Lei nº 12.846/2013). *Revista Brasileira de Infraestrutura – RBINF*, Belo Horizonte, ano 5, n. 9, p. 79-113, jan./jun. 2016. p. 82.

E, ainda, foi possível colher críticas relativas à independência das controladorias, a quem foi concedida a atribuição de celebrar os ajustes isoladamente, já que "não se pode esquecer, no entanto, que esses organismos, ainda que estruturados e com certa autonomia, integram a estrutura orgânica dos respectivos poderes", muitas vezes investidos por meio de cargos em comissão.[448]

A MP nº 703/2015, ao inserir o §14 ao artigo 16, inovou ao prever a remessa do acordo de leniência, após celebração, ao Tribunal de Contas, para providências de sua competência, na forma do artigo 71, II, da CF, gerando mais discussões acerca dos possíveis desdobramentos jurídicos aos envolvidos. Além disso, esse procedimento poderia configurar uma limitação à atuação dos órgãos de controle de contas, posto que, vincular a participação ao momento seguinte à celebração dos acordos consistiria em dizer que "o Poder Executivo pudesse estabelecer a forma como o controle externo pode exercer suas competências".[449]

Inclusive, observa-se que, no ano de 2016, houve por parte do Tribunal de Contas da União, a determinação de que a Controladoria--Geral da União remetesse àquela Corte de Contas da União o envio dos documentos referentes aos acordos de leniência que estavam em fase de negociação. Tal situação gerou a impetração de Mandado de Segurança perante o Supremo Tribunal Federal – STF, que, por decisão liminar, suspendeu tal ordem administrativa.[450]

Outro ponto que chamou atenção na Medida Provisória em comento e que demanda reflexão mais profunda foi a inovação no sentido de possibilitar a total isenção de penalidades (anistia total) às pessoas jurídicas investigadas, modificando, em certo sentido, a linha do que vinha sendo disposto nos diplomas correlatos (sanções atenuadas em troca de colaboração, nos moldes do referido SBDC), conforme previsão de alteração do artigo 16.

Houve, ainda, a previsão bastante questionável acerca da reparação do dano causado ao erário, tendo em vista que a citada Medida

---

[448] LIVIANU, Roberto et al. Da possibilidade de intervenção do ministério público nos acordos de leniência. In: Livro de Teses do XXI Congresso Nacional do Ministério Público. 2015. p. 765. Disponível em: http://www.conamp.org.br/images/congressos_nacionais/XX_Congresso_Nacional_MP_2013.pdf. Acesso em: 19 jan. 2016.
[449] PEREIRA, Victor Alexandre El Khoury M. Acordo de leniência na Lei Anticorrupção (Lei nº 12.846/2013). Revista Brasileira de Infraestrutura – RBINF, Belo Horizonte, ano 5, n. 9, p. 79-113, jan./jun. 2016. p. 83.
[450] FORTINI, Cristiana; FARIA, Edimur Ferreira de. Os contornos do acordo de leniência após a Medida Provisória nº 703/2015: promessas de sucesso ou cenários de incertezas. Revista Duc In Altum Cadernos de Direito, v. 8, n. 14, p. 9-52, jan./abr. 2016. p. 52.

Provisória, na parte da redação do §4º do artigo 16, acerca do acordo de leniência, dispôs que "quando estipular a obrigatoriedade de reparação do dano poderá conter cláusulas sobre a forma de amortização que considerem a capacidade econômica da pessoa jurídica". Além de tornar facultativa a reparação do dano, obrigação essa imprescritível por força constitucional (art. 37, §5º, CF), "a medida provisória, nesse ponto, parece admitir uma espécie de 'modulação' da reparação, consoante a capacidade econômica da empresa, o que é constitucionalmente inaceitável".[451]

Além disso, a redação oriunda da MP nº 703/2015 excluía a vedação à leniência *plus*, permitindo que mais de uma pessoa jurídica participasse do acordo de leniência, havendo diferença apenas quanto aos benefícios a serem concedidos.

Contudo, para Fortini e Faria, o maior benefício trazido pela MP nº 703/2015 era o livramento, a partir da celebração do acordo de leniência, das penas de declaração de inidoneidade (art. 87 IV da Lei nº 8.666/93), e da suspensão e impedimento para participar de licitações (art. 87, III, da Lei nº 8.666/93). "[...] para quem está na iminência de ser penalizado ou já o foi com a declaração de inidoneidade, livrar-se desta última penalidade será a maior benesse", tendo em vista que essas penalidades poderiam significar a "morte das empresas".[452]

O Professor Ives Gandra Martins, logo após a edição da MP nº 703/2015, em artigo publicado, posicionou-se favoravelmente às alterações operadas, fundamentando tal pensamento no princípio da função social da empresa. "[...] neste momento delicado da economia brasileira, em face da apuração das irregularidades e infrações, de forma a preservar pessoas, empregos e desenvolvimento [...]".[453]

Atualmente, existem projetos de lei em tramitação visando a alterar a Lei Anticorrupção, especificamente no que tange ao procedimento para a realização do acordo de leniência e à legitimação para

---

[451] BRASIL. Procuradoria-Geral da República. *Parecer na Ação Direta de Inconstitucionalidade nº 5.466*. Disponível em: http://www.mpf.mp.br/pgr/documentos/copy_of_ADI5466 acordosdelenincia.pdf/view. Acesso em: 18 jun. 2018.

[452] FORTINI, Cristiana; FARIA, Edimur Ferreira de. Os contornos do acordo de leniência após a Medida Provisória nº 703/2015: promessas de sucesso ou cenários de incertezas. *Revista Duc In Altum Cadernos de Direito*, v. 8, n. 14, p. 9-52, jan./abr. 2016. p. 48.

[453] MARTINS, Ives Gandra da Silva. Acordos de leniência – Evolução do instituto na legislação brasileira – Abrangência, legalidade e atualidade da MP nº 703/2015. Parecer. *Revista de Direito Empresarial – RDEmp*, Belo Horizonte, ano 13, n. 1, p. 215-237, jan./abr. 2016. p. 237.

firmá-lo. Um deles é o PL nº 3.636/2015[454] que, na versão original, trata da modificação da Lei nº 12.846/13 e da Lei nº 8.429/92, para permitir que o Ministério Público e a Advocacia Pública celebrem acordo de leniência, de forma isolada ou em conjunto, e dá outras providências. Caso seja aprovado, a lei revogará o §1º do art. 17 da Lei nº 8.429/92 e o inciso I do §1º do art. 16 da Lei nº 12.846/13.

O Projeto em referência, na versão inicialmente proposta, não aborda a questão do acordo de leniência de forma a resolver a celeuma existente, já que propõe alterações pontuais, com a mesma visão parcial para a negociação (órgãos atuando de forma isolada ou conjuntamente). Tal situação não elide a possibilidade de conflito de atribuições, situação geradora de instabilidade jurídica em razão de zonas de interseção na atuação dos diversos órgãos de controle.

Em consulta aos andamentos dos projetos e dos respectivos substitutivos, observa-se que foram apensados para análise de uma Comissão Especial, criada com o fim de unificar os debates, tendo em vista que a proposição encaminhada pelo Senado Federal foi no sentido de também alterar a Lei nº 8.429/92 e a Lei nº 12.529/11. Dentre as propostas que estão sob deliberação, se inclui a possibilidade de conceder à pessoa física o direito de firmar acordo de leniência; a retirada da vedação da leniência *plus* em relação à Lei Anticorrupção, de forma que a possibilidade de composição não ficaria restrita ao primeiro interessado em firmá-la com a Administração Pública e; ainda, a obrigatoriedade de confissão das práticas contempladas por acordo de leniência por parte de pessoa jurídica que se disponha a celebrar tal ajuste.

As matérias foram objeto de debates em duas audiências públicas perante a Câmara de Deputados, contando com a presença de representantes do Poder Judiciário, do Ministério Público, do Tribunal de Contas da União, da Advocacia-Geral da União, da Controladoria-Geral da União, da CUT e da CNI. O parecer do Deputado Federal foi pela aprovação das medidas anteriormente citadas, contudo, o projeto de lei permanece, desde 08.11.2016, pendente de análise pela Câmara de Deputados, a despeito da existência de requerimento de urgência.

---

[454] BRASIL. Câmara de Deputados. *Projeto de Lei nº 3.635/2015*. Disponível em: http://www.camara.gov.br/proposicoesWeb/fichadetramitacao?idProposicao=2055350. Acesso em: 19 jun. 2018.

7.2 A discussão envolvendo a atuação dos Tribunais de Contas – TC nos Acordos de Leniência

Conforme prevê o artigo 71 da Constituição Federal, o controle externo, a cargo do Congresso Nacional, será exercido com o auxílio do Tribunal de Contas da União – TCU. No âmbito dos Estados, tal atividade está afeta aos Tribunais de Contas Estaduais, com organização que tem como parâmetro a União (artigo 74, CF).

A Lei nº 12.846/13 não fez qualquer previsão acerca da participação dos Tribunais de Contas na celebração dos acordos de leniência, apesar de lhes caber a missão de auxiliar o Congresso Nacional (ou as Assembleias Legislativas) no controle externo, instaurando processos administrativos específicos e aplicando, de forma independente, sanções, dentre elas, a fixação de multa e a condenação administrativa do dever de reparar o dano causado ao erário. Há quem entenda que, mesmo que a lei fizesse qualquer previsão a respeito, ela seria inconstitucional. "Como é cediço, as atribuições do TCU têm sede constitucional, motivo pelo qual não é possível uma lei ordinária limitar o exercício da função de controle externo ou alterar a divisão de competências estabelecidas pelo poder constituinte".[455]

Portanto, a celebração de acordo de leniência com as autoridades máximas da Administração Pública ou mesmo com o Ministério Público não retira as competências dos Tribunais de Contas – TC's.

A Medida Provisória nº 701/2015 acrescentou o §14 ao artigo 16 da LAC e determinou que o acordo de leniência, após celebração, fosse remetido ao Tribunal de Contas para providências de sua competência. Todavia, conforme discorrido anteriormente neste trabalho, esse artigo, à época, acabou sendo suspenso liminarmente e, em seguida, a MP acabou perdendo a validade. Diante disso, atualmente, vive-se um vazio legislativo a esse respeito, ficando a questão a cargo de regulamentos do Tribunal de Contas da União e dos Tribunais de Contas dos Estados.

7.3 Acordos de Leniência firmados pelo Ministério Público Federal e o posicionamento do TCU

Ao longo da deflagração de investigações de grande porte, ocorridas no Brasil nos últimos anos, notou-se que, além das autoridades

---

[455] ZYMLER, Benjamim; ALVES, Francisco Sérgio Maia. Acordos de Leniência e o papel do TCU. *Interesse Público – IP*, Belo Horizonte, ano 20, n. 107, p. 153-168, jan./fev. 2018. p. 157.

administrativas previstas no artigo 16 da LAC, o Ministério Público também passou a firmar acordos de leniência, notadamente o Ministério Público Federal. Em especial, pode-se citar o caso mundialmente conhecido como Lava-Jato, em que foram noticiadas a realização de ajustes envolvendo grupos e/ou empresas investigadas por atos lesivos à Administração Pública.

Após a celebração de alguns acordos de leniência, que tiveram grande repercussão, tendo em vista valores jamais detectados no país (e no mundo) em termo de atos de corrupção, observou-se o surgimento de posicionamento divergente por parte do Tribunal de Contas da União – TCU em relação à legitimidade do *parquet* para firmar acordo de leniência. O TCU manifestou-se contrário à realização de acordo de leniência pelo MPF sem a participação do órgão de controle externo, posto que houve um caso em que se tornou pública essa posição do órgão de controle externo, especialmente no que se refere às sanções de reparação do dano e multa aplicadas.

Cita-se o caso do acordo de leniência firmado entre o Ministério Público Federal e a pessoa jurídica Camargo Corrêa, em que houve discordância quanto ao valor de ressarcimento do dano. Naquele ajuste, dentre outras questões, ficou avençada a reparação no valor de R$700 milhões, sendo que um Ministro do TCU declarou à imprensa que tal valor seria irrisório face ao dano que já havia sido apurado pelo órgão de controle de contas. Por outro lado, em nota, o Ministério Público Federal manifestou que o ajuste não impedia que a empresa fosse demandada pelo TCU para que houvesse eventual complementação de valor devido.[456]

Nesse interim, e tendo em conta essa celeuma quanto à sobreposição de atribuições, o Tribunal de Contas da União aprovou a Instrução Normativa nº 74/2015,[457] que dispõe sobre a fiscalização do Tribunal de Contas da União, com base no art. 3º da Lei nº 8.443/1992, quanto à organização do processo de celebração de acordo de leniência pela administração pública federal, nos termos da Lei nº 12.846/2013. No artigo 3º dessa Instrução Normativa – IN, o TCU estabelece que todos os acordos de leniência devem ser previamente submetidos à análise

---

[456] SIMÃO, Valdir Moysés; VIANNA, Marcelo Pontes. *O acordo de leniência na Lei anticorrupção. Histórico, desafios e perspectivas*. São Paulo: Trevisan Editora, 2017. p. 185.
[457] BRASIL. Tribunal de Contas da União. Instrução Normativa - TCU nº 74, de 11 de fevereiro de 2015. *Dispõe sobre a fiscalização do Tribunal de Contas da União, com base no art. 3º da Lei nº 8.443/1992, quanto à organização do processo de celebração de acordo de leniência pela Administração Pública Federal, nos termos da Lei nº 12.846/2013*. Disponível em: ww.tcu.gov.br/Consultas/Juris/Docs/judoc/IN/20150213/INT2015-074.doc. Acesso em: 25 jun. 2018.

daquele órgão, para emissão de posicionamento, inclusive na fase de negociação.

Nesse aspecto, observa-se que o regulamento do TCU passou a exigir que não apenas o Ministério Público, mas todos os órgãos da Administração Pública com legitimidade para a celebração do acordo de leniência, antes de fazê-lo, o submeta ao órgão de controle externo. Da leitura do referido ato normativo, verifica-se que o TCU legislou a respeito de atividades afetas a outros órgãos da Administração Pública Federal, tal como a CGU, o que sinaliza ter extrapolado as atribuições contidas no artigo 71 da CF.

O Partido Popular Socialista – PPS ingressou com a ação direta de inconstitucionalidade nº 5294,[458] questionando a IN em menção, sob os argumentos de que o TCU inovou no ordenamento jurídico "criando a inédita competência consubstanciada em um controle prévio da conduta da Controladoria-Geral da União, na celebração dos acordos de leniência de sua competência – essa sim, criada por lei federal específica".

Zymler e Alves afirmam que, de acordo com esse modelo estabelecido na IN nº 74/2015, o TCU teria atuação semelhante a que cabe ao Poder Judiciário na análise dos acordos de colaboração premiada. Para esses autores, "o controle realizado pelo TCU sobre os acordos de leniência se limita a aspectos de legalidade e regularidade, ou seja, ao atendimento das condições e parâmetros fixados em lei".[459] Todavia, os autores não apontam qual seria a base jurídica para que o órgão de controle externo tenha poder para chancelar ou não as decisões tomadas por outros entes da Administração, sendo que a celebração do ajuste com entes diversos, não retira a atuação da Corte de Contas.

Constata-se que essa situação, permeada por divergências jurídicas, decorre da ausência de interlocução entre os órgãos da Administração e a insegurança jurídica causada, e talvez tenha levado à edição do ato regulamentar. A questão por parte do TCU se revela mais como um esforço para resolver a celeuma, mas que não foi totalmente produtivo, tendo em vista que não consta que os demais órgãos estejam se submetendo à IN nº 74/2015.[460]

---

[458] BRASIL. Supremo Tribunal Federal. *Partido questiona instrução normativa que regulamenta fiscalização do TCU*. Disponível em: http://www.stf.jus.br/portal/cms/verNoticiaDetalhe.asp?idConteudo=290295. Acesso em: 25 jun. 2018.

[459] ZYMLER, Benjamim; ALVES, Francisco Sérgio Maia. Acordos de Leniência e o papel do TCU. *Interesse Público – IP*, Belo Horizonte, ano 20, n. 107, p. 153-168, jan./fev. 2018. p. 159.

[460] SIMÃO, Valdir Moysés; VIANNA, Marcelo Pontes. *O acordo de leniência na Lei anticorrupção. Histórico, desafios e perspectivas*. São Paulo: Trevisan Editora, 2017. p. 183.

Consigne-se que o Tribunal de Contas da União, em nova tentativa de viabilizar uma atuação conjunta, dessa vez, junto ao Ministério Público, decidiu, por meio do Acórdão nº 483/2017-TCU-Plenário, atribuir um tratamento diferenciado às empresas que firmaram acordo de leniência com o MPF no caso Lava Jato. Dentre outros benefícios, o TCU consignou que as empresas que também colaborassem com a jurisdição perante a Corte de Contas, dentre outros benefícios, teriam excluída a multa e os juros de mora em suas condenações. Da análise dessa decisão do órgão de contas, pode-se dizer que a colaboração geral perante o Estado foi considerada como um elemento para dosimetria de sanções no TCU.[461]

Consigne-se que, apesar da atuação dos órgãos legitimados, ao firmarem acordo de leniência de forma isolada, não configure ilegalidade a ponto de tornar o acordo nulo, é perceptível a situação de insegurança jurídica criada pela ausência de norma específica que prime por atuação conjunta e concertada entre os entes imbuídos da missão de controle da Constituição Federal. Assim, a pessoa jurídica que pretenda firmar o acordo de leniência, seja com o Ministério Público ou com a autoridade máxima aludida no artigo 16 da LAC, estará sempre sujeita à atuação posterior da Corte de Contas na aplicação de sanções.

7.4 A discussão envolvendo a participação do Ministério Público Federal nos Acordos de Leniência e os acordos firmados no caso "lava-jato"

As atribuições do Ministério Público estão previstas na Constituição Federal, sendo instituição permanente, essencial à função jurisdicional do Estado, incumbindo-lhe a defesa da ordem jurídica, do regime democrático e dos interesses sociais e individuais indisponíveis (artigo 127).

Edilson Vitorelli discorre que o mesmo texto constitucional que implementou o Estado Democrático de Direito apresentou uma nova feição do Ministério Público, sendo que, em países que tiveram processos constitucionais semelhantes ao brasileiro, "também foram concebidas instituições destinadas primordialmente à defesa dos interesses da sociedade, especialmente em face das violações perpetradas

---

[461] ZYMLER, Benjamim; ALVES, Francisco Sérgio Maia. Acordos de Leniência e o papel do TCU. *Interesse Público – IP*, Belo Horizonte, ano 20, n. 107, p. 153-168, jan./fev. 2018. p. 163-164.

pelo Poder Público, como o ombudsman ou o defensor do povo".[462] O ombudsman, mesmo que sem poder decisório vinculante, possui papel de destaque na resolução extrajudicial dos conflitos, sendo mediador das partes, primando pela defesa dos direitos humanos.

A legislação infraconstitucional dispôs ao *parquet* uma série de atribuições para deflagrar diversos processos punitivos decorrentes de condutas lesivas à Administração Pública ou à moralidade administrativa que podem estar na zona de intercessão com o rol das condutas elencadas no artigo 5º da LAC. Isso se dá porque o órgão ministerial, além da ação civil prevista no artigo 20 da LAC, possui atribuições para o ajuizamento de ação civil pública por ato de improbidade administrativa, conforme artigo 17 da Lei nº 8.429/92, e para a propositura da ação penal em relação às pessoas físicas, sendo titular exclusivo, conforme artigo 129 da CF.

A vocação do Ministério Público para defesa do patrimônio público está consolidada na jurisprudência dos Tribunais Superiores, conforme se afere da Súmula nº 329 do Superior Tribunal de Justiça, que assim prevê: "o Ministério Público tem legitimidade para propor ação civil pública em defesa do patrimônio público".[463]

A questão se apresenta mais complexa a partir do momento que se observa que o Ministério Público, além de atribuições específicas previstas na LIA, possui legitimidade para o ajuizamento de ação civil pública em face das pessoas jurídicas envolvidas em atos lesivos à Administração Pública, para a aplicação das sanções previstas na Lei Anticorrupção, conforme previsão dos artigos 19 a 21 dessa norma. Esse cenário revela uma dupla esfera de aplicação de leis que, embora diversas, fazem parte do mesmo microssistema de enfrentamento da corrupção, surgindo o questionamento se o Ministério Público poderia firmar acordos transacionando as penalidades previstas nas referidas normas.

Em consultas realizadas durante essa pesquisa, constatou-se uma prática realizada pelo Ministério Público Federal, em vários casos em que se investigavam atos de corrupção, consistente em firmar acordo de leniência, transacionando a respeito de sanções aplicáveis no âmbito

---

[462] VITORELLI, Edilson. Breves considerações sobre o Ministério Público Federal do Século XXI: trajetória e desafios. *In*: VITORELLI, Edilson (Coord.). *Manual de Direitos difusos*. Salvador: Jus Podivm, 2018. p. 185-186.
[463] BRASIL. Superior Tribunal de Justiça. *Súmula nº 329*. Disponível em: https://ww2.stj.jus.br/docs_internet/revista/eletronica/stj-revista-sumulas-2012_27_capSumula329.pdf. Acesso em: 25 jun. 2018.

da LIA e, ainda, dispondo acerca da renúncia à propositura da ação civil para aplicar as sanções judiciais da LAC.

Constata-se que essa forma de atuação tem como foco uma atuação integrada por várias frentes, atuando de forma negocial tanto no tocante à pessoa física quanto à pessoa jurídica, impedindo, assim, desfuncionalidade na aplicação do sistema legal que visa a evitar, a apurar e a reparar danos ao patrimônio público, conforme será exposto a seguir.

7.5 Os acordos firmados pelo Ministério Público no âmbito da Lei de Improbidade Administrativa – LIA e da Lei Anticorrupção – LAC

A Lei Anticorrupção, ao ingressar no ordenamento jurídico, passou "a integrar o microssistema processual de tutela coletiva da probidade administrativa", fazendo parte do arcabouço normativo que conta com uma gama de instrumentos judiciais e extrajudiciais de resolução de conflitos.[464] Para Nicolao Dino, "é correto afirmar, com efeito, a existência de um microssistema destinado ao enfrentamento da corrupção. Segundo esse autor, também integram esse microssistema a Lei nº 12.850/2013, a Lei nº 12.529/2011 e a Lei nº 12.846/2013".[465]

Quanto à composição extrajudicial em apuração de ato de improbidade administrativa, a uma primeira vista, poder-se-ia concluir que estaria vedado, ante à disposição do artigo 17, §1º, da Lei de Improbidade Administrativa. Contudo, há vozes sustentando essa possibilidade, tendo em vista que "em sendo possível negociar as consequências penais, mesmo nas infrações graves, não haveria razão para não ser possível negociar as sanções civis de improbidade".[466]

Com base numa interpretação sistemática do direito, existem posições no sentido de que "passou a ser admitida, em algum grau, a celebração de acordos no âmbito da improbidade administrativa, o

---

[464] GARCIA, Emerson; ALVES, Rogério Pacheco. *Improbidade Administrativa.* 8. ed. São Paulo: Saraiva, 2014. p. 919.
[465] DINO, Nicolao. A colaboração premiada na improbidade administrativa: possibilidade e repercussão probatória. *In:* SALGADO, Daniel de Resende; QUEIROZ, Ronaldo Pinheiro. *A prova no enfrentamento à macrocriminalidade.* Salvador: Editora Jus Podivm, 2015. p. 457.
[466] DIDIER JR., Fredie; ZANETI JR., Hermes. Justiça multiportas e tutela constitucional adequada: autocomposição em direitos coletivos. *In:* ZANETI JR., Hermes; CABRAL, Trícia Navarro Xavier (Coord.). *Justiça multiportas*: mediação, conciliação, arbitragem e outros meios de solução adequada para conflitos. Salvador: Jus Podivm, 2016. p. 51.

que se tornou mais claro com a edição da Lei Anticorrupção (Lei nº 12.846/13)".[467] Ou, ainda, que é possível sustentar que o artigo 17, §1º, da Lei de Improbidade Administrativa foi tacitamente revogado pelo artigo 36, §4º, da Lei da Mediação, que admite autocomposição nessas ações. Diante disso, a vedação a acordos na temática improbidade "já não tem mais aplicação nos tempos atuais, em razão das intensas transformações ocorridas no campo da convencionalidade, nos últimos anos".[468]

Emerson Garcia e Rogério Pacheco Alves entendem que, apesar da previsão do artigo 17, §1º, da LIA, "a celebração do acordo de leniência será possível em razão da superveniência de norma especial autorizativa".[469] A lei especial autorizativa por eles citada é a Lei Anticorrupção, que prevê o acordo de leniência em seu artigo 16, contudo, esses autores sustentam a aplicação do acordo apenas no tocante à pessoa jurídica.

Nicolau Dino discorre que "as mesmas razões que inspiram o operador a mitigar o caráter obrigatório da ação penal estão presentes no campo da responsabilização, com base na Lei nº 8.429/92", tendo em vista que tais normas estão no espaço do direito sancionador, que está impregnado pelo princípio da proporcionalidade[470] e que, por tais motivos, o acordo na seara da probidade seria juridicamente possível.

Soa, em certa medida, incongruente para o *parquet,* ser possível, num mesmo caso, firmar termo de colaboração premiada na esfera penal com a pessoa física e ter que, com base nas provas apresentadas voluntariamente pelo colaborador, ajuizar ação civil pública por ato de improbidade administrativa contra as pessoas física e jurídica. Tal postura se assemelharia a uma "personalidade esquizofrênica",

---

[467] TAVARES, João Paulo Lordelo Guimarães. As convenções processuais na lei anticorrupção: pela admissibilidade dos negócios processuais de leniência. In: MUNHÓS, Jorge; QUEIROZ, Ronaldo Pinheiro. *Lei anticorrupção e temas de compliance.* Salvador: Editora Jus Podivm, 2017. p. 647.

[468] TAVARES, João Paulo Lordelo Guimarães. *A aplicação do instituto da colaboração premiada nas ações de improbidade administrativa. Coletânea de artigos:* avanços 92 e desafios no combate à corrupção após 25 anos de vigência da Lei de Improbidade Administrativa / 5ª Câmara de Coordenação e Revisão, Criminal. Brasília: MPF, 2018. p. 749. Disponível em: http://www.mpf.mp.br/atuacao-tematica/ccr5/publicacoes. Acesso em: 25 jun. 2018.

[469] GARCIA, Emerson; ALVES, Rogério Pacheco. *Improbidade Administrativa.* 8. ed. São Paulo: Saraiva, 2014. p. 920.

[470] DINO, Nicolau. A colaboração premiada na improbidade administrativa: possibilidade e repercussão probatória. In: SALGADO, Daniel de Resende; QUEIROZ, Ronaldo Pinheiro. *A prova no enfrentamento à macrocriminalidade.* Salvador: Editora Jus Podivm, 2015. p. 457.

destoante de qualquer lógica hermenêutica.[471] Além dessas questões, há o fato de estímulo à resolução negociada, já que, se houve o acordo envolvendo a seara penal, isso não irá contribuir para o fim da lide na esfera administrativa ou civil.

A realização de ajuste em inquérito civil público que apura ato de improbidade administrativa está em consonância com o previsto na Resolução nº 179/2017 do Conselho Nacional do Ministério Público,[472] que previu a possibilidade de ser firmado termo de ajustamento de conduta nas hipóteses configuradoras de improbidade administrativa, sem prejuízo do ressarcimento ao erário e da aplicação de uma ou algumas sanções previstas na Lei nº 8.429/92, conforme o caso (artigo 1º, §2º, da Resolução).

Na pesquisa realizada quanto ao procedimento adotado no caso Lava Jato, verificou-se que, quanto aos investigados em que não houve acordo firmado, ocorreu a propositura de ação civil pública, pleiteando a condenação nas sanções previstas na LIA. Contudo, conforme se constata da petição inicial dos autos nº 5006628-92.2015.4.04.7000 (peça disponível no site do caso Lava Jato – MPF),[473] em relação aos investigados colaborares, embora o MPF tenha ingressado com ação de improbidade administrativa, postulou tão somente a declaração de "existência de relação jurídica decorrente da subsunção das condutas dolosas", sem, contudo, requerer a pedido, a condenação daqueles réus nas sanções do artigo 12 da Lei de Improbidade Administrativa.

Observou-se, ainda, que o Ministério Público Federal passou a realizar acordos de leniência que abrangiam tanto sanções previstas na LIA quanto na LAC, de forma que, em único instrumento foram inseridas cláusulas condicionantes para evitar o processo e a penalização por violação desses diplomas legais.

---

[471] SIMÃO, Valdir Moysés; VIANNA, Marcelo Pontes. *O acordo de leniência na Lei anticorrupção. Histórico, desafios e perspectivas*. São Paulo: Trevisan Editora, 2017. p. 164.

[472] BRASIL. Conselho Nacional do Ministério Público. Resolução nº 179, de 26 de julho de 2017. *Regulamenta o §6º do art. 5º da Lei nº 7.347/1985, disciplinando, no âmbito do Ministério Público, a tomada do compromisso de ajustamento de conduta*. Disponível em: http://www.cnmp.mp.br/portal/images/Resolucoes/Resolu%C3%A7%C3%A3o-179.pdf. Acesso em: 25 jun. 2018.

[473] BRASIL. Ministério Público Federal. *Petição inicial da ação civil pública dos autos nº 5006628-92.2015.4.04.7000*. Disponível em: http://www.mpf.mp.br/pr/sala-de-imprensa/noticias-pr/sala-de-imprensa/docs/acao-de-improbidade-administrativa-odebrecht. Acesso em: 26 jun. 2018.

7.6 A realização de acordos de leniência pelo Ministério Público de forma independente e as divergências acerca da legitimidade para atuação isolada dos órgãos e instituições colegitimadas

A possibilidade de realização de acordo de leniência pelo Ministério Público, em conjunto com a autoridade administrativa, foi objeto de regulamentação pela Medida Provisória nº 701/2015, conforme explanações já realizadas neste trabalho. Todavia, a MP não possui mais vigência e a redação da lei atualmente é silente. Contudo, mesmo sem a alteração legislativa citada, a atuação do Ministério Público nos acordos de leniência revela uma face das atribuições que lhe são conferidas pelo ordenamento jurídico, sendo que o alijamento do *parquet* no processo de negociação desse ajuste se apresentaria contrário à formatação constitucional e legal dessa instituição.

Thiago Marrara aponta o modelo estabelecido pelo SBDC como um caminho de atuação conjunta e de interlocução entre órgãos com atribuições em esferas diversas, mas que buscam o mesmo fim: elucidação das condutas lesivas e resolução consensual eficiente. Marrara, ao comentar a atuação do *parquet* perante o CADE, aborda a ideia sob a perspectiva de um "cotejo sistemático das competências da instituição", discorrendo que a atuação conjunta é viável para "evitar sobreposições desnecessárias e promover o bom andamento dos processos administrativos".[474]

Além da atuação conjunta e coordenada com outros órgãos, outro ponto objeto de discussão é se o Ministério Público poderia firmar acordo de leniência, no bojo de processos investigatórios de sua alçada, portanto, de forma independente de outros órgãos, como ocorreu no caso Lava-Jato. Thiago Marrara sustenta que a previsão do artigo 20 da Lei nº 12.846/13 transfere para o Ministério Público a competência para a propositura de ação para a aplicação de penalidades administrativas e judiciais, e que ocasionou a transferência de competência ao *parquet* para a celebração do acordo de leniência:

> O fato de se deslocar a responsabilização administrativa para o processo judicial movido pelo Ministério Público também deve deslocar para esta entidade a competência de negociar e eventualmente celebrar acordo de

---

[474] MARRARA, Thiago. *Sistema Brasileiro de Defesa da Concorrência*: organização, processos e acordos administrativos. São Paulo: Editora Atlas, 2015. p. 65.

leniência, que, nesse contexto excepcional, será acoplado ao processo civil e não ao processo administrativo.[475]

Essa disposição contida no artigo 20 da LIA atribui ao Ministério Público a tutela judicial para a aplicação de sanções civis e administrativas em juízo, sendo contraditório entender que lhes estaria vedado o acordo, mas seria possível a propositura da ação civil pública. Contudo, os argumentos não se esgotam aí. Da análise do microssistema de enfrentamento à corrupção, é possível extrair a existência de outro dispositivo legal que autoriza a realização de acordos pelo *parquet* e que tal ajuste também surte efeito na esfera judicial, sendo o artigo 5º, §6º, da Lei nº 7.347/85 (Lei da Ação Civil Pública), que prevê o Termo de Ajustamento de Conduta, amplamente utilizado na tutela dos direitos difusos e coletivos e que integra o microssistema processual de defesa da probidade administrativa.

No âmbito nacional, os ajustes extrajudiciais de maior repercussão se referem ao Caso Lava Jato, em que o Ministério Público Federal firmou acordo de leniência com as pessoas jurídicas implicadas, realizando uma composição extrajudicial acerca das sanções previstas na LIA e se abstendo de propor a ação civil pública aludida na LAC.

Simão e Vianna entendem que esse instrumento não poderia ser utilizado para resolução judicial, mas tão somente extrajudicial, e que os termos firmados pelo Ministério Público não poderiam ser nominados de acordos de leniência, mas seriam um "instrumento negocial para repressão de atos de corrupção".[476] Dipp e Castilho[477] seguem a linha de entendimento de que a autoridade máxima administrativa seria a única autorizada a celebrar o acordo.

No caso Lava Jato, os acordos firmados com as pessoas jurídicas, e também com algumas pessoas físicas, tiveram fundamento embasado nos artigos 129, I, CF; artigos 13 a 15 da Lei nº 9.807/99; artigo 1º, §5º, da Lei nº 9.613/98; artigo 5º, §6º, da Lei nº 7.347/85; artigo 26 da Convenção de Palermo; artigo 37 da Convenção de Mérida; artigos 4º a 8º da Lei nº 12.850/13; artigos 655 e 674 do CPC de 1939; artigos 267, IV,

---

[475] MARRARA, Thiago. Comentários ao artigo 16. In: DI PIETRO, Maria Sylvia Zanella; MARRARA, Thiago (Coord.). *Lei Anticorrupção comentada*. Belo Horizonte: Editora Fórum, 2017. p. 209.
[476] SIMÃO, Valdir Moysés; VIANNA, Marcelo Pontes. *O acordo de leniência na Lei anticorrupção. Histórico, desafios e perspectivas*. São Paulo: Trevisan Editora, 2017. p. 161 e 165.
[477] DIPP, Gilson; CASTILHO, Manoel L. Volkmer. *Comentários à Lei Anticorrupção*. São Paulo: Editora Saraiva, 2016. p. 79.

e 269, V, do CPC; artigos 840 e 932, III, do Código Civil; artigos 16 e 21 da Lei nº 12.846/2013.[478]

Simão e Vianna, ao estudarem os precedentes em obra específica sobre o acordo de leniência, citam as seguintes pessoas jurídicas e/ou grupos empresarias que celebraram acordos no caso Lava-Jato: Grupo SOG; Camargo Corrêa; Lowe e FCB; Andrade Gutierrez; Carioca Engenharia e Grupo Odebrecht.[479] Segundo *site* do Caso Lava Jato,[480] foram celebrados 11 acordos de leniência desde o início da operação, conforme levantamento estatístico de acesso público disponibilizado pela instituição.

O acordo de leniência de maior repercussão foi aquele firmado com o Grupo Odebrecht S/A e Braskem S/A que, após atuação conjunta entre autoridades brasileiras, norte-americanas e suíças, comprometeram-se a pagar multas no importe de 3,5 a 4,5 bilhões de dólares, em razão do pagamento de propina a funcionários públicos dos três países.[481] Segundo Carla Veríssimo,[482] este é o maior caso de corrupção já apurado, sendo que, além da confissão e do compromisso de cessação de ilícitos, esta foi a primeira vez que, no Brasil, se previu, em um acordo, a figura do monitor de *compliance*, a fim de que os compromissos sejam adequadamente supervisionados.

A realização desse acordo de leniência com o Grupo Odebrecht e Brasken seguiu a linha de entendimento sedimentada pela 5ª Câmara de Coordenação e Revisão do Ministério Público Federal – MPF (Câmara Anticorrupção) – 5ª CCR, que homologou outros acordos firmados por membros do MPF com base na LAC e/ou na LIA. A 5ª CCR homologou vários acordos de leniência, especialmente decorrentes do caso Lava Jato, sendo que recusou apenas um, o relativo ao caso SBM/Petrobras, por entender que não houve atendimento ao interesse público.[483]

---

[478] SIMÃO, Valdir Moysés; VIANNA, Marcelo Pontes. *O acordo de leniência na Lei anticorrupção. Histórico, desafios e perspectivas*. São Paulo: Trevisan Editora, 2017. p. 160-161.

[479] SIMÃO, Valdir Moysés; VIANNA, Marcelo Pontes. *O acordo de leniência na Lei anticorrupção. Histórico, desafios e perspectivas*. São Paulo: Trevisan Editora, 2017. p. 159.

[480] BRASIL. Ministério Público Federal. *A Lava Jato em números no Paraná*. Disponível em: http://www.mpf.mp.br/para-o-cidadao/caso-lava-jato/atuacao-na-1a-instancia/parana/resultado. Acesso em: 26 jun. 2018.

[481] VERÍSSIMO, Carla. *Compliance*: incentivo à adoção de medidas anticorrupção. São Paulo: Editora Saraiva, 2017. p. 170.

[482] VERÍSSIMO, Carla. *Compliance*: incentivo à adoção de medidas anticorrupção. São Paulo: Editora Saraiva, 2017. p. 171.

[483] ARAS, Vladimir. *Acordos de leniência na lei anticorrupção empresarial. Coletânea de artigos*: avanços e desafios no combate à corrupção após 25 anos de vigência da Lei de Improbidade Administrativa / 5ª Câmara de Coordenação e Revisão, Criminal. Brasília: MPF,

No caso envolvendo a SBM Offshore, a 5ª CCR, embora admitisse a possibilidade do ajuste, decidiu pela não homologação ao fundamento de que o acordo, nos moldes como delineado, não traria benefícios às investigações, porquanto não teriam sido apresentadas informações novas. Além disso, houve discordância quanto à dosimetria da pena de multa e a forma de destinação dela.[484]

Além do caso Lava-Jato, verifica-se que a Força-Tarefa das Operações *Greenfield, Sépsis* e *Cui Bono – Operação* Carne Fraca,[485] integrada por membros no MPF, igualmente firmou acordo de leniência que envolveu a apuração de fatos complexos e volumosos, tendo como base para o termo de colaboração premiada celebrado com investigados na seara criminal. Esse acordo de leniência foi entabulado com a pessoa jurídica J&F Investimentos S.A., *holding* do Grupo JBS, em que se responsabilizou por todos os ilícitos praticados em benefício ou em âmbito dessas empresas e se comprometeu, dentre várias obrigações, a apresentar provas, informações e relatórios acerca dos ilícitos investigados, a aperfeiçoar o programa de *compliance*, a contratar auditoria externa permanente, a apresentar relatórios periódicos ao Ministério Público Federal e a pagar, a título de multa e valor mínimo de ressarcimento, no prazo de 25 (vinte e cinco) anos, o total de R$10.300.000.000,00 (dez bilhões e trezentos milhões de reais), devendo tal valor ser destinado às entidades lesadas. Nesse caso, o MPF se comprometeu a não ingressar com a ação de responsabilização prevista no artigo 20 da Lei Anticorrupção, conforme peça processual disponível no sítio eletrônico da instituição.

Esses casos retratados são importantes no que concerne à apuração de condutas ilícitas e à utilização de instrumentos de controle da corrupção. Entretanto, a atuação isolada dos entes, seja o Ministério Público ou as pessoas políticas por meio de suas autoridades máximas, possui riscos jurídicos, já que pode dar ensejo a atuações específicas dos outros entes legitimados que não participaram do ajuste, seja por atuação na seara administrativa ou mesmo por meio de ações jurisdicionais propostas com as mesmas finalidades do acordo.

2018. p. 223. Disponível em: http://www.mpf.mp.br/atuacao-tematica/ccr5/publicacoes. Acesso em: 25 jun. 2018.

[484] SIMÃO, Valdir Moysés; VIANNA, Marcelo Pontes. *O acordo de leniência na Lei anticorrupção. Histórico, desafios e perspectivas*. São Paulo: Trevisan Editora, 2017. p. 205, 210 e 212.

[485] BRASIL. Ministério Público Federal. *Acordo de leniência da força-tarefa das operações Greenfield, Sépsis e Cui Bono - Operação carne fraca*. Disponível em: http://www.mpf.mp.br/df/sala-de-imprensa/docs/acordo-leniencia. Acesso em: 26 jun. 2018.

Assim, um acordo de leniência regularmente firmado, de forma isolada, com um dos órgãos ou instituições legalmente legitimadas, não oferecerá garantia à pessoa jurídica colaboradora de que não responderá a processo judicial ou administrativo. Isso porque um dos colegitimados poderá deflagrar processos de apuração em sua respectiva seara de atuação, visando à aplicação de penalidades.

Independentemente da instituição que celebre o acordo de leniência, outro ponto em que a LAC é omissa e que pode gerar fatores de insegurança é o que se refere ao compartilhamento da prova após a celebração do ajuste. A partir desse conjunto de documentos e evidências apresentados pela pessoa jurídica colaboradora, várias instituições poderão deflagrar processos administrativos e/ou judiciais para a aplicação de penalidades dentro de suas áreas de atuação com base nesses elementos de convicção. Esse é um ponto relevante, porquanto celebrado o acordo, o sigilo das informações é levantado, de forma que a pessoa jurídica poderá ficar sujeita a penas em instâncias diversas.

No âmbito do Ministério Público Federal, essa questão tem sido resolvida de acordo com o que está normatizado na Orientação Conjunta nº 01/2018, da 5ª Câmara de Coordenação e Revisão (Combate à Corrupção), que as "provas não poderão ser utilizadas contra os próprios colaboradores para produzir punições além daquelas pactuadas no acordo".[486] Essa solução é interessante, tendo em vista que não impede a utilização das provas pelo ente colegitimado no tocante a outros envolvidos, mas protege aquele que se antecipou e firmou o acordo, apresentando evidências e assumindo as condições.

Além dessa questão referente ao compartilhamento da prova, há ainda a possibilidade de não haver concordância por parte de um dos colegitimados, quanto aos termos do acordo de leniência firmado, surgindo questionamentos quanto à validade do ajuste.

7.7 Os acordos de leniência firmados com o grupo Odebrecht S.A. e o acordo de leniência com a Interpublic

A discordância no que se refere aos termos do ajuste ocorreu quanto ao acordo de leniência firmado entre o Grupo Odebrecht e o

---

[486] MINISTÉRIO PÚBLICO FEDERAL. *Orientação Conjunta nº 01/2018 – 5ª Câmara de coordenação e revisão (Combate à corrupção)*. Disponível em: http://www.mpf.mp.br/atuacao--tematica/ccr5/orientacoes/orientacao-conjunta-no-1-2018.pdf. Acesso em: 23 jan. 2019.

Ministério Público Federal, já que a Advocacia Geral da União – AGU se insurgiu quanto ao compromisso assumido pelo MPF, que havia se comprometido a postular o levantamento da medida cautelar de indisponibilidade de bens decretada no bojo de ação civil pública por ato de improbidade administrativa.

Esse imbróglio se deu em razão da discordância quanto ao montante fixado a título de reparação do dano em cláusula daquele ajuste. Isso se deve ao fato de que a forma de cálculo para se chegar ao montante do dano a ser indenizado ao erário é complexo e nem sempre as instituições utilizam da mesma metodologia.

A situação pode ser melhor compreendida a partir da análise do recurso de Agravo de Instrumento nº 5023972-66.2017.4.04.0000/PR,[487] em trâmite perante o Tribunal Regional Federal da 4ª Região, em que se apreciou o acordo de leniência firmado com a pessoa jurídica Norberto Odebrecht e outras, firmado exclusivamente com o Ministério Público Federal, sendo decidido, que, embora o órgão ministerial pudesse figurar como parte nos ajustes extrajudiciais, "a autoridade competente para firmar o acordo de leniência, no âmbito do Poder Executivo Federal, é a Controladoria Geral da União (CGU)".

Nesse julgamento, o TRF-4 entendeu que a situação de ter sido firmado o acordo de leniência sem a participação da CGU gerou vício que necessitaria ser sanado, para que lhe fosse atribuída validade jurídica, sinalizando no acórdão pela necessidade de "rerratificar" o termo por esse ente federal. A decisão não é definitiva, tampouco pacifica a jurisprudência, contudo, é um precedente importante e que serve de alerta aos operadores do Direito.

No recurso de Agravo de Instrumento acima referido, foi decidido que a medida cautelar de indisponibilidade de bens deveria permanecer vigente, tendo em vista que não havia sido estipulado, de forma exata, o valor do dano ao erário e, sendo essa uma obrigação inderrogável, a medida deveria permanecer até que os órgãos, atuando em conjunto, definissem esse montante.

É possível extrair desse julgamento uma tendência jurisprudencial de seguir pela linha de uma participação integrada e cooperativa pelos órgãos da administração pública, especialmente no que tange à

---

[487] BRASIL. Tribunal Regional Federal. 4ª Regional. *Agravo de instrumento nº 5023972-66.2017.4.04.0000/PR*. Disponível em: https://eproc.trf4.jus.br/eproc2trf4/controlador.php?acao=acessar_documento_publico&doc=41503591340641941104640769064&evento=41503591340641941104643212426&key=e80b83ac7982c072f0bfbb14f79fac5a260b83dfa4f54071162a26fc7af5bbf6. Acesso em: 26 out. 2017.

quantificação da multa e do valor do dano a ser reparado pela pessoa jurídica investigada. Nesse caso, conforme dito, houve discussão a respeito da dosimetria utilizada para se chegar aos valores previstos no acordo quanto à reparação do dano.

Frise-se que, em situações como a narrada, a atuação do *parquet* não exclui as atribuições da CGU, já que não emite quitação acerca do valor do dano, de forma que o órgão de representação judicial da União (AGU) pode ajuizar ação visando complementar o valor dos prejuízos. Mesmo diante dessa possibilidade, é fato que, sob o ponto de vista da pessoa jurídica colaboradora, a insegurança jurídica em relação ao acordo é evidente, como ocorreu no caso comentado, em que houve discordâncias de entendimento entre o MPF e a AGU no que concerne à necessidade de manutenção da medida cautelar de indisponibilidade de bens.

Em relação a esse impasse jurídico e processual, o caso em questão teve um deslinde benéfico sob a perspectiva da reparação do dano ao erário e ao controle da corrupção, tendo em vista que, em julho de 2018, o Ministério da Transparência, a Controladoria-Geral da União (CGU) e a Advocacia-Geral da União firmaram acordo de leniência com a Odebrecht S.A. no valor aproximado de R$2,7 bilhões, sendo que esse montante será abatido do valor estipulado anteriormente no acordo de leniência firmado com o MPF e com autoridades americanas e suíças, em 2016.

No acordo firmado com a CGU, foi avençado que o pagamento será realizado ao longo do período de 22 anos, incidindo correção monetária, que será realizada pela taxa Selic, sendo que esse montante poderá chegar a R$6,8 bilhões. Os valores a serem ressarcidos ao erário tiveram como parâmetro de cálculo o lucro indevidamente obtido pela empresa, os valores pagos a título de propina e a multa administrativa prevista na LAC, conforme nota oficial divulgada pela CGU.[488]

Conforme noticiado, os recursos financeiros serão destinados à Petrobrás e a órgãos da administração pública federal, tendo como efeito desse acordo a extinção dos processos administrativos e ações de improbidade movidas contra a Odebrecht e o grupo econômico respectivo. Embora o desfecho do caso tenha sido salutar em termos de negociação e composição extrajudicial para reparação do dano, serve de alerta quanto à necessidade de atuação integrada e cooperativa entre

---

[488] CONTROLADORIA-GERAL DA UNIÃO. *Acordo de leniência com a Odebrecht prevê ressarcimento de 2,7 bilhões*. Disponível em: http://www.cgu.gov.br/noticias/2018/07/acordo-de-leniencia-com-a-odebrecht-preve-ressarcimento-de-2-7-bilhoes. Acesso em: 21 jan. 2019.

os órgãos e instituições com atribuições no controle da corrupção e reparação de danos ao erário, tendo em conta os diversos efeitos que a atuação isolada dos entes legitimados pode ter sobre a negociação dos acordos de leniência.

Aliás, no caso Odebrecht, mesmo após ter sido firmado acordo com a AGU/CGU, houve deliberação no Tribunal de Contas da União – TCU em medida cautelar para suspender os efeitos desse ajuste, contudo, o pedido postulado pela unidade técnica foi rejeitado.[489] Em suma, o mesmo acordo passou por três possibilidades diferentes que poderiam levá-lo à perda ou à suspensão de efeitos, em razão da atuação isolada de instituições.

Contudo, no ano de 2018, houve caso em que se alcançou a esperada atuação interligada entre órgãos e instituições públicas para a celebração do acordo de leniência. Trata-se do acordo de leniência do Grupo Interpublic, grupo de comunicação baseado nos Estados Unidos e com atividades no Brasil. Em 2015, o grupo Interpublic, juntamente com as Redes Lowe e a FCB, firmaram acordo com o Ministério Público Federal (caso Lava Jato)[490] e, após quase três anos de negociação, celebraram ajuste com o Ministério da Transparência e a Controladoria Geral da União, a AGU e o TCU, na forma de "acordo-espelho" do anteriormente firmado.

Para a obtenção desse resultado conjunto, após as negociações cabíveis às respectivas searas de atuação, os demais entes, de forma sucessiva, seguiram os mesmos termos do que havia sido anteriormente celebrado com o MPF. Essa metodologia poderá ser estudada e, quem sabe, vir a ser um modelo de atuação em casos análogos, evitando discussões jurídicas e eventuais pleitos de anulação de acordos de leniência firmados por parte dos órgãos e instituições de controle da corrupção.

Com relação à atuação constitucional e legal do Ministério Público, sabe-se que o acordo de leniência firmado isoladamente por outros entes, sem a participação do *parquet*, é passível de causar disfuncionalidades no sistema de defesa do patrimônio público, já que não exime o *parquet* do dever de atuar. O contrário, igualmente, é verdadeiro, porquanto se outro ente público firmar o acordo, o Ministério Público

---

[489] TRIBUNAL DE CONTAS DA UNIÃO. *TCU vai analisar termos do acordo de leniência com a Odebrecht.* Disponível em: https://portal.tcu.gov.br/imprensa/noticias/tcu-vai-analisar-termos-do-acordo-de-leniencia-com-a-odebrecht.htm. Acesso em: 21 jan. 2019.
[490] VALOR ECONÔMICO. *Agências conseguem o 1º acordo 'global' da Lava Jato.* Disponível em: https://www.valor.com.br/politica/5365041/agencias-conseguem-1-acordo-global-da-lava-jato. Acesso em: 26 jun. 2018.

também poderá ajuizar ação civil pública buscando a aplicação de penalidades previstas na Lei de Improbidade Administrativa e na Lei Anticorrupção, além das respectivas atuações administrativas.

Essa situação traz impactos à aplicação das sanções previstas nas leis que compõem o microssistema legal de defesa da moralidade administrativa, podendo gerar dupla penalização. Embora o agir isoladamente dos órgãos e instituições públicas na celebração do acordo de leniência não esteja vedado no ordenamento jurídico, essa forma de atuação não concede a estabilidade necessária à relação negocial estabelecida com a pessoa jurídica colaboradora e pode constituir um relevante fator de desestímulo ao ajuste.

A atuação em conjunto parece ser mais compatível com uma interpretação sistemática do ordenamento jurídico, porquanto, por meio da atuação cooperativa e coordenada, externaria ações essenciais à concretização do princípio da segurança jurídica, além de também primar pelo princípio da eficiência administrativa.[491] Isso sem falar que a atuação em conjunto e coordenada fomenta o princípio da duração razoável do processo (art. 5º, LXXVIII, CF), por ser um meio célere que poderá estimular positivamente a resolução extrajudicial de casos envolvendo danos ao erário e que, em juízo, podem levar décadas até serem solucionados.

7.8 Princípio da segurança jurídica como vetor necessário ao acordo de leniência

A aplicação do princípio da segurança jurídica possui sede constitucional, tendo em vista que o artigo 5º, XXXVI, da CF, consagra a estabilidade das relações jurídicas,[492] sendo tal vetor interpretativo inerente ao Estado de Direito, que assegura a irretroatividade da lei, o ato jurídico perfeito, o direito adquirido e a coisa julgada.[493]

---

[491] MARRARA, Thiago. Comentários ao artigo 16. *In*: DI PIETRO, Maria Sylvia Zanella; MARRARA, Thiago (Coord.). *Lei Anticorrupção comentada*. Belo Horizonte: Editora Fórum, 2017. p. 210.

[492] DI PIETRO, Maria Sylvia Zanella. O princípio da segurança jurídica diante do princípio da legalidade. *In*: MARRARA, Thiago. *Princípios de Direito Administrativo*. São Paulo: Editora Atlas, 2012. p. 326.

[493] NOHARA, Irene Patrícia. Ensaio sobre a ambivalência da segurança jurídica nas relações de Estado: a realização de justiça à faceta perversa do argumento. *In*: MARRARA, Thiago. *Princípios de Direito Administrativo*. São Paulo: Editora Atlas, 2012. p. 92.

A estabilidade das relações jurídicas, especialmente as firmadas com a administração pública, é um valor inerente ao ordenamento jurídico brasileiro, conforme previsão constitucional já referida anteriormente (artigo 5º, XXXVI, CF). "A segurança jurídica, vista como estabilidade e continuidade da ordem jurídica e previsibilidade das consequências jurídicas de determinada conduta, é indispensável para a conformação de um Estado que pretenda ser 'Estado de Direito'".[494]

O princípio da segurança jurídica está positivado no artigo 2º, caput, da Lei nº 9.784/99, que trata do processo administrativo na esfera federal. Esse mesmo artigo faz referência a outros princípios aplicáveis à Administração Pública, como legalidade, motivação, razoabilidade, proporcionalidade, moralidade, eficiência, dentre outros.

A análise do princípio da segurança jurídica se desdobra em dois sentidos: 1) um sentido objetivo, que tem a ver com a estabilidade no direito; 2) um sentido subjetivo: que visa a proteger a confiança do administrado em relação aos atos emanados do poder público.[495] Esse raciocínio pode ser aplicado ao acordo de leniência, posto que o colaborador, após firmar o ajuste, de boa-fé, e cumprir as condições, deve esperar que os atos negociais da Administração Pública sejam mantidos.

Em relação à proteção da confiança, é possível concluir que, no tocante à Administração Pública, aplica-se a formulação *venire contra factum proprium*. Nesse aspecto, "a proibição ética implica na vedação do comportamento contraditório por parte do Estado. Trata-se de expediente utilizado em amparo à boa-fé, à moralidade, à aparência de regularidade e à presunção de legitimidade dos atos estatais".[496]

Aquele que firma um ajuste com a Administração Pública deve esperar, legitimamente, que ele seja cumprido, havendo uma forte relação entre a proteção da confiança e o *venire contra factum proprium*. "Isso decorre porque a proibição do comportamento contraditório exigida pelo primeiro princípio passa a existir quando se está diante de uma expectativa legítima".[497]

---

[494] MARINONI, Luiz Guilherme. Os precedentes na dimensão da segurança jurídica. *Revista Jurídica*, Sapucaia do Sul, v. 58, n. 398, p. 25, dez. 2010.
[495] DI PIETRO, Maria Sylvia Zanella. O princípio da segurança jurídica diante do princípio da legalidade. *In*: MARRARA, Thiago. *Princípios de Direito Administrativo*. São Paulo: Editora Atlas, 2012. p. 14.
[496] NOHARA, Irene Patrícia. Ensaio sobre a ambivalência da segurança jurídica nas relações de Estado: a realização de justiça à faceta perversa do argumento. *In*: MARRARA, Thiago. *Princípios de Direito Administrativo*. São Paulo: Editora Atlas, 2012. p. 83.
[497] ARAÚJO, Valter Shuenquener de. *O princípio da proteção da confiança*. Niterói: Editora Impetus, 2016. p. 177.

Tendo em conta que os atos administrativos, além de serem instrumentos formadores da vontade estatal, disciplinam juridicamente os interesses dos cidadãos, sendo essa a característica que "torna patente a necessidade de que eles respeitem o princípio da proteção da confiança".[498] Por isso, embora vários entes sejam legalmente legitimados a firmar o acordo de leniência, a atuação conjunta é a mais coerente, sob o aspecto da estabilidade do ajuste e respeito à confiança daquele que, de boa-fé, decide pôr termo à situação litigiosa.

Em relação ao tema, o Supremo Tribunal Federal, ao analisar as formalidades envolvendo a celebração do acordo de colaboração premiada na esfera criminal, entendeu que é "imprescindível chancelar a importância da preservação da segurança jurídica e da própria figura da colaboração premiada como instrumento relevante para coibir delitos, sobretudo contra o erário".[499] Esse entendimento pode ser aplicado ao acordo de leniência, tendo em vista que, a partir do ajuste, a pessoa jurídica colaboradora fornece informações e provas, sendo necessário assegurar a contrapartida estatal.

Ao analisar o tema, deve-se ter em mente o disposto no artigo 30 da Lei nº 13.655/2018, que alterou a Lei de Introdução às Normas de Direito Brasileiro, fazendo constar expressamente que "as autoridades públicas devem atuar para aumentar a segurança jurídica na aplicação das normas, inclusive por meio de regulamentos, súmulas administrativas e respostas a consultas".[500]

Esse dispositivo legal nos leva à reflexão quanto aos problemas ligados à legitimidade ativa dos diversos entes públicos aptos a firmarem o acordo de leniência com pessoas jurídicas de direito privado, já que, sendo múltiplos os detentores de tal poder, sem influências direta na atuação dos outros, grandes são as chances de instabilidade jurídica ao ente privado que firma o ajuste. Gabriel Morettini e Castela, ao comentarem o artigo citado, fazem ponderação interessante: "espera-se que com a sua vigência, conflitos entre entidades competentes para

---

[498] ARAÚJO, Valter Shuenquener de. *O princípio da proteção da confiança*. Niterói: Editora Impetus, 2016. p. 213.
[499] BRASIL. Supremo Tribunal Federal. *Informativo nº 870*. Disponível em: http://www.stf.jus.br/arquivo/informativo/documento/informativo870.htm. Acesso em: 05 jul. 2018.
[500] BRASIL. Lei nº 13.655, de 25 de abril de 2018. Inclui no Decreto-Lei nº 4.657, de 4 de setembro de 1942 (Lei de Introdução às Normas do Direito Brasileiro), disposições sobre segurança jurídica e eficiência na criação e na aplicação do direito público. *Diário Oficial [da República Federativa do Brasil]*, Brasília, DF, 26 abr. 2018. Disponível em: http://www.planalto.gov.br/ccivil_03/_Ato2015-2018/2018/Lei/L13655.htm. Acesso em: 09 jan. 2019.

celebrar e validar acordos de leniência não transfiram os ônus da sua inefetividade aos particulares".[501] Pode-se dizer, portanto, que, além de uma questão de estabilidade de relações jurídicas, trata-se de eficiência na atuação dos órgãos públicos.

Para Morettini e Castela, independentemente das questões afetas à legitimidade de ente público para o acordo, quanto à pessoa jurídica que adere à leniência, "aquele que se enquadrar nas hipóteses normativas para celebração dos acordos, vincula o ente estatal à sua necessária adesão, como já exposto, e à consequente garantia dos benefícios concedidos como contrapartida aos ônus exigidos".[502]

Não se pode estudar o assunto e ignorar que a situação de indefinição jurídica e a ausência de regulamentação específica de pontos relevantes atinentes ao acordo de leniência, tal como quais seriam os órgãos legitimados para propô-lo, além de suscitar debates infindáveis, enseja insegurança jurídica, porquanto não impede questionamentos administrativos e judiciais quanto à validade dos instrumentos firmados sem a participação dos órgãos de controle. Além disso, põe em xeque a efetiva aplicação da norma e os fins para os quais foi editada, visando à prevenção, punição e à reparação dos danos causados, preservando a higidez das contratações públicas e a probidade da Administração.

Os casos retratados ao longo deste estudo, cada um com suas peculiaridades, apontam a existência de mecanismos no ordenamento jurídico vigente, aptos ao enfrentamento à corrupção, todavia, caso os órgãos de controle atuem de forma conjunta e coordenada, as possibilidades de resoluções negociadas das grandes lides envolvendo a prática de atos lesivos à Administração Pública serão muito maiores e com menor chance de desconstituição pela via judicial ou mesmo de sobreposição de sanções na via administrativa. Quanto maior a possibilidade de o acordo de leniência ser mantido em todas as esferas, maior será o estímulo à sua celebração, dada a segurança jurídica que lhe for atribuída. Posto isso, após a realização da pesquisa, restou evidenciada a necessidade de adequação legislativa, a fim de que o

---

[501] CASTELA, Gabriel Morettini e. *Acordo de leniência e segurança jurídica: o que muda com a Lei nº 13.655/2018*. Jota, Opinião e Análise. Disponível em: https://www.jota.info/opiniao-e-analise/artigos/acordo-de-leniencia-e-seguranca-juridica-o-que-muda-com-a-lei-13-655-2018-12072018. Acesso em: 09 jan. 2019.

[502] CASTELA, Gabriel Morettini e. *Acordo de leniência e segurança jurídica: o que muda com a Lei nº 13.655/2018*. Jota, Opinião e Análise. Disponível em: https://www.jota.info/opiniao-e-analise/artigos/acordo-de-leniencia-e-seguranca-juridica-o-que-muda-com-a-lei-13-655-2018-12072018. Acesso em: 09 jan. 2019.

acordo de leniência seja disciplinado de forma mais detalhada e que haja possibilidade de atuação conjunta dos vários órgãos e instituições estatais que atuam no controle da corrupção.

CONCLUSÃO

Ao iniciar a presente pesquisa, abordamos diversos aspectos do fenômeno corrupção, buscando delimitá-lo e estudar suas consequências, notadamente no que tange à importância de seu controle, porquanto se mostra prejudicial à implementação dos direitos humanos, especialmente quando se tratam de políticas públicas prioritárias. Além disso, trouxemos argumentos que indicam o quanto à corrupção prejudica o desenvolvimento econômico, por meio do desequilíbrio causado à livre concorrência e à livre iniciativa. Buscamos também apresentar como o tema está disciplinado no ordenamento jurídico internacional, trazendo os tratados relevantes sobre a matéria, bem como estudamos como o enfrentamento da corrupção está disciplinado no ordenamento jurídico pátrio, seja por meio de leis penais, administrativas ou cíveis, que preveem instrumentos de persecução e penalização de atos corruptos.

No contexto normativo nacional, a Lei Anticorrupção veio suprir lacuna existente no aparato legislativo brasileiro, prevendo a responsabilidade objetiva da pessoa jurídica envolvida em atos lesivos à Administração Pública. Esse mesmo instrumento legal alberga o acordo de leniência, que é originário do Sistema Brasileiro de Defesa da Concorrência – SBDC, e se insere na seara do Direito Administrativo Consensual, onde se busca resolver extrajudicialmente questões administrativas relevantes por meio do diálogo e da negociação de penas em troca de informações e provas.

Durante a pesquisa, traçamos o regime geral da leniência no ordenamento jurídico, discorrendo a respeito da origem do acordo de leniência no Brasil, bem como suas correlações com figuras existentes em outros países, tal como nos Estados Unidos e em países europeus, sendo ponto comum entre eles a negociação por parte do Estado, com a pessoa jurídica a quem é imputada a prática ilícita, em troca de diminuição de penalidades. Constatou-se que o acordo de leniência é um instrumento útil na obtenção de provas que levarão à comprovação da prática de condutas lesivas previstas na Lei Anticorrupção, sendo uma ferramenta relevante e disponível, que serve à reparação do dano ao erário e à penalização administrativa de forma célere e eficiente, contribuindo, portanto, para o controle da corrupção. Ademais, o instrumento, por meio da colaboração de envolvidos, contribui para o desmantelamento de grupos de pessoas jurídicas que atuem concertadas nas práticas ilícitas lesivas à Administração Pública.

Durante o estudo acerca dos requisitos legais para a realização do acordo, foi visto que, embora fosse possível, com o ajuste, a exclusão da pena de publicação extraordinária e da proibição de receber incentivos, subsídios, subvenções, doações ou empréstimos de entidades públicas e a redução da pena de multa em até 2/3 (dois terços), a reparação integral do dano é obrigação inarredável, já que o Brasil não adota o modelo de anistia total. Ainda, a lei não autoriza a celebração da leniência *plus*, havendo a possibilidade negocial tão somente à primeira empresa que apresentar informações úteis e relevantes.

Quanto à celebração do acordo de leniência, o ponto de maiores questionamentos é o que diz respeito aos entes públicos legitimados para a celebração do ajuste, tendo em vista que a redação legal é omissa no que tange à especificação deles, se referindo apenas à "autoridade máxima", o que tem gerado conflito de atribuições a órgãos e instituições da Administração Pública encarregados do controle da corrupção. No que concerne à União, a situação é menos vaga no que tange à autoridade pública da esfera federal, porquanto a Controladoria-Geral da União foi incumbida legalmente dessa missão. Todavia, a norma não dispôs especificamente acerca da atuação do Tribunal de Contas da União – TCU e em qual fase deveria se manifestar no acordo, ou seja, não houve previsão acerca da atuação desse órgão de controle externo durante a fase de negociação e celebração. Quanto aos Estados da federação e aos Municípios, a situação ficou à mercê da legislação dos respectivos entes, tendo em vista que a lei federal não dispôs acerca da legitimidade ativa, tampouco acerca do procedimento, sendo que cada unidade política deve disciplinar o tema, abrindo margem para legislações casuísticas e que podem colocar em risco a credibilidade do programa de leniência. Isto é, fica a critério desses entes disporem quais autoridades estarão legitimadas a negociar e a firmar o acordo de leniência, havendo legislação, por exemplo, que atribui essa legitimação a Secretário de Estado, cargo de natureza política, destituído de estabilidade no serviço público, o que pode tornar a fase de discussão e estabelecimento dos termos do acordo revestida de contornos políticos prejudiciais à efetiva reparação do dano e à elucidação das práticas corruptas.

Com relação ao Ministério Público, instituição constitucionalmente imbuída da missão de defesa da ordem jurídica, do regime democrático e dos direitos individuais e sociais indisponíveis, a LAC não trata objetivamente da celebração do acordo de leniência pelo Ministério Público. Contudo, essa omissão legislativa não constitui óbice para a atuação do *parquet*, tendo em vista que a atuação da instituição está legitimada na Constituição Federal e no microssistema legal de defesa da moralidade administrativa, que o autoriza a deflagrar diversos processos punitivos envolvendo a proteção do patrimônio público e a moralidade administrativa.

Ademais, a própria LAC atribui ao Ministério Público a legitimidade para o ingresso de ação civil pública para a responsabilização da pessoa jurídica envolvida nos atos lesivos à Administração Pública, caso haja omissão na apuração administrativa, deixando evidente que a instituição atua como fiscal da lei e colegitimado ativo nas hipóteses envolvendo a incidência da norma em referência. Isso sem falar que a apuração dos atos de corrupção que tratam da aplicação da LAC possui relação com tipos penais correlatos (crimes contra a Administração) e atos de improbidade administrativa (por lesão ao erário, violação de princípios ou enriquecimento ilícito), o que reforça o entendimento de que a atuação ministerial não está excluída desse contexto. A situação descrita reflete o fenômeno denominado de "incidência múltipla", em que "uma mesma conduta atrairá a incidência de normas penais, civis e administrativas, com uma intercomunicação dos respectivos instrumentos processuais".[503]

Porém, importante refletir que, mesmo entendendo que há legitimação ativa concorrente entres os vários entes públicos aptos à celebração do acordo de leniência com a pessoa jurídica autora dos atos lesivos, essa pesquisa revelou que há possibilidade de séria instabilidade decorrente da celebração do acordo de leniência de forma isolada, sem a participação conjunta das instituições e órgãos de controle, o que não atende ao comando correspondente ao princípio da segurança jurídica previsto na Constituição Federal.

Isso porque, da forma como está previsto o acordo de leniência na LAC, a pessoa jurídica envolvida nos atos lesivos pode firmar um acordo de leniência com a autoridade máxima de órgão da Administração Direta ou Indireta, todavia, sem a participação do Ministério Público – MP ou do Tribunal de Contas – TC, e, posteriormente, estar suscetível aos diversos processos punitivos de atribuição de cada órgão (pesadas multas e sanções administrativas, além de penas passíveis de

---

[503] CABRAL, Antônio do Passo. A resolução nº 118 do Conselho Nacional do Ministério Público e as convenções processuais. *In*: CABRAL, Antônio do Passo; NOGUEIRA, Pedro Henrique Pedrosa (Coord.). *Negócios Processuais*. Salvador: Jus Podivm, 2015. p. 682-683.

aplicação em juízo, tal como a dissolução da pessoa jurídica prevista na LAC). Por outro lado, se a pessoa jurídica firmar acordo de leniência com o Ministério Público, poderá ser sancionada em sede de PAR, instaurado e instruído pela autoridade máxima aludida no artigo 16 da LAC, ou mesmo ser penalizada em sede de processo administrativo instaurado pela Corte de Contas.

Isso, aliás, aconteceu no acordo de leniência firmado no "Caso Lava-Jato", entre o Ministério Público Federal e a pessoa jurídica Odebrecht S.A., onde, após o ajuste, ficou consignado que seria levantada a cautelar de indisponibilidade de bens na ação civil pública por ato de improbidade administrativa em trâmite. Todavia, por haver divergência quanto ao montante da reparação dos danos, a Advocacia-Geral da União se insurgiu contra a medida e pugnou a desconstituição do acordo de leniência. Ao final, o grupo econômico envolvido acabou firmando outro acordo de leniência com a União, via AGU/CGU, e ambos os ajustes, tanto com o MPF quanto com a União, permaneceram válidos, contudo, não se pode ignorar o cenário de insegurança que pode ser instalado a partir da atuação isolada das instituições.

Por outro lado, tem-se que o diálogo começa a ocorrer e que há possibilidades de atuações conjuntas proveitosas para um programa de leniência eficiente. No ano de 2018 foi noticiada a celebração do acordo de leniência firmado com a pessoa jurídica Interpublic, a partir do "acordo-espelho" realizado com o MPF, sendo um caso de referência e que revela a possibilidade de uma atuação conjunta e integrada entre as instituições e órgãos responsáveis pelo controle da corrupção.

Esse contexto apresentado, de fatos e normas, demonstra que é necessário objetividade e clareza quanto aos ônus e aos bônus da assinatura do acordo de leniência por parte da pessoa jurídica com a Administração Pública e seus órgãos e instituições estatais de controle da corrupção, o que envolve uma atuação eficiente e transparente. Não é em vão que os estudiosos do tema apontam que "o fator de sucesso e eficiência do acordo de leniência está ligado ao grau de discricionariedade da autoridade política quanto aos efeitos gerados com a adesão".[504] Ou seja, quanto menor a discricionariedade dos efeitos, maior será a adesão e, consequentemente, a eficiência do programa de leniência.

Esse ponto merece reflexão acurada em termos de reforma legislativa e de implementação de políticas públicas de combate à corrupção,

---

[504] MACHADO, Pedro Antônio de Oliveira. *Acordo de Leniência & a Lei de Improbidade Administrativa*. Curitiba: Juruá, 2017. p. 176.

por isso seria oportuno que o legislador brasileiro reabrisse os debates sobre a celebração conjunta do acordo de leniência e inserisse normas específicas sobre o procedimento na Lei Anticorrupção,[505] possibilitando estabilidade das relações negociais, eficiência e transparência nas fases de negociação e assinatura do ajuste.

Outro ponto sensível e que demanda reflexão acerca do acordo de leniência é a gestão das informações que estejam na posse de cada órgão da Administração, posto que a atuação fracionada pode comprometer a eficiência do acordo de leniência sob a perspectiva do resultado útil da investigação.

Imagine-se que a pessoa jurídica colaboradora apresente informações e documentos perante o órgão de controle interno da pessoa política e ali consiga a celebração do ajuste. Todavia, após celebrado o acordo de leniência, descobre-se que tais dados e elementos de convicção já estavam em poder do Ministério Público, que estava instruindo procedimento investigatório criminal com medidas cautelares em curso. Nessa situação hipotética, ficaria evidente que o Estado, como pessoa política, embora em instâncias independentes, já detinha a informação que a pessoa jurídica apresentou em troca de benefícios, e que, portanto, não lhe seriam cabíveis por ausência do ineditismo das provas.

Outro desdobramento possível e decorrente da falta de regulamentação diz respeito ao compartilhamento da prova. Imagine-se que, na situação hipotética narrada, após o acordo de leniência firmado com a pessoa jurídica, as provas fossem compartilhadas e, a partir delas, fossem ajuizadas diversas ações pelo Ministério Público. Por razões óbvias, esses possíveis desdobramentos constituem fatores de desestímulo ao acordo.

Na esfera federal, essa situação tem sido resolvida nos termos da Orientação Normativa nº 01/2018 da 5ª Câmara de Coordenação e Revisão do Ministério Público Federal,[506] onde tem sido disposto nos acordos que, em caso de compartilhamento de provas, elas não podem ser utilizadas por outros órgãos ou instituições em detrimento do colaborador que as forneceu para penalizá-lo além do que foi definido no acordo. Todavia, isso tem sido feito em razão da *expertise* desenvolvida

---

[505] MARRARA, Thiago. Comentários ao artigo 16. In: DI PIETRO, Maria Sylvia Zanella; MARRARA, Thiago (Coord.). *Lei Anticorrupção comentada*. Belo Horizonte: Editora Fórum, 2017. p. 211.
[506] MINISTÉRIO PÚBLICO FEDERAL. *Orientação Conjunta nº 01/2018 – 5ª Câmara de coordenação e revisão (Combate à corrupção)*. Disponível em: http://www.mpf.mp.br/atuacao-tematica/ccr5/orientacoes/orientacao-conjunta-no-1-2018.pdf. Acesso em: 23 jan. 2019.

por profissionais dessas instituições, sem que haja uniformização de regras específicas.

A inexistência de um procedimento previamente estabelecido para uma atuação conjunta e cooperativa entre os órgãos da Administração constitui um problema de difícil solução e que impede que o acordo de leniência seja eficiente em todas as ocasiões. "Nesse sentido, é praticamente impossível eliminar os riscos advindos da falta de informações a respeito desses procedimentos e da novidade das provas trazidas em acordo".[507]

Além desses pontos que dizem respeito às consequências para a pessoa jurídica e possíveis incertezas futuras, há outro ponto de desestímulo em razão da LAC não abranger a pessoa física para a realização do acordo de leniência, de forma que o estabelecimento do ajuste em relação à pessoa jurídica não retira a possibilidade de que seus representantes, dirigentes ou prepostos, que tenham colaborado nas investigações administrativas, venham a ser penalizados individualmente, especialmente na seara criminal, com pena privativa de liberdade.

Em que pese não estar isento de críticas, os acordos de leniência firmados pelo Ministério Público Federal, em vários casos de repercussão nacional em que transacionou acerca das penalidades civis (improbidade administrativa) e do ajuizamento da ação civil pública prevista no artigo 20 da LAC, além de penas criminais (por meio acordos de colaboração premiada correlatos), se apresenta como uma estratégia eficiente para apuração de condutas lesivas à Administração Pública, porquanto envolve empresas e pessoas naturais, atraindo ao consenso e à reparação dos danos todos aqueles que, em algum momento, praticaram os atos lesivos previstos na Lei Anticorrupção, que igualmente se inserem na proscrição de outras normas de Direito Público. Essa forma de atuação demonstra racionalidade e proatividade do órgão, abordando várias áreas de interseção de normas punitivas, buscando a reparação e a resolução célere de várias demandas cabíveis.

Repensar o acordo de leniência se mostra como algo inderrogável no presente momento em que se busca municiar o Estado Brasileiro com instrumentos eficientes para o controle da corrupção, sem descurar o inarredável compromisso constitucional com a aplicação dos princípios da eficiência, da segurança jurídica, da duração razoável do processo e da transparência.

---

[507] ZYMLER, Benjamim; ALVES, Francisco Sérgio Maia. Acordos de Leniência e o papel do TCU. *Interesse Público – IP*, Belo Horizonte, ano 20, n. 107, p. 153-168, jan./fev. 2018. p. 161.

REFERÊNCIAS

ALBERGARIA NETO, Jason Soares de; FRANÇA, Graziela Resende Carvalho Sacramento. Análise Econômica do Direito. *Revista de Direito Empresarial – RDEmp*, Belo Horizonte, ano 14, n. 3, set./dez. 2017. Disponível em: http://www.bidforum.com.br/PDI0006.aspx?pdiCntd=249299. Acesso em: 10 jan. 2019.

ARAS, Vladimir. *Acordos de leniência na lei anticorrupção empresarial. Coletânea de artigos*: avanços e desafios no combate à corrupção após 25 anos de vigência da Lei de Improbidade Administrativa / 5ª Câmara de Coordenação e Revisão, Criminal. Brasília: MPF, 2018. Disponível em: http://www.mpf.mp.br/atuacao-tematica/ccr5/publicacoes. Acesso em: 25 jun. 2018.

ARAS, Vladimir. *O futuro crime de suborno*. Disponível em: https://vladimiraras. blog/2018/11/09/o-futuro-crime-de-suborno/. Acesso em: 10 nov. 2018.

ARAGÃO, Alexandre Santos de. O princípio da eficiência. *In*: MARRARA, Thiago. *Princípios de Direito Administrativo*. São Paulo: Editora Atlas, 2012.

ARAÚJO, Valter Shuenquener de. *O princípio da proteção da confiança*. Niterói: Editora Impetus, 2016.

BAUMAN, Zigmunt. *Modernida Líquida (Liquid Modernity)*. Buenos Aires: Fondo de Cultura Económica de Argentina S.A., 2000.

BARBOZA, Márcia Noll. *O combate à corrupção no mundo contemporâneo e o papel do Ministério Público no Brasil*. Brasília: Ministério Público Federal, 2006. Disponível em: http://www.mpf.mp.br/atuacao-tematica/ccr5/noticias-1/eventos/docs-monografias/monografia_3_lugar.pdf. Acesso em: 27 fev. 2018.

BERMAN, José Guilherme. *Direito Administrativo consensual, acordo de leniência e ação de improbidade*. Disponível em: http://www.bmalaw.com.br/arquivos/Artigos/artigo_ibda_jgb.pdf. Acesso em: 14 jul. 2018.

BERTOCINI, Mateus; CAMBI, Eduardo. Atividade empresarial e corrupção: crítica ao modelo de acordo de leniência previsto na Lei nº 12.846/2013. *In: Livro de Teses do XXI Congresso Nacional do Ministério Público*. 2015. p. 297-304. Disponível em: http://www.conamp.org.br/images/congressos_nacionais/XX_Congresso_Nacional_MP_2013.pdf. Acesso em: 19 jan. 2016.

BECK, Urich. *La sociedad del riesgo global*. España: Siglo Veintiuno, 2002.

BECUE, Sabrina Maria Fadel. Teoria dos jogos. *In*: RIBEIRO, Marcia Carla Pereira; KLEIN, Vinicius (Coord.). *O que é análise econômica do direito*: uma introdução. 2. ed. Belo Horizonte: Fórum, 2016.

BERTONCINI, Mateus. Do acordo de leniência. *In*: CAMBI, Eduardo; GUARAGNI, Fábio (Orgs.). *Lei anticorrupção*: comentários à Lei nº 12.846/2013. São Paulo: Almedina, 2014.

BITENCOURT, Cezar Roberto. *Tratado de Direito Penal*: parte geral. 13. ed. São Paulo: Saraiva, 2008. v. I.

BITTAR, Eduardo B. *Metodologia da pesquisa jurídica*: teoria e prática da monografia para concursos de direito. 14. ed. São Paulo: Saraiva, 2015.

BOTTINI, Piepaollo Cruz. *A Lei Anticorrupção como Lei penal encoberta*. Disponível em: https://www.conjur.com.br/2014-jul-08/direito-defesa-lei-anticorrupcao-lei-penal-encoberta?imprimir=1. Acesso em: 14 mai. 2018.

BOVENS, Mark. *Two concepts of accountability*: accountability as a virtue and as a mechanism. West European Politics - WEST EUR POLIT, s.d.

BREI, Zani Andrade. *A corrupção*: causas, consequências e soluções para o problema. Rio de Janeiro: Revista de Administração Pública, 1996.

BRASIL. Câmara de Deputados. *Projeto de Lei nº 3.635/2015*. Disponível em: http://www.camara.gov.br/proposicoesWeb/fichadetramitacao?idProposicao=2055350. Acesso em: 19 jun. 2018.

BRASIL. *Constituição Federal (1988)*. Disponível em: http://www.planalto.gov.br/ccivil_03/Constituicao/Constituicao.htm. Acesso em: 19 jan. 2016.

BRASIL. Controladoria Geral da União. *Cartilha da OCDE*. Disponível em: http://www.cgu.gov.br/assuntos/articulacao-internacional/convencao-da-ocde/arquivos/cartilha-ocde-2016.pdf. Acesso em: 03 mar. 2017.

BRASIL. Controladoria Geral da União. *Convenção da Organização dos Estados Americanos (OEA) promove o fortalecimento dos mecanismos necessários para prevenir, detectar, punir e erradicar a corrupção*. Disponível em: http://www.cgu.gov.br/sobre/perguntas-frequentes/articulacao-internacional/convencao-da-oea#aprovacao. Acesso em: 03 mar. 2017.

BRASIL. Controladoria Geral da União. *Convenção da ONU - Principais Temas*. Disponível em: http://www.cgu.gov.br/assuntos/articulacao-internacional/convencao-da-onu/principais-temas. Acesso em: 03 mar. 2017.

BRASIL. Controladoria Geral da União. *Convenção das Nações Unidas Contra a Corrupção*. Disponível em: http://www.cgu.gov.br/AreaPrevencaoCorrupcao/ConvencoesInternacionais/ConvecaoO NU.asp. Acesso em: 11 set. 2017.

BRASIL. Conselho Nacional do Ministério Público. Resolução nº 179, de 26 de julho de 2017. *Regulamenta o §6º do art. 5º da Lei nº 7.347/1985, disciplinando, no âmbito do Ministério Público, a tomada do compromisso de ajustamento de conduta*. Disponível em: http://www.cnmp.mp.br/portal/images/Resolucoes/Resolu%C3%A7%C3%A3o-179.pdf. Acesso em: 25 jun. 2018.

BRASIL. Decreto-Lei nº 2.848, de 7 de dezembro de 1940 (Código Penal). *Diário Oficial [da República Federativa do Brasil]*, Rio de Janeiro, RJ, 31 dez. 1940. Disponível em: http://www.planalto.gov.br/ccivil_03/decreto-lei/Del2848compilado.htm. Acesso em: 03 jun. 2018.

BRASIL. Decreto nº 3.678, de 30 de novembro de 2000. Promulga a Convenção sobre o combate da corrupção de Funcionários Públicos Estrangeiros em transações comerciais internacionais, concluída em Paris, em 17 de dezembro de 1997. *Diário Oficial [da República Federativa do Brasil]*, Brasília, DF, 01 dez. 2000. Disponível em: http://www.planalto.gov.br/ccivil_03/decreto/D3678.htm. Acesso em: 02 mai. 2018.

BRASIL. Decreto nº 8.420, de 08 de março de 2015. Regulamenta a Lei nº 12.846, de 1º de agosto de 2013, que dispõe sobre a responsabilização administrativa de pessoas jurídicas pela prática de atos contra a administração pública, nacional ou estrangeira e dá outras providências. *Diário Oficial [da República Federativa do Brasil]*, Brasília, DF, 19 mar. 2015. Disponível em: http://www.planalto.gov.br/ccivil_03/_ato2015-2018/2015/decreto/D8420.htm. Acesso em: 03 jun. 2018.

REFERÊNCIAS

BRASIL. Escola Superior do Ministério Público da União. *A investigação e a persecução penal da corrupção e dos delitos econômicos*: uma pesquisa empírica no sistema de Justiça Federal. Disponível em: http://escola.mpu.mp.br/publicacoes/series/serie-pesquisas/a-investigacao-e-a-persecucao-penal-da-corrupcao-e-dos-delitos-economicos-uma-pesquisa-empirica-no-sistema-de-justica-federal-tomo-1. Acesso em: 13 jul. 2017.

BRASIL. Ministério Público Federal. *Dez medidas contra a corrupção*. Disponível em: http://www.dezmedidas.mpf.mp.br/apresentacao/conheca-as-medidas. Acesso em: 16 jul. 2018.

BRASIL. Decreto Lei nº 5.015, de 12 de março de 2004. Promulga a Convenção das Nações Unidas contra o crime organizado transnacional. *Diário Oficial [da República Federativa do Brasil]*, Brasília, DF, 15 mar. 2004. Disponível em: http://www.planalto.gov.br/ccivil_03/_ato2004-2006/2004/decreto/d5015.htm. Acesso em: 11 dez. 2018.

BRASIL. Lei nº 8.429, de 02 de junho 1992. Dispõe sobre as sanções aplicáveis aos agentes públicos nos casos de enriquecimento ilícito no exercício de mandato, cargo, emprego ou função na administração pública direta, indireta ou fundacional e dá outras providências. *Diário Oficial [da República Federativa do Brasil]*, Rio de Janeiro, RJ, 03 jun. 1992. Disponível em: http://www.planalto.gov.br/ccivil_03/leis/l8429.htm. Acesso em: 02 ago. 2017.

BRASIL. Lei nº 8.666, de 21 de junho de 1993. Regulamenta o art. 37, inciso XXI, da Constituição Federal, institui normas para licitações e contratos da Administração Pública e dá outras providências. *Diário Oficial [da República Federativa do Brasil]*, Brasília, DF, 22 jun. 1993, republicado e retificado em 06 jul. 1994. Disponível em: http://www.planalto.gov.br/ccivil_03/leis/l8666cons.htm. Acesso em: 02 ago. 2017.

BRASIL. Lei nº 12.529, de 30 de novembro de 2011. Estrutura o Sistema Brasileiro de Defesa da Concorrência; dispõe sobre a prevenção e repressão às infrações contra a ordem econômica; altera a Lei nº 8.137, de 27 de dezembro de 1990, o Decreto-Lei nº 3.689, de 3 de outubro de 1941 - Código de Processo Penal, e a Lei nº 7.347, de 24 de julho de 1985; revoga dispositivos da Lei nº 8.884, de 11 de junho de 1994, e a Lei nº 9.781, de 19 de janeiro de 1999; e dá outras providências. *Diário Oficial [da República Federativa do Brasil]*, Brasília, DF, 01 nov. 2011, retificado em 02 dez. 2011. Disponível em: http://www.planalto.gov.br/ccivil_03/_Ato2011-2014/2011/Lei/l12529.htm. Acesso em: 02 ago. 2017.

BRASIL. Lei nº 135, de 04 de junho de 2010. Altera a Lei Complementar nº 64, de 18 de maio de 1990, que estabelece, de acordo com o §9º do art. 14 da Constituição Federal, casos de inelegibilidade, prazos de cessação e determina outras providências, para incluir hipóteses de inelegibilidade que visam a proteger a probidade administrativa e a moralidade no exercício do mandato. *Diário Oficial [da República Federativa do Brasil]*, Brasília, DF, 07 jun. 2010. Disponível em: http://www.planalto.gov.br/ccivil_03/leis/lcp/lcp135.htm. Acesso em: 02 ago. 2017.

BRASIL. Lei nº 9.613, de 03 de março 1998. Dispõe sobre os crimes de "lavagem" ou ocultação de bens, direitos e valores; a prevenção da utilização do sistema financeiro para os ilícitos previstos nesta Lei; cria o Conselho de Controle de Atividades Financeiras - COAF, e dá outras providências. *Diário Oficial [da República Federativa do Brasil]*, Brasília, DF, 04 mar. 1998. Disponível em: http://www.planalto.gov.br/ccivil_03/leis/l9613.htm. Acesso em: 02 ago. 2017.

BRASIL. Lei nº 12.850, de 02 de agosto de 2013. Define organização criminosa e dispõe sobre a investigação criminal, os meios de obtenção da prova, infrações penais correlatas e o procedimento criminal; altera o Decreto-Lei nº 2.848, de 7 de dezembro de 1940 (Código Penal); revoga a Lei nº 9.034, de 3 de maio de 1995; e dá outras providências. *Diário Oficial [da República Federativa do Brasil]*, Brasília, DF, 05 ago. 2013. Disponível em: http://www.planalto.gov.br/ccivil_03/_ato2011-2014/2013/lei/l12850.htm. Acesso em: 02 ago. 2017.

BRASIL. Lei nº 12.846, de 01 de agosto de 2013. Dispõe sobre a responsabilização administrativa e civil de pessoas jurídicas pela prática de atos contra a administração pública, nacional ou estrangeira, e dá outras providências. *Diário Oficial [da República Federativa do Brasil]*, Brasília, DF, 02 ago. 2013. Disponível em: http://www.planalto.gov.br/ccivil_03/_ato2011-2014/2013/lei/l12846.htm. Acesso em: 02 ago. 2017.

BRASIL. Lei nº 13.506, de 13 de novembro de 2017. Dispõe sobre o processo administrativo sancionador na esfera de atuação do Banco Central do Brasil e da Comissão de Valores Mobiliários. *Diário Oficial [da República Federativa do Brasil]*, Brasília, DF, 14 nov. 2017. Disponível em: http://www.planalto.gov.br/ccivil_03/_ato2015-2018/2017/lei/L13506.htm. Acesso em: 14 jul. 2018.

BRASIL. Lei nº 13.655, de 25 de abril de 2018. Inclui no Decreto-Lei nº 4.657, de 4 de setembro de 1942 (Lei de Introdução às Normas do Direito Brasileiro), disposições sobre segurança jurídica e eficiência na criação e na aplicação do direito público. *Diário Oficial [da República Federativa do Brasil]*, Brasília, DF, 26 abr. 2018. Disponível em: http://www.planalto.gov.br/ccivil_03/_Ato2015-2018/2018/Lei/L13655.htm. Acesso em: 09 jan. 2019.

BRASIL. Ministério Público Federal. *Petição inicial da ação civil pública dos autos nº 5006628-92.2015.4.04.7000*. Disponível em: http://www.mpf.mp.br/pr/sala-de-imprensa/noticias-pr/sala-de-imprensa/docs/acao-de-improbidade-administrativa-odebrecht. Acesso em: 26 jun. 2018.

BRASIL. Ministério Público Federal. *Acordo de leniência da força-tarefa das operações Greenfield, Sépsis e Cui Bono - Operação carne fraca*. Disponível em: http://www.mpf.mp.br/df/sala-de-imprensa/docs/acordo-leniencia. Acesso em: 26 jun. 2018.

BRASIL. Ministério Público Federal. *A Lava Jato em números no Paraná*. Disponível em: http://www.mpf.mp.br/para-o-cidadao/caso-lava-jato/atuacao-na-1a-instancia/parana/resultado. Acesso em: 26 jun. 2018.

BRASIL. Ministério Público Federal. *Termo de ajustamento de conduta firmado entre MPF, CVM e EMBRAER*. Disponível em: http://www.mpf.mp.br/rj/sala-de-imprensa/docs/pr-rj/TCAC%20Embraer%20MPF%20CVM.pdf. Acesso em: 14 jun. 2018.

BRASIL. Procuradoria-Geral da República. *Parecer na Ação Direta de Inconstitucionalidade nº 5.261*. Disponível em: http://www.mpf.mp.br/pgr/documentos/ADI5261.pdf/view. Acesso em: 18 jun. 2018.

BRASIL. Procuradoria-Geral da República. *Parecer na Ação Direta de Inconstitucionalidade nº 5.466*. Disponível em: http://www.mpf.mp.br/pgr/documentos/copy_of_ADI5466acordosdelenincia.pdf/view. Acesso em: 18 jun. 2018.

BRASIL. Superior Tribunal de Justiça. *Súmula nº 329*. Disponível em: https://ww2.stj.jus.br/docs_internet/revista/eletronica/stj-revista-sumulas-2012_27_capSumula329.pdf. Acesso em: 25 jun. 2018.

BRASIL. Supremo Tribunal Federal. *Recurso Extraordinário nº 876.692/PR de 22 abr. 2015*. Relatoria Ministra Carmem Lúcia. Disponível em: http://www.stf.jus.br/portal/processo/verProcessoPeca.asp?id=15332813640&tipoApp=.pdf. Acesso em: 18 abr. 2017.

BRASIL. Supremo Tribunal Federal. *Ação Direta de Inconstitucionalidade nº 5.261*. Disponível em: http://www.stf.jus.br/portal/processo/verProcessoAndamento.asp?numero=5261&classe=ADI&origem=AP&recurso=0&tipoJulgamento=M. Acesso em: 18 mai. 2018.

BRASIL. Supremo Tribunal Federal. *Recurso Extraordinário nº 548181*. Disponível em: http://www.stf.jus.br/portal/jurisprudencia/visualizarEmenta.asp?s1=000251057&base=baseAcordaos. Acesso em: 03 jun. 2018.

BRASIL. Supremo Tribunal Federal. *Ação Direta de Inconstitucionalidade nº 5466*. Disponível em: http://www.stf.jus.br/portal/cms/verNoticiaDetalhe.asp?idConteudo=320453. Acesso em: 18 jun. 2018.

BRASIL. Supremo Tribunal Federal. *Partido questiona instrução normativa que regulamenta fiscalização do TCU*. Disponível em: http://www.stf.jus.br/portal/cms/verNoticiaDetalhe. asp?idConteudo=290295. Acesso em: 25 jun. 2018.

BRASIL. Supremo Tribunal Federal. *Informativo nº 870*. Disponível em: http://www.stf. jus.br/arquivo/informativo/documento/informativo870.htm. Acesso em: 05 jul. 2018.

BRASIL. Tribunal Regional Federal. 4ª Regional. *Agravo de instrumento nº 5023972- 66.2017.4.04.0000/PR*. Disponível em: https://eproc.trf4.jus.br/eproc2trf4/controlador. php?acao=acessar_documento_publico&doc=41503591340641941104640769064&event o=41503591340641941104643212426&key=e80b83ac7982c072f0bfbb14f79fac5a260b83df a4f54071162a26fc7af5bbf6. Acesso em: 26 out. 2017.

BRASIL. Tribunal de Contas da União. Instrução Normativa - TCU nº 74, de 11 de fevereiro de 2015. *Dispõe sobre a fiscalização do Tribunal de Contas da União, com base no art. 3º da Lei nº 8.443/1992, quanto à organização do processo de celebração de acordo de leniência pela Administração Pública Federal, nos termos da Lei nº 12.846/2013*. Disponível em: ww.tcu.gov. br/Consultas/Juris/Docs/judoc/IN/20150213/INT2015-074.doc. Acesso em: 25 jun. 2018.

CABRAL, Antonio do Passo. A resolução nº 118 do Conselho Nacional do Ministério Público e as convenções processuais. *In*: CABRAL, Antonio do Passo; NOGUEIRA, Pedro Henrique Pedroa (Coord.). *Negócios Processuais*. Salvador: Jus Podivm, 2015.

CAMBI, Eduardo. Papel do Ministério Público na Lei Anticorrupção (Lei nº 12.846/13). *Revista do Ministério Público do Rio de Janeiro*, n. 56, p. 93-121, abr./jun, 2015.

CAMINHA, Uinie; ROCHA, Afonso de Paula Pinheiro. Termo de ajustamento de conduta com o Ministério Público do Trabalho: um enfoque sob a ótica da Análise Econômica do Direito. *Revista de Direito Empresarial – RDEmp*, Belo Horizonte, ano 11, n. 2, p. 15-35, maio/ago. 2014.

CANDELORO, Ana Paula P., DE RIZZO, Maria Balbina Martins; PINHO, Vinícius. *Compliance 360º*: riscos, estratégias, conflitos e vaidades no mundo corporativo. São Paulo: Trevisan Editora Universitária, 2012.

CAPANEMA, Renato. O impacto dos Acordos de Leniências nos incentivos para a cooperação internacional. O uso da teoria dos jogos para a tomada de decisões em casos de suborno envolvendo múltiplas jurisdições. *Boletim Cooperação em Pauta*. Informações sobre Cooperação Jurídica Internacional em Matéria Civil e Penal. Departamento de Recuperação de Ativos e Cooperação Jurídica Internacional. Ministério da Justiça, n. 45, nov/2018.

CARSON, Lindsey D.; PRADO, Mariana Mota. Usando multiplicidade institucional para enfrentar a corrupção como um problema de ação coletiva: lições do caso brasileiro. *In*: FORTINI; Cristiana (Coord). *Corrupção e seus múltiplos enfoques jurídicos*. Belo Horizonte: Editora Fórum, 2018.

CASCÓN, Fernando Carbajo. Corrupción en el sector privado (i): la corrupción privada y el derecho privado patrimonial. *In*: *Corrupción en el sector privado, en el marco del convenio de colaboración, Universidad de Salamanca España - Universidad Santo Tomás Bucaramanga*. Grupo de Investigación Neoconstitucionalismo y Derecho. 2011. Disponível em: http:// revistas.ustabuca.edu.co/index.php/IUSTITIA/article/view/885. Acesso em: 02 mai. 2018.

CASTELLS, Manuel. *A sociedade em rede*. São Paulo: Paz e Terra, 1999.

CASTELA, Gabriel Morettini e. *Acordo de leniência e segurança jurídica: o que muda com a Lei nº 13.655/2018*. Jota, Opinião e Análise. Disponível em: https://www.jota.info/opiniao-e-analise/artigos/acordo-de-leniencia-e-seguranca-juridica-o-que-muda-com-a-lei-13-655-2018-12072018. Acesso em: 09 jan. 2019.

CAPANEMA, Renato de Oliveira. Inovações da Lei nº 12.846/2013. In: NASCIMENTO, Melillo Diniz (Org). O controle da corrupção no Brasil e a Lei nº 12.846/2013 – A Lei Anticorrupção. In: *Lei Anticorrupção Empresarial. Aspectos críticos às Lei nº 12.846/2013*. Belo Horizonte: Forum, 2014.

CARVALHOSA, Modesto. *Considerações sobre a lei anticorrupção das pessoas jurídicas*. São Paulo: Revista dos Tribunais, 2015.

CONCEIÇÃO, Pedro Augusto Simões da. *Lei de leniência bancária traz reflexos para crimes financeiros*. Disponível em: https://www.conjur.com.br/2017-nov-30/pedro-conceicao-lei-leniencia-bancaria-impacta-crimes-financeiros. Acesso em: 19 jun. 2018.

CONTROLADORIA-GERAL DA UNIÃO. *Acordo de leniência com a Odebrecht prevê ressarcimento de 2,7 bilhões*. Disponível em: http://www.cgu.gov.br/noticias/2018/07/acordo-de-leniencia-com-a-odebrecht-preve-ressarcimento-de-2-7-bilhoes. Acesso em: 21 jan. 2019.

CLÈVE, Clèmerson Merlin. *Degravação de conferências proferidas, em agosto de 2002, no III Simpósio de Direito Constitucional e Infraconstitucional promovido pela Procuradoria-Geral da República, em Brasília, e no Fórum Social Mundial, em 2003, em Porto Alegre*. Disponível em: http://www.clemersoncleve.adv.br/wp-content/uploads/2016/06/A-efic%C3%A1cia-dos-direitos-fundamentais-sociais.pdf. Acesso em: 20 fev. 2018.

CONECTAS. Empresas e direitos humanos. *Parâmetros para proteger, respeitar e reparar*. Relatório Final de John Ruggie – Representante Especial do Secretário-Geral. Disponível em: http://www.conectas.org/arquivos-site/Conectas_PrincípiosOrientadoresRuggie_mar2012(1).pdf. Acesso em: 19 abr. 2017.

DE ALENCAR, Paulo Wunder. A Lei anticorrupção é só 'para inglês ver'? Uma breve análise comparativa entre os sistemas brasileiro e o norte-americano de combate à corrupção. In: *Revista do Ministério Público do Rio de Janeiro*, n. 57, p. 193-206, jul./set, 2015.

DEMATTÉ, Flávio Rezende. *Responsabilização das pessoas jurídicas por corrupção*: a Lei nº 12.846/2013 segundo o Direito da Intervenção. Belo Horizonte: Editora Fórum, 2015.

DEMATTÉ, Flávio Rezende. *O funcionamento do cadastro nacional de empresas punidas (CNEP) e do cadastro nacional de empresas inidôneas e suspensas (CNEIS)*. In: MUNHÓS, Jorge; QUEIROZ, Ronaldo Pinheiro. *Lei Anticorrupção e temas de compliance*. Salvador: Editora Jus Podivm, 2017.

DIDIER JR., Fredie; ZANETI JR., Hermes. Justiça multiportas e tutela constitucional adequada: autocomposição em direitos coletivos. In: ZANETI JR., Hermes; CABRAL, Trícia Navarro Xavier (Coord.). *Justiça multiportas*: mediação, conciliação, arbitragem e outros meios de solução adequada para conflitos. Salvador: Jus Podivm, 2016.

DINO, Nicolao. A colaboração premiada na improbidade administrativa: possibilidade e repercussão probatória. In: SALGADO, Daniel de Resende; QUEIROZ, Ronaldo Pinheiro. *A prova no enfrentamento à macrocriminalidade*. Salvador: Editora Jus Podivm, 2015.

DI PIETRO, Maria Sylvia Zanella. *Direito Administrativo*. São Paulo: Editora Atlas, 2005.

DI PIETRO, Maria Sylvia Zanella. Da constitucionalização do direito administrativo: reflexos sobre o princípio da legalidade e a discricionariedade administrativa. *In*: DI PIETRO, Maria Sylvia Zanella; RIBEIRO, Carlos Vinícius Alves (Coords.). *Supremacia do interesse público e outros temas relevantes do Direito Administrativo*. 1. ed. São Paulo: Editora Atlas, 2010.

DI PIETRO, Maria Sylvia Zanella. O princípio da segurança jurídica diante do princípio da legalidade. *In*: MARRARA, Thiago. *Princípios de Direito Administrativo*. São Paulo: Editora Atlas, 2012.

DI PIETRO, Maria Sylvia Zanella. Comentários ao artigo 6º. *In*: DI PIETRO, Maria Sylvia Zanella; MARRARA, Thiago (Coord.). *Lei Anticorrupção comentada*. Belo Horizonte: Editora Fórum, 2017.

DI PIETRO, Maria Sylvia Zanella. Comentários ao artigo 7º. *In*: DI PIETRO, Maria Sylvia Zanella; MARRARA, Thiago (Coord.). *Lei anticorrupção comentada*. Belo Horizonte: Editora Fórum, 2017.

DI PIETRO, Maria Sylvia Zanella. Comentários ao artigo 19. *In*: DI PIETRO, Maria Sylvia Zanella; MARRARA, Thiago (Coord.). *Lei Anticorrupção comentada*. Belo Horizonte: Editora Fórum, 2017.

DIPP, Gilson; CASTILHO, Manoel L. Volkmer. *Comentários à Lei Anticorrupção*. São Paulo: Editora Saraiva, 2016.

EBC. AGÊNCIA BRASIL. *Índice de percepção da corrupção no Brasil tem queda e país fica pior no ranking*. Disponível em: http://agenciabrasil.ebc.com.br/geral/noticia/2018-02/indice-de-percepcao-da-corrupcao-no-brasil-tem-queda-e-pais-fica-pior-no. Acesso em: 27 fev. 2018.

EFING, Antônio Carlos; EFING, Ana Carla; MISUGI, Guilherme. Corrupção e direito civil: a corrupção como fator impeditivo de desenvolvimento e o papel da sociedade civil. *In*: LAUFER, Daniel (Coord.). *Corrupção*: uma perspectiva entre as diversas áreas do direito. Curitiba: Editora Juruá, 2013.

FEDERAÇÃO DAS INDÚSTRIAS DO ESTADO DE SÃO PAULO. *Relatório corrupção*: custos econômicos e propostas de combate. São Paulo: Departamento de Competitividade e Tecnologia, 2010.

FÉRES, Marcelo Andrade; LIMA, Henrique Cunha Souza. *Compliance* anticorrupção: formas e funções na legislação internacional, na estrangeira e na Lei nº 12.846/13. *In*: FORTINI; Cristiana (Coord). *Corrupção e seus múltiplos enfoques jurídicos*. Belo Horizonte: Editora Fórum, 2018.

FERNANDES, Jorge Ulisses Jacoby; COSTA, Karina Amorim Sampaio. *In*: NASCIMENTO, Melillo Diniz. O controle da corrupção no Brasil e a Lei nº 12.846/2013: a Lei Anticorrupção. *In*: *Lei anticorrupção empresarial*: aspectos críticos às Lei nº 12.846/2013. Belo Horizonte: Fórum, 2014.

FIDALGO, Carolina Barros; CANETTI, Rafaela Coutinho. Os acordos de leniência na lei de combate à corrupção. *In*: MUNHÓS, Jorge; QUEIROZ, Ronaldo Pinheiro. *Lei Anticorrupção e Temas de Compliance*. Salvador: Editora Jus Podivm, 2017.

FILHO, CARVALHO, José Santos. *Manual de Direito Administrativo*. 32. ed. São Paulo: Atlas, 2018.

FONSECA, Cibele Benevides Guedes da. *Colaboração premiada*. Belo Horizonte: Del Rey, 2017.

FORTINI, Cristiana. Uma rápida comparação entre a Lei nº 12.846/13 e o norte-americano foreign corrupt practices act (FCPA). *Revista Eletrônica de Direito do Estado*, ano 15, n. 22, 2015. Disponível em: http://www.direitodoestado.com.br/colunistas/cristiana-fortini/uma-rapida-comparacao-entre-a-lei-1284613-e-norte-americano-foreign-corrupt-practices-act-fcpa. Acesso em: 21 jul. 2016.

FORTINI, Cristiana; MOTTA, Fabrício. Corrupção nas licitações e contratações públicas: sinais de alerta segundo a Transparência Internacional. *In*: *A&C – R. de Dir. Administrativo & Constitucional*. Belo Horizonte, ano 16, n. 64, p. 93-113, abr./jun. 2016.

FORTINI, Cristiana; FARIA, Edimur Ferreira de. Os contornos do acordo de leniência após a Medida Provisória nº 703/2015: promessas de sucesso ou cenários de incertezas. *Revista Duc In Altum Cadernos de Direito*, v. 8, n. 14, p. 9-52, jan./abr. 2016.

FORTINI, Cristiana. Comentários ao artigo 17. *In*: DI PIETRO, Maria Sylvia Zanella; MARRARA, Thiago (Coord.). *Lei Anticorrupção comentada*. Belo Horizonte: Editora Fórum, 2017.

FUKUYAMA, Francis. *Ordem e decadência política*. 1. ed. Rio de Janeiro: Rocco, 2018.

FULBRIGHT, Norton Rose. *Differences between the UK Bribery Act and the US Foreign Corrupt Practices Act*. Publication june, 2011. Disponível em: http://www.nortonrosefulbright.com/about-us/diversity-and-inclusion/. Acesso em: 06 mai. 2018.

GABARDO, Emerson. *Princípio constitucional da eficiência administrativa*. São Paulo: Dialética Editora, 2002.

GABARDO, Emerson. A eficiência no desenvolvimento do Estado Brasileiro: uma questão política e administrativa. *In*: MARRARA, Thiago. *Princípios de Direito Administrativo*. São Paulo: Editora Atlas, 2012.

GABARDO, Emerson; CASTELLA, Gabriel Morettini e. A nova lei anticorrupção e a importância do *84*, para as empresas que se relacionam com a administração pública. *A&C – Revista de Direito Administrativo & Constitucional*, Belo Horizonte, ano 15, n. 60, p. 129-147, abr./jun. 2015.

GABARDO, Emerson; HACHEM, Daniel Wunder. O suposto caráter autoritário da supremacia do interesse público e das origens do direito administrativo: uma crítica da crítica. *In*: BACELLAR FILHO, Romeu Felipe; HACHEM, Daniel Wunder (Coord.). *Direito administrativo e interesse público*: estudos em homenagem ao Professor Celso Antônio Bandeira de Mello. Belo Horizonte: Fórum, 2010.

GANDARA, Leonardo André. A influência estrangeira no direito brasileiro: caso da Lei Anticorrupção. *Revista de Direito Público da Economia – RDPE*. Belo Horizonte, ano 13, n. 52, p. 183-211, out./dez. 2015.

GARCIA, Emerson; ALVES, Rogério. *Improbidade Administrativa*. 7. ed. São Paulo: Saraiva, 2013.

GARCIA, Emerson; ALVES, Rogério Pacheco. *Improbidade Administrativa*. 8. ed. São Paulo: Saraiva, 2014.

GARCIA, Emerson. Aspectos da Nova Lei Anticorrupção. *Revista do Ministério Público de Minas Gerais*. Edição Patrimônio Público, 2014. p. 8-17. Disponível em: https://www.mpmg.mp.br/lumis/portal/file/fileDownload.jsp?fileId=8A91CFA94942D9BF014A63F59FA22827. Acesso em: 19 jan. 2016.

REFERÊNCIAS

GARCIA, Emerson. A nova lei de responsabilização das pessoas jurídicas: convergências e divergências com a lei de improbidade administrativa. *Revista no Ministério Público do Estado do Rio de Janeiro*, n. 58, p. 141-151, out./dez, 2015.

GICO JR., Ivo T. Introdução à análise econômica do direito. *In*: RIBEIRO, Marcia Carla Pereira; KLEIN, Vinicius (Coord.). *O que é análise econômica do direito: uma introdução*. 2. ed. Belo Horizonte: Fórum, 2016.

GLYNN, Patrick; KOBRIN, Stephen J.; NAÍM, Moisés. A globalização da corrupção. *In*: ELIOTT, Kimberly Ann (Coord.). *A corrupção e a economia global*. Brasília: Editora UNB, 2002.

GONÇALVES, Oksandro. Corrupção e direito comercial: a corrupção sob a perspectiva da análise econômica do Direito. *In*: LAUFER, Daniel (Coord.). *Corrupção: uma perspectiva entre as diversas áreas do direito*. Curitiba: Editora Juruá, 2013.

GUERRA, Sérgio. Direito Administrativo e a nova hermenêutica: uma releitura do modelo regulatório brasileiro. *Revista Eletrônica sobre Reforma do Estado – RERE*, Salvador, n. 19, p. 170, ago./set./out. 2009. Disponível em: http://www.direitodoestado.com.br/codrevista.asp?cod=386. Acesso em: 14/ jun. 2018.

GRANDO, Guilherme; KLEIN, Vinícius. Os argumentos econômicos na argumentação judicial. *In*: RIBEIRO, Márcia Carla; DOMINGUES, Victor Hugo; KLEIN, Vinicius. *Análise Econômica do Direito*: justiça e desenvolvimento. Curitiba: Editora CRV, 2016.

GRECO FILHO, Vicente; RASSI, João Daniel. *O combate à corrupção e comentários à Lei de responsabilidade de pessoas Jurídicas (Lei nº 12.846, de 1º de agosto de 2013)*: atualizado de acordo com o Decreto nº 8.420, de 18 de março de 2015. São Paulo: Saraiva, 2015.

GUILHERME, Ricardo. *A influência da corrupção no (sub)desenvolvimento*. Escola Superior de Direito Público. Disponível em: http://esdp.net.br/a-influencia-da-corrupcao-no-subdesenvolvimento/. Acesso em: 12 jul. 2017.

HAYASHI, Felipe Eduardo Hideo. *Corrupção*: combate transnacional, *compliance* e investigação criminal. Rio de Janeiro: Lumen Juris, 2015.

HENRIQUES, Antonio; MEDEIROS, João Bosco. *Metodologia científica da pesquisa jurídica*. 9. ed. São Paulo: Atlas, 2017.

HODGSON, Geoffrey; JIANG, Shuxia. La economía de la corrupción e la corrupción de la economía: una perspectiva interinstitucionalista. *Revista de Economia Institucional*, v. 10, n. 18, p. 61, 2008.

HOLANDA, Sérgio Buarque. *Raízes do Brasil*. 26. ed. São Paulo: Companhia das Letras, 1982.

JORNAL O ESTADÃO. *Brasil se mantém na 79ª posição em ranking de IDH*. Disponível em: http://brasil.estadao.com.br/noticias/geral,brasil-se-mantem-na-79-posicao-em-ranking-de-idh,70001707897. Acesso em: 12 jul. 2017.

KLITGAARD, Robert. *A corrupção sob controle*. (Trad. Octavio Alves Velho). Rio de Janeiro: Jorge Zahar, 1994.

KOEHLER, Mike. *The foreign corrupt practices act in a new era*. Cheltenham: Edward Elgar, 2014. Disponível em: https://www.elgaronline.com/view/9781781954409.xml. Acesso em: 06 mai. 2018.

LAKATOS, Eva Maria; MARCONI, Marina Andrade. *Metodologia científica*. 7. ed. São Paulo: Atlas, 2017.

LEAL, Rogério Gesta; SCHNEIDER, Yuri. Os efeitos deletérios da corrupção em face dos direitos humanos e fundamentais. *Revista Ajuris*, v. 41, n. 136, p. 415-435, dez/2014.

LEWANDOWSKI. Enrique Ricardo. Reflexões em torno do princípio republicano. *Revista da Faculdade de Direito da Universidade de São Paulo*, v. 100, p. 189-200, jan./dez. 2005. Disponível em: http://www.egov.ufsc.br/portal/sites/default/files/67670-89099-1-pb.pdf. Acesso em: 27 fev. 2018.

LIVIANU, Roberto. *Corrupção e Direito Penal*. São Paulo: Quartie Latin, 2006.

LIVIANU, Roberto et al. Da possibilidade de intervenção do ministério público nos acordos de leniência. In: *Livro de Teses do XXI Congresso Nacional do Ministério Público*. 2015. p. 763-766. Disponível em: http://www.conamp.org.br/images/congressos_nacionais/XX_Congresso_Nacional_MP_2013.pdf. Acesso em: 19 jan. 2016.

LUZ, Ilana Martins. *Compliance & omissão imprópria*. Belo Horizonte: Editora D'Plácido, 2018.

LUZ, Reinaldo Diogo; LARA, Fabiano Teodoro de Rezende. Análise do Programa de Leniência da Lei Anticorrupção Brasileira: características e efetividade. In: FORTINI; Cristiana (Coord). *Corrupção e seus múltiplos enfoques jurídicos*. Belo Horizonte: Editora Fórum, 2018.

MACHADO, Pedro Antonio de Oliveira. *Acordo de Leniência & a Lei de Improbidade Administrativa*. Curitiba: Juruá, 2017.

MACKAAY, Ejan; ROSSEAU, Stéphane. *Análise Econômica do Direito*. São Paulo: Editora Atlas SA, 2015.

MAIA, Taciana Mara Corrêa. Administração Pública consensual e a democratização da atividade administrativa. *Revista Jurídica UNIGRAN*, Dourados, MS, v. 16, n. 31, p. 69-85, jan./jun. 2014.

MARINONI, Luiz Guilherme. Os precedentes na dimensão da segurança jurídica. *Revista Jurídica*, Sapucaia do Sul, v. 58, n. 398, p. 25, dez. 2010.

MARRARA, Thiago. A atividade de planejamento na Administração Pública: o papel e o conteúdo das normas previstas no anteprojeto da nova lei de organização administrativa. *Revista Eletrônica de Direito do Estado (REDE)*. Salvador, Instituto Brasileiro de Direito Público, n. 27, p. 12, jul./ago./set. 2011. Disponível na Internet: http://www.direitodoestado.com.br/codrevista.asp?cod=525. Acesso em: 02 mai. 2018.

MARRARA, Thiago. *Sistema Brasileiro de Defesa da Concorrência*: organização, processos e acordos administrativos. São Paulo: Editora Atlas, 2015.

MARRARA, Thiago. Comentários ao artigo 16. In: DI PIETRO, Maria Sylvia Zanella; MARRARA, Thiago (Coord.). *Lei Anticorrupção comentada*. Belo Horizonte: Editora Fórum, 2017.

MARINELA, Fernanda. *Direito Administrativo*. Niterói: Editora Impetus, 2013.

MARINELA, Fernanda; PAIVA, Fernando; RAMALHO, Tatiana. *Lei anticorrupção*: Lei nº 12.846/13, de 1º de agosto de 2013. São Paulo: Saraiva, 2015.

MARTINS, Ives Gandra da Silva. Acordos de leniência – Evolução do instituto na legislação brasileira – Abrangência, legalidade e atualidade da MP nº 703/2015. Parecer. *Revista de Direito Empresarial – RDEmp*, Belo Horizonte, ano 13, n. 1, p. 215-237, jan./abr. 2016.

MATTOS FILHO. *Memorando aos clientes. Bancos e serviços financeiros e contencioso administrativo de mercado*. O novo regime sancionador do Banco Central e Comissão de Valores Mobiliários. Disponível em: http://www.mattosfilho.com.br/Memorandos/171025_memotrib.pdf. Acesso em: 20 jun. 2018.

MAZZUOLI, Valerio de Oliveira. *Curso de Direito Internacional Público*. São Paulo: Editora Revista dos Tribunais, 2009.

MINISTÉRIO PÚBLICO FEDERAL. Informe semanal. *Cooperação Internacional do MPF*. Edição 14/2018. Disponível em: http://www.mpf.mp.br/atuacao-tematica/sci/noticias/informe-cooperacao-internacional-do-mpf/edicao-14-9-a-16-julho-2018. Acesso em: 21 jan. 2019.

MINISTÉRIO PÚBLICO FEDERAL. *Orientação Conjunta nº 01/2018 – 5ª Câmara de coordenação e revisão (Combate à corrupção)*. Disponível em: http://www.mpf.mp.br/atuacao-tematica/ccr5/orientacoes/orientacao-conjunta-no-1-2018.pdf. Acesso em: 23 jan. 2019.

MINISTÉRIO PÚBLICO FEDERAL. *PGR denuncia Michel Temer e Rodrigo Loures por corrupção passiva*. Disponível em: http://www.mpf.mp.br/pgr/noticias-pgr/pgr-denuncia-michel-temer-e-rodrigo-loures-por-corrupcao-passiva-. Acesso em: 26 jan. 2019.

MELLO, Shirlei Silmara de Freitas; MAIOLI, Patrícia Lopes; ABATI, Leandro de Paula Assunção. O acordo de leniência como corolário do princípio da consensualidade no processo antitruste brasileiro. *Revista de Direito Público da Economia – RDPE*, Belo Horizonte, ano 12, n. 45, p. 153-167, jan./mar. 2014.

MENDES, Guilherme Adolfo dos Santos. Princípio da eficiência. *In*: MARRARA, Thiago. *Princípios de Direito Administrativo*. São Paulo: Editora Atlas, 2012.

MENDONÇA, André Luiz. Boa-fé é a base de negociação de acordo de leniência, diz advogado-geral da União. *Revista Consultor Jurídico*. Disponível em: https://www.conjur.com.br/2019-jan-09/boa-fe-base-negociacao-acordo-leniencia-agu. Acesso em: 09 jan. 2019.

MODESTO, Paulo. Nepotismo em cargos político-administrativos. *Revista Eletrônica de Direito do Estado (REDE)*, Salvador, Instituto Brasileiro de Direito Público, n. 32, outubro/novembro/dezembro 2012. Disponível em: http://www.direitodoestado.com/revista/REDE-32-DEZEMBRO-2012-PAULO-MODESTO.pdf. Acesso em: 04 jul. 2017.

MOHALLEN, Michael Freitas; RAGAZZO, Carlos Emmanuel Joppert (Coord). *Diagnóstico institucional*: primeiros passos para um plano nacional anticorrupção. Rio de Janeiro: Escola de Direito do Rio de Janeiro da Fundação Getulio Vargas, 2017. Disponível em: http://ibdee.org.br/wp-content/uploads/2017/07/Diagno%CC%81stico-institucional-primeiros-passos-para-um-plano-nacional-anticorrupc%CC%A7a%CC%83o.pdf. Acesso em: 22 mar. 2018.

MOREIRA, Diogo; FREITAS, Rafael. *A juridicidade da Lei anticorrupção – reflexões e interpretações prospectivas*. Belo Horizonte: Fórum Administrativo, n. 156, v. 14, 2014. Disponível em: http://bdjur.stj.jus.br/dspace/handle/2011/72681. Acesso em: 19 jan. 2016.

NASCIMENTO, Melillo Diniz. O controle da corrupção no Brasil e a Lei nº 12.846/2013: a Lei anticorrupção. *In*: *Lei anticorrupção empresarial*: aspectos críticos às Lei nº 12.846/2013. Belo Horizonte: Forum, 2014.

NETO, Diogo Figueiredo Moreira. Novas tendências da democracia. Consenso e Direito Público na virada do século – o caso brasileiro. *Revista Eletrônica sobre Reforma do Estado – RERE*, Salvador, n. 13, março/abril/maio 2008. Disponível em: http://www.direitodoestado.com.br/codrevista.asp?cod=264. Acesso em: 14 jun. 2018.

NOHARA, Irene Patrícia. Ensaio sobre a ambivalência da segurança jurídica nas relações de Estado: a realização de justiça à faceta perversa do argumento. *In*: MARRARA, Thiago. *Princípios de Direito Administrativo*. São Paulo: Editora Atlas, 2012.

NORTH, Douglas. *Institutions, institutional change and economic performance*. New York: Cambridge, 1990.

O GLOBO. *Só 27% das investigações de crimes de corrupção viram denúncias*. Disponível em: https://oglobo.globo.com/brasil/so-27-das-investigacoes-de-crimes-de-corrupcao-viram-denuncias-17198150#ixzz4mg5xHiMW. Acesso em: 13 jul. 2017.

OLIVEIRA, Gustavo Justino de; SCHWANKA, Cristiane. A administração consensual como a nova face da administração pública no séc. XXI: fundamentos dogmáticos, formas de expressão e instrumentos de ação. *Revista da Faculdade de Direito da Universidade de São Paulo*, v. 104, p. 303-322, jan./dez. 2009.

OLIVEIRA JÚNIOR, Fernando Antônio de Alencar Alves. Os (indispensáveis) instrumentos consensuais no controle de condutas do direito antitruste brasileiro – A experiência do CADE com o Termo de Compromisso de cessação e o acordo de leniência. *In*: MUNHÓS, Jorge; QUEIROZ, Ronaldo Pinheiro. *Lei Anticorrupção e Temas de Compliance*. Salvador: Editora Jus Podivm, 2017.

OLIVEIRA, José Roberto Pimenta. Comentários ao artigo 2º. *In*: DI PIETRO, Maria Sylvia Zanella; MARRARA, Thiago (Coord.). *Lei Anticorrupção comentada*. Belo Horizonte: Editora Fórum, 2017.

OLIVEIRA, Rafael; NEVES, Daniel. O sistema Brasileiro de combate à corrupção e à Lei nº 12.846/13. *Revista EMERJ*, Rio de Janeiro, v. 17, n. 65, p.193-206, 2014.

ORGANISATION FOR ECONOMIC CO-OPERATION AND DEVELOPMENT-OECD. *Overall, corruption reduces efficiency and increases inequality*. Disponível em: https://www.oecd.org/cleangovbiz/49693613.pdf. Acesso em: 02 out. 2017.

ORGANISATION FOR ECONOMIC CO-OPERATION AND DEVELOPMENT-OECD. *CleanGovBiz Initiative. Integrity in practice*. Disponível em: https://www.oecd.org/cleangovbiz/49693613.pdf. Acesso em: 22 mar. 2018.

ORGANISATION FOR ECONOMIC CO-OPERATION AND DEVELOPMENT-OECD. *The organisation for economic co-operation and development (OECD)*. Disponível em: http://www.oecd.org/about/. Acesso em: 02 mai. 2018.

ORGANISATION FOR ECONOMIC CO-OPERATION AND DEVELOPMENT-OECD. *Phase 3 report on implementing the oecd anti-bribery convention in Brazil*. Disponível em: http://www.oecd.org/daf/anti-bribery/Brazil-Phase-3-Report-EN.pdf. Acesso em: 03 jun. 2018.

ORGANIZAÇÃO DAS NAÇÕES UNIDAS - ONU. *Convenção das nações unidades de combate à corrupção*. Disponível em: https://www.unodc.org/documents/lpobrazil//Topics_corruption/Publicacoes/2007_UNCAC_Port.pdf. Acesso em: 19 jan. 2016.

ORGANIZAÇÃO DAS NAÇÕES UNIDAS – ONU. *Corrupção*: marco legal. Disponível em: https://www.unodc.org/lpo-brazil/pt/corrupcao/marco-legal.html. Acesso em: 19 jan. 2016.

ORGANIZAÇÃO DAS NAÇÕES UNIDAS – ONU. *Declaração ao final da visita ao Brasil do Grupo de Trabalho das Nações Unidas sobre Empresas e Direitos Humanos*. Brasília, 16 de dezembro de 2015. Disponível em: http://www.ohchr.org/Documents/Issues/Business/WG_Visits/20151215_EOM_statement_Brazil_portuguese.pdf. Acesso em: 19 abr. 2017.

ORGANIZAÇÃO DAS NAÇÕES UNIDAS – ONU. *Grupo de trabalho da ONU sobre Empresas e Direitos Humanos divulga relatório sobre o Brasil.* Disponível em: (Falta link). Acesso em: 19 abr. 2017.

OSÓRIO, Fábio Medina. *Direito Administrativo sancionador.* 3. ed. São Paulo: Editora Revista dos Tribunais, 2009.

OXFORD. *In: Dictionaries.* Disponível em: https://en.oxforddictionaries.com/definition/acc ountability. Acesso em: 10 out. 2017.

PAMPLONA, Danielle Anne; SILVA, Ana Rachel Freitas da Silva. Os princípios orientadores das Nações Unidas sobre empresas e direitos humanos: houve avanços? *In:* BENACCHIO, Marcelo (Coord.). *A sustentabilidade da relação entre empresas transnacionais e Direitos Humanos.* Curitiba: Editora CRV, 2016.

PANOEIRO, José Maria de Castro. *Política criminal e Direito Penal Econômico:* um estudo interdisciplinar dos crimes econômicos e tributários. Porto Alegre: Núbia Fabris Editora, 2014.

PEREIRA, Flávio Cardoso. *Crime organizado e sua infiltração nas instituições governamentais.* São Paulo: Atlas, 2015.

PEREIRA, Valdez Frederico. *Delação premiada:* legitimidade e procedimento. Curitiba: Juruá editora, 2016.

PEREIRA, Victor Alexandre El Khoury M. Acordo de leniência na Lei Anticorrupção (Lei n° 12.846/2013). *Revista Brasileira de Infraestrutura – RBINF,* Belo Horizonte, ano 5, n. 9, p. 79-113, jan./jun. 2016.

PETRELLUZZI, Marco Vinicio; RIZEK JUNIOR, Rubens Naman. *Lei anticorrupção:* origens, comentários e análise da legislação correlata. São Paulo: Saraiva, 2014.

PRADO, Luiz Régis. *Curso de Direito Penal Brasileiro.* 8. ed. São Paulo: Editora Revista dos Tribunais, 2008, v. I.

PRAÇA, Sérgio. Os efeitos econômicos da corrupção. *Biblioteca Digital da FGV,* 2007. p. 1. Disponível em: http://bibliotecadigital.fgv.br/ojs/index.php/getulio/article/viewFile/61213/59426. Acesso em: 18 abr. 2017.

PORTAL BRASIL. *FMI:* Brasil volta ao posto de 8ª maior economia. Disponível em: http://www.brasil.gov.br/economia-e-emprego/2016/10/fmi-brasil-volta-ao-posto-de-8-maior-economia. Acesso em: 12 jul. 2017.

PNUD. *Desenvolvimento humano e IDH.* Disponível em: http://www.br.undp.org/content/brazil/pt/home/idh0.html. Acesso em: 12 jul. 2017.

ROBL FILHO, Ilton Norberto. *Conselho Nacional de Justiça:* Estado Democrático de Direito e Accountability. São Paulo: Saraiva, 2013.

RAMASASTRY, Anita. Is there a right to be free from corruption? *University of California Davis Law Review,* v. 49, n. 2, p. 703-739, 2015.

ROSA, Alexandre de Morais da. *A teoria dos jogos aplicada ao processo penal.* Florianópolis: Empório do Direito, 2015.

ROSE-ACKERMAN, Susan. A economia política da corrupção. *In:* ELIOTT, Kimberly Ann (Coord.). *A corrupção e a economia global.* Brasília: Editora UNB, 2002.

SANCTIS, Fausto de. *Responsabilidade penal das corporações e criminalidade moderna.* São Paulo: Editora Saraiva, 2009.

SANTOS, Renato Almeida dos *et al*. Compliance e liderança: a suscetibilidade dos líderes ao risco de corrupção nas organizações. *Einstein*, São Paulo, v. 10, n. 1, p. 1-10, mar. 2012. Disponível em: http://www.scielo.br/scielo.php?script=sci_arttext&pid=S1679-45082012000100003&lng=pt&nrm=iso. Acesso em: 27 fev. 2018.

SANTANO, Ana Cláudia; NETTO, Fernando Gama de Miranda. Uma análise econômica da nova Lei anticorrupção. *In*: PONTES FILHO, Valmir; GABARDO, Emerson (Coord.). Problemas emergentes da Administração Pública. *In*: *Congresso Brasileiro de Direito administrativo*, n. 28, 2014, Foz do Iguaçu. Anais... Belo Horizonte: Fórum, 2015. p. 295-313.

SCHIRATO, Vitor; PALMA, Juliana Bonacorsi de. Consenso e legalidade: vinculação da atividade administrativa consensual ao direito. *Revista Brasileira de Direito Público – RBDP*, Belo Horizonte, ano 7, n. 27, out./dez. 2009.

SEN, Amartya. *Desenvolvimento como liberdade*. (Trad. Laura Teixeira Motta). São Paulo: Companhia das Letras, 2000.

SENADO FEDERAL. *MP dos acordos de leniência perde a validade*. Disponível em: https://www12.senado.leg.br/noticias/materias/2017/10/23/vence-prazo-da-mp-que-regula-acordos-de-leniencia. Acesso em: 19 abr. 2017.

SENADO FEDERAL. *Projeto de Lei do Senado nº 236, de 2012 - (NOVO CÓDIGO PENAL)*. Disponível em: https://www25.senado.leg.br/web/atividade/materias/-/materia/106404. Acesso em: 03 jun. 2018.

SILVEIRA, Renato; SAAD-DINIZ, Eduardo. *Compliance, Direito Penal e Lei Anticorrupção*. São Paulo: Saraiva, 2015.

SIMÃO, Valdir Moysés; VIANNA, Marcelo Pontes. *O acordo de leniência na Lei anticorrupção. Histórico, desafios e perspectivas*. São Paulo: Trevisan Editora, 2017.

SOUZA, Jorge Munhós. Responsabilização Administrativa na Lei Anticorrupção. *In*: MUNHÓS, Jorge; QUEIROZ, Ronaldo Pinheiro. *Lei Anticorrupção e Temas de Compliance*. Salvador: Editora Jus Podivm, 2017.

STEPHENSON, Matthew. *What Does "Zero Tolerance" of Corruption Mean? A Comment on Labelle*. Disponível em: https://globalanticorruptionblog.com/2014/02/20/what-does-zero-tolerance-of-corruption-mean-a-comment-on-labelle/. Acesso em: 26 jan. 2019.

STEPHENSON, Matthew. *Conference on Evidence-Based Anti-Corruption Policies*. Jointly Sponsored by the World Bank and the Thailand National Anti-Corruption Commission. Bangkok, Thailand. January, 2012. Disponível em: http://siteresources.worldbank.org/PUBLICSECTORANDGOVERNANCE/Resources/285741-1233946247437/Enforcement.pdf. Acesso em: 26 jan. 2019.

TAVARES, João Paulo Lordelo Guimarães. As convenções processuais na lei anticorrupção: pela admissibilidade dos negócios processuais de leniência. *In*: MUNHÓS, Jorge; QUEIROZ, Ronaldo Pinheiro. *Lei anticorrupção e temas de compliance*. Salvador: Editora Jus Podivm, 2017.

TAVARES, João Paulo Lordelo Guimarães. *A aplicação do instituto da colaboração premiada nas ações de improbidade administrativa. Coletânea de artigos*: avanços 92 e desafios no combate à corrupção após 25 anos de vigência da Lei de Improbidade Administrativa / 5ª Câmara de Coordenação e Revisão, Criminal. Brasília: MPF, 2018. Disponível em: http://www.mpf.mp.br/atuacao-tematica/ccr5/publicacoes. Acesso em: 25 jun. 2018.

TESSEROLLI, Eduardo Ramos Caron; KLEIN, Vinícius. *Rent-seeking* e grupos de interesse. *In*: RIBEIRO, Márcia Carla; DOMINGUES, Victor Hugo; KLEIN, Vinicius. *Análise Econômica do Direito*: justiça e desenvolvimento. Curitiba: Editora CRV, 2016.

TRIBUNAL DE CONTAS DA UNIÃO. *TCU vai analisar termos do acordo de leniência com a Odebrecht.* Disponível em: https://portal.tcu.gov.br/imprensa/noticias/tcu-vai-analisar-termos-do-acordo-de-leniencia-com-a-odebrecht.htm. Acesso em: 21 jan. 2019.

TRANSPARENCY INTERNATIONAL. *Índice de percepção da corrupção.* 2015. Disponível em: http://www.transparency.org/cpi2015. Acesso em: 21 jul. 2016.

TRANSPARENCY INTERNACIONAL. *How corruptions weakens democracy.* Disponível em: https://www.transparency.org/news/feature/cpi_2018_global_analysis. Acesso em: 31 jan. 2019.

UNIÃO EUROPEIA. *Carta de Direitos Fundamentais da União Europeia.* Disponível em: http://www.europarl.europa.eu/charter/pdf/text_pt.pdf. Acesso em: 14 jun. 2018.

VALOR ECONÔMICO. *Agências conseguem o 1º acordo 'global' da Lava Jato.* Disponível em: https://www.valor.com.br/politica/5365041/agencias-conseguem-1-acordo-global-da-lava-jato. Acesso em: 26 jun. 2018.

VERÍSSIMO, Carla. *Compliance:* incentivo à adoção de medidas anticorrupção. São Paulo: Editora Saraiva, 2017.

VIEIRA, Gabriela Alves Mendes; VARELLA, Marcelo Dias. A conexão entre os direitos humanos e a corrupção. *Revista de Direito Internacional - UNICEUB.* Brasília. v. 12, n. II, p. 477-494, 2014.

VITORELLI, Edilson. Breves considerações sobre o Ministério Público Federal do Século XXI: trajetória e desafios. *In:* VITORELLI, Edilson (Coord). *Manual de Direitos difusos.* Salvador: Jus Podivm, 2018.

WORD ECONIMIC FORUM. *Global competitive index 2017-2018.* Disponível em: http://reports.weforum.org/global-competitiveness-index-2017-2018/competitiveness-rankings/#series=GCI.A.01.01.02. Acesso em: 02 jul. 2018.

WORD ECONIMIC FORUM. *The global competitiveness report 2015–2016.* Disponível em: http://www3.weforum.org/docs/gcr/2015-2016/Global_Competitiveness_Report_2015-2016.pdf. Acesso em: 02 jul. 2018.

ZOCKUN, Maurício. Comentários ao artigo 14. *In:* DI PIETRO, Maria Sylvia Zanella; MARRARA, Thiago (Coord.). *Lei Anticorrupção comentada.* Belo Horizonte: Editora Fórum, 2017.

ZYMLER, Benjamim; ALVES, Francisco Sérgio Maia. Acordos de Leniência e o papel do TCU. *Interesse Público – IP,* Belo Horizonte, ano 20, n. 107, p. 153-168, jan./fev. 2018.

ZYMLER, Benjamim; DIOS, Laureano Canabarro. *Lei Anticorrupção*: Lei nº 12.846/13 - Um visão do Controle Externo. Belo Horizonte: Editora Fórum, 2016.

Esta obra foi composta em fonte Palatino Linotype, corpo 10
e impressa em papel Offset 75g (miolo) e Supremo 250g (capa)
pela Gráfica Laser Plus.